Der Weg des Schamanen

Das Buch
Michael Harner ist einer der renommiertesten Experten im Bereich der Schamanismusforschung und gehört zu den großen schamanischen Praktikern. Vor allem ihm ist es zu verdanken, daß der westlichen Welt der praktische Nutzen dieses uralten Heilsystems nahegebracht wurde. In seinem Grundlagenbuch schildert Harner die Anfänge des Schamanismus und erklärt Begriffe und Techniken. Er beschreibt ausführlich die Methoden, mit denen jeder in den Bewußtseinszustand gelangen kann, der in eine andere Wirklichkeit führt.
Mit dem Wissen dieses Buches hat jeder die Chance, ungeahnte Kräfte in sich freizulegen, die die Erkenntnisse der abendländischen Medizin und Psychologie weit überschreiten.

Der Autor
Michael Harner, promovierter Anthropologe, kann neben einer sehr erfolgreichen akademischen Laufbahn auf fast 40 Jahre Feldforschung bei nord- und südamerikanischen Indianern, in der Kanadischen Arktis, in Lappland und Zentralasien zurückblicken. Die Essenz seiner vergleichenden Studien ist als »Core-Schamanismus« in die Wissenschaft und Literatur eingegangen. Michael Harner ist Gründer und Leiter der »Foundation for Shamanic Studies« in Kalifornien, die sich mit der weltweiten Bewahrung, weiteren Erforschung und der Lehre des schamanistischen Wissens beschäftigt.

Michael Harner

Der Weg des Schamanen

Das praktische Grundlagenwerk zum Schamanismus

Aus dem Amerikanischen von Agnes Klein und Heinrich F. Tophinke (Vorwort)

Econ Taschenbuch

Econ Taschenbücher erscheinen im Ullstein Taschenbuchverlag, einem Unternehmen der Econ Ullstein List Verlag GmbH & Co. KG, München

1. Auflage 2002

Titel der amerikanischen Originalausgabe: The Way of the Shaman (Harper, San Francisco)
Übersetzung: Agnes Klein und Heinrich F. Tophinke (Vorwort)
Umschlagkonzept: HildenDesign, München – Stefan Hilden
Umschlaggestaltung: HildenDesign, München – Eva Maria Groschke
Titelabbildung: John Foxx Images, Amsterdam
Druck und Bindearbeiten: Ebner Ulm
Printed in Germany
ISBN 3-548-74042-1

Inhalt

Einleitung zur deutschen Ausgabe 1999 9
Der Autor zur Neuausgabe 13

Einführung 18

I. Entdeckung des Weges 29

II. Die schamanische Reise 53

Abb. 1: *Goldener Strahlenkranz* 57
Abb. 2: *Sipapu. Eingang in die Hopi-Unterwelt* 61
Abb. 3: *Se Pa Po Nah* 63
Abb. 4: *Eskimo-Schamanenmaske* 65
Erste Reise 65
Abb. 5: *Mandala von Kunrig* 66
Reisen: Erfahrungsberichte 69

III. Schamanismus und Bewußtseinszustände 79

Der schamanische Bewußtseinszustand 87
Schamanentrommeln (Verse) 93
Was ein Schamane sieht (Verse) 100

IV. Krafttiere 103

Grizzlybärlied (Verse) 108
Der Aufbruch der Bison-Männer (Verse) 109
Das Herbeirufen der Tiere 113
Der Eröffnungstanz 114
Der Krafttier-Tanz 115

V. Die Reise zur Wiedererlangung der Kraft 119

Aufspüren eines Kraftliedes 123
Kraftlied (Michael Harner) (Verse) 124
Tsimshian-Schamanenlied (Verse) 125
Reisen und Rückholung eines Krafttieres 127
Abb. 6: *Das Schlagen der Trommel* 129

Abb. 7: *Der Tunnel* 131
Abb. 8: *Ausgang aus dem Tunnel in die Unterwelt* 133
Abb. 9: *Ein Krafttier wird viermal gesehen* 134
Tsimshian-Schamanenlied für einen Otter (Verse) 136
Reisen: Erfahrungsberichte 137
Synchronizitäten 141
Das Geistboot einer Gruppe 143

VI. Praxis der Kraftanwendung 149

Ein Krafttier um Rat fragen 149
Eine Vorausschau erlangen 151
Kraft speichern 152
Große Träume 154
Kraftübertragung aus der Distanz 157
Das Knochenspiel 160
Abb. 10: *Das Knochenspiel* 163
Kraftträger und der Quarzkristall 166

VII. Extrahieren schädlicher Eindringlinge 173

Pflanzenhelfer 173
Entfernung von Eindringlingen 176
Samojeden-Lied (Verse) 178
Abb. 11: *Schädliche Eindringlinge* 179
Tsimshian-Schamanenlied (Verse) 180
Die Arbeitsweise einer Sauge-Heilerin (von Essi Parrish) 188
Tabak-Fallen 192
Patient werden 195

Nachwort 199

Lied für die Reise (Verse) 205

Anhang 208

Anhang A: Trommeln, Rasseln und andere Hilfen 208
Anhang B: Das Handspiel der Flathead-Indianer 211
Anmerkungen 218
Literatur 230
Namensregister 237
Sachregister 241
Register der Schamanentiere 244

» … Die Medizinmänner der Eingeborenen, die keineswegs bösartige oder unwissende Scharlatane sind, stehen auf einer hohen Stufe; das heißt, sie sind Menschen eines hohen Ranges im geheimen Leben jenseits alles dessen, was die meisten erwachsenen Männer erreichen – eine Stufe, welche Disziplin, mentales Training, Mut und Ausdauer erfordert … Sie sind Menschen von ehrbarer und meist außergewöhnlicher Persönlichkeit … sie sind von unermeßlich großer gesellschaftlicher Bedeutung, da die psychische Gesundheit ihrer Gemeinschaften weitgehend vom Glauben an ihre Fähigkeiten abhängt … Die verschiedenen psychischen Kräfte, die ihnen nachgesagt werden, sollten nicht einfach nur als primitive Magie und Aberglaube abgetan werden; denn viele von ihnen haben sich auf die Arbeit mit dem menschlichen Geist spezialisiert, und auf den Einfluß von Geist auf Körper, und von Geist auf Geist …«

Aus: Adolphus Peter Elkin (1891–1979):
Eingeborene von hohem Rang

„… Aboriginal medicine-men, so far from being reogues, charlatans of ignoramuses, are men of high degree; that is, men who have taken a degree in the secret life beyond that taken by most adult males – a step which implies discipline, mental training, courage and perseverance … they are men of respected, and often of outstanding, personality … they are of immense social significance, the psychological health of the group largely depending on faith in their powers … the various psychic powers attributed to them must not be too readily dismissed as mere primitive magic and 'makebelieve,' for many of them have specialized in the working of the human mind, and in the influence of mind on body and of mind on mind …“

From Aboriginal Men of High Degree by the late Australian
anthropologist A. P. Elkin (1945; 78–79)

Einleitung zur deutschen Ausgabe 1999

Eine anthropologische Expedition für das American Museum of Natural History führte mich 1960/61 ins peruanische Amazonasgebiet, wo ich mehr als ein halbes Jahr in einem Dorf der Conibo an einem entlegenen See unweit des unteren Rio Tamaya lebte. Nachdem ich einige Monate relativ erfolglos versucht hatte, möglichst viel über den spirituellen Glauben dieser Menschen zu erfahren, erklärten sie mir, es gebe nur einen Weg, ihre Religion zu verstehen, nämlich *Ayahuasca* zu probieren, das bewußtseinsverändernde Getränk, mit dessen Hilfe ihre Schamanen in die verborgenen Welten der Geister gelangten. Ayahuasca ist ein gekochtes Gebräu, das eine besondere Spezies der Kletterpflanze *Banisteriopsis* enthält und dazu eine oder mehrere andere Komponenten wie *Psychotria*-Blätter oder die Blätter einer weiteren Spezies von *Banisteriopsis.*

Als ich dieses Getränk zum erstenmal probierte, waren mir Psychedelika noch unbekannt. Timothy Leary machte zu dieser Zeit gerade seine ersten psychedelischen Erfahrungen, und LSD gehörte noch nicht zur amerikanischen Kultur. Außerdem hielt ich mich für einen Atheisten; ich nahm *Ayahuasca* einfach nur im Interesse der Anthropologie, weil die teilnehmende Beobachtung als einer der Eckpfeiler ernsthafter Forschung gesehen wurde.

Die Conibo sollten recht behalten. Als ich den Trunk schließlich eines Abends zu mir nahm, verblüfften mich die Resultate sehr. Nicht nur, daß ich erstaunlich reale, unbekannte Welten kennenlernte; als ich diese Welten später einem Schamanen der Conibo beschrieb, mußte ich zudem feststellen, daß er bestens mit ihnen vertraut war und sogar Details erwähnte, die ich ihm noch gar nicht erzählt hatte! Ich erkannte, daß die Anthropologie die Bedeutung schamanischen Wissens unterschätzt hatte – und daß ich in eine Realität vorgedrungen war, die weit tiefer reicht als die menschliche Kultur.

Derselbe Schamane ermutigte mich, meine Erfahrungen mit *Ayahuasca* fortzusetzen, damit ich »richtig« in die schamanische

Praxis eingeführt werden könne. Bei unserer nächtlichen Arbeit mit verändertem Bewußtsein lernte ich viel über die anderen Welten der Schamanen, vor allem, daß man in ihnen mitfühlende spirituelle Kräfte finden und sich mit ihnen vereinigen kann, um Kranke zu heilen und Leiden in dieser Welt zu lindern. Ich erlernte auch Techniken schamanischer Divination/schamanischen Sehens, Methoden, um auf schwierige Fragen spirituelle Antworten zu erhalten.

Nach meinen Erfahrungen beim Volk der Conibo wurde ich von den Untsuri Shuar (Jívaro) im östlichen Teil von Ecuador, wo ich zuvor ein Jahr als Ethnograph verbracht hatte, in Formen des Schamanismus initiiert, die im Amazonasgebiet besonders ausgeprägt sind. Ich begann auch, die einschlägige Literatur in der Hoffnung zu durchforsten, Beweise für den weltweiten Gebrauch indigener Psychedelika im Schamanismus zu finden. Schließlich mußte ich jedoch feststellen, daß die Nutzung solcher Substanzen in Amazonien eine Minderheitenpraxis darstellt. Die weitaus verbreitetere Methode, in den veränderten Bewußtseinszustand des Schamanen einzutreten, ist monotoner perkussiver Klang, der hauptsächlich durch Trommeln erreicht wird.

Mit Hilfe von Experimenten lernte ich, was die Schamanen bereits wußten: Auch monotones Trommeln mit einer Frequenz von vier bis sieben Schlägen pro Sekunde ist ein wirksamer Zugang zur anderen Realität. Dieser »Schallantrieb« hat in etwa dieselbe Frequenz wie die Theta-Wellen des Gehirns, und seine Effektivität ist wahrscheinlich teilweise einer Stimulierung des Gehirns in diesem Frequenzbereich zuzuschreiben. Anders als Drogen birgt Trommeln darüber hinaus keine Risiken, und die Wirkung ist kurzfristig.

Meine Forschungen bei den Inuit der kanadischen Arktis und den Völkern der amerikanischen Nordwestküste bestärkten meine Überzeugung, daß die meisten Schamanen der Welt Trommeln oder andere Perkussionsinstrumente als »Pferde« oder »Kanus« benutzen, die sie in die verborgene Realität der Geister transportieren. Bei den Samen (Lappen) im Norden Skandinaviens, bei denen sich der Schamanismus länger als irgendwo sonst in Europa erhalten hat, findet sich noch heute in manchen Haushalten eine sogenannte »magische Trommel«, und bei Forschungen in der Sowjetunion brachte ich in Erfahrung, daß die wirklich professionellen sibirischen Schamanen im allgemeinen nur die Trommel verwendeten, selbst wenn der psychedelische Pilz *Amanita muscaria* erhältlich war und von anderen benutzt wurde.

Mit der Schamanentrommel konnte ich meine Praxis des Schamanismus in den Vereinigten Staaten fortsetzen. Im Rahmen meiner Lehrtätigkeit an Universitäten wie auch außerhalb hielt ich Vorträge zu diesem Thema und wurde schließlich gebeten, Einführungen in die Praxis des Schamanismus zu geben. So begann ich, schamanisches Heilen und schamanische Divination zu lehren – anfänglich nur für ein oder zwei Personen, ab Mitte der siebziger Jahre dann für Gruppen in Workshops an alternativen Institutionen wie dem kalifornischen Esalen Institute.

Die Fortsetzung meiner weltweiten Feldstudien sowie eigene Experimente führten mich zu den fundamentalen Prinzipien der schamanistischen Praxis, die sich bei allen indigenen Völkern als grundlegend dieselbe erwies, seien sie nun in Sibirien, Australien, Südafrika, Nord- oder Südamerika beheimatet. Dieser »Kern-Schamanismus« (Core-Shamanism) bildete die Basis dessen, was ich vermittle. Anstatt die Praktiken einer ethnischen Gruppe zu imitieren, lernten meine Schüler, auf diesen Grundlagen praktischen schamanistischen Wissens so aufzubauen, daß sie das Gelernte in ihre eigene Kultur integrieren konnten. Auf dieser Basis wurden die Geister zu ihren Lehrern – der klassische Weg, auf dem Schamanen den Großteil ihres Wissens erlangen.

Wahrscheinlich mindestens seit dem Oberen oder Jungpaläolithikum spielten Schamanen auch in den europäischen Gesellschaften eine bedeutende Rolle, doch wurde dieses Erbe im Mittelalter und der Frührenaissance von Kirche und Inquisition praktisch zerstört. Die Verfolgung der Schamanen war den meisten Kulturen im Osten wie im Westen gemein, da ihre Reisen zu den Göttern die Autorität der Staatsreligionen unterminierten. Dieser Gedanke brachte mich dazu, meine Universitätslaufbahn 1987 aufzugeben und die *Foundation for Shamanic Studies (FSS)* zu gründen, die sich zum Ziel gesetzt hat, das verlorene schamanistische Erbe der westlichen Welt wiederzuentdecken und indigenen Völkern zu helfen, ihre eigenen schamanischen Praktiken wiederzubeleben und zu erhalten.

Vor mehreren Jahren etwa reiste ein Team der FSS auf Einladung des Präsidenten der zentralasiatischen Republik Tuva (Teil der Russischen Föderation) in dieses Land, um bei der Wiederbelebung des Schamanismus mitzuhelfen, der während der Zeit der kommunistischen Herrschaft unter Androhung der Todesstrafe verboten gewesen war. Zusammen mit den verbliebenen Schamanen Tuvas führte das Team zahlreiche öffentliche Heilungen durch und demonstrierte damit, daß Schamanismus und schamanistisches Heilen in Amerika Anerkennung finden und mit einem modernen Lebensstil vereinbar sind. Am Ende unseres Besuches gab der Präsident bekannt, daß der Schamanismus künftig ebenso geachtet werde wie der Buddhismus und das Christentum. Die Zusammenarbeit mit den Schamanen aus Tuva wurde fortgesetzt, insbesondere unter der Leitung von Paul Uccusic, dem Leiter des europäischen Zentrums, und Carlo Zumstein, dem Leiter der Schweizer Sektion der FSS. Einer der Schamanen aus Tuva und vier seiner Kollegen aus unterschiedlichen Teilen der Welt wurden von der FSS als »Living Treasures of Shamanism« designiert; sie erhalten lebenslang ein Gehalt, mit dem der Erhalt ihres Wissens gesichert werden soll.

Mehr und mehr Menschen in den Vereinigten Staaten, Europa und anderen Teilen der Welt widmen sich der Praxis des Schamanismus, darunter viele im Gesundheitswesen Tätige, die nach einem ganzheitlicheren Ansatz für ihre Arbeit suchen. Schamanismus wurde schon immer in Verbindung mit pflanzlichen Heilmitteln, dem Schienen und Einrenken von Knochen und Gelenken sowie anderen Heilverfahren praktiziert. Er stellt keine »alternative«, sondern eine komplementäre Methode dar, die mit der spirituellen Seite des Heilens befaßt ist.

Vieles ist geschehen, seit mich die Schamanen vor achtunddreißig Jahren in verborgene Geisterwelten einführten. Das Kennenlernen dieser Welten hat meine Auffassung der Realität verändert und meinem Leben eine große Bedeutung hinzugefügt. Auf die heute so oft zu hörende Frage »Soll das alles sein?« kann ich mit unerschütterlicher Sicherheit antworten: »Nein, es gibt noch viel mehr, als wir uns vorzustellen in der Lage sind.«

Mill Valley, Kalifornien 1999 *Michael Harner*

Der Autor zur Neuausgabe

Seit dem ersten Erscheinen dieses Buches sind gut zwanzig Jahre vergangen, und diese Jahre waren für das Wiedererstehen des Schamanismus höchst bedeutsam.

Zuvor war der Schamanismus überall unaufhaltsam auf dem Rückzug gewesen, denn Missionare, Kolonialherren, Regierungen und kommerzielle Interessen hatten die indigenen Völker und Stämme zurückgedrängt und viele alte Kulturen ausgelöscht. Mit überraschender Kraft ist jedoch in die letzte Dekade der Schamanismus ins menschliche Bewußtsein zurückgekehrt, auch in solchen Hochburgen westlicher Zivilisation wie New York, Wien oder München. Diese Renaissance ging allerdings so subtil vor sich, daß die Öffentlichkeit die Existenz des Schamanismus meist überhaupt nicht bemerkte. Freilich gibt es in den Vereinigten Staaten von Amerika und auch anderswo eine zweite, rasch wachsende Öffentlichkeit. Sie hat die Methoden des Schamanismus aufgegriffen und zu einem Bestandteil ihres täglichen Lebens gemacht. Sie zählt inzwischen viele Tausende von Anhängern.

Diese unerwartete Wiederkehr des Schamanismus hat auch außerhalb der schamanischen Bewegung für Erstaunen gesorgt. So verwunderlich ist das allerdings nicht, denn die Ursachen sind klar erkennbar: Ein Grund für das zunehmende Interesse am Schamanismus ist, daß viele gebildete, denkende Menschen die Epoche blinden Gehorsams ein für allemal hinter sich gelassen haben. Sie glauben nicht länger an kirchliche Dogmen und vertrauen, wenn es um spirituelle Angelegenheiten geht, nicht länger irgendeiner Autorität, sondern der einzig wahren – nämlich der spirituellen. Anekdotische, kulturspezifische Berichte aus zweiter oder dritter Hand in Sachen vergleichender Religionswissenschaft befriedigen nicht länger; vor allem bieten sie keine überzeugende persönliche Hilfe. Heutzutage ist Klarheit, sind Beweise gefragt.

Das sogenannte *New Age* ist ein Produkt des wissenschaftlichen Zeitalters: Die Paradigmen, Vorstellungen und Lösungsansätze zweier Jahrhunderte seriöser wissenschaftlicher Arbeit dringen ungehindert ins persönliche Leben ein. Die Kinder des Wissenschaftszeitalters, zu denen auch ich gehöre, ziehen Ergebnisse aus erster Hand, eigene Beobachtungen und Schlußfolgerungen über die Natur und die Grenzen der Wirklichkeit vor.

Schamanismus ist solch eine Methode für persönliche Experimente, denn bei ihm handelt es sich um eine Technik und nicht um eine Religion.

Ein Produkt dieses Zeitalters der Wissenschaft ist das LSD. Viele, die für sich den Schamanismus entdeckten, haben diesbezügliche Experimente hinter sich, *Trips* mit psychedelischen Drogen. Sie fanden in den Büchern Carlos Castanedas und anderer ein System, in das sie ihre Erfahrungen einordnen können. Seither wissen sie: Hilfe kommt vom Schamanismus.

Auch die nunmehr weithin bekannten Nahtodeserfahrungen sind Kinder des Wissenschaftszeitalters. Grundlage hierfür ist eine neue Art medizinischer Technologie, die Millionen Amerikaner aus dem klar definierten klinischen Tod ins Leben zurückgeholt hat. Obwohl sie nicht geplant ist, stellt jede Nahtodeserfahrung doch eine Art Experiment dar: in dem Sinne, daß die Weltsicht genauso wie die Vorurteile der »Testperson« geprüft, in Frage gestellt und durch die Erfahrung meist nachhaltig beeinflußt werden – vor allem das Wirklichkeitsverständnis und die Einstellung zur Spiritualität.

Die Methoden des Schamanismus erfordern sozusagen »entspannte Disziplin«, dazu Konzentration und Ausrichtung auf ein Ziel. Der Schamanismus der Gegenwart verwendet, so wie in den Traditionen der meisten Stammeskulturen, den monotonen Klang von Schlaginstrumenten, um einen veränderten Bewußtseinszustand zu erreichen.

Der große Vorteil dieser klassischen drogenfreien Methode: Sie ist erstaunlich sicher. Wenn den Ausübenden Aufmerksamkeit und Disziplin fehlen, fallen sie einfach in den Zustand des Normalbewußtseins zurück. Zudem gibt es auch keinen vorherbestimmten veränderten Bewußtseinszustand, wie das bei Drogenerfahrungen häufig der Fall ist.

Zudem wirken diese Methoden überraschend schnell. Das hat zur Folge, daß die meisten Menschen in wenigen Stunden Erfahrungen machen können, für die andere jahrelang meditieren, beten oder *chanten* müssen. Schon allein deshalb ist der Schamanismus für moderne, meist vielbeschäftigte Menschen bestens geeignet – mindestens ebensogut wie für die Inuit (Eskimo), deren Tagesarbeit dem Überlebenskampf gewidmet war, deren Abende jedoch dem Schamanismus gehörten.

Ein weiterer Faktor für die Wiederkehr des Schamanismus ist die ganzheitliche Sicht vom Menschen, die bewußt geistige Kräfte zur Gesundung und zur Erhaltung der Gesundheit einsetzt. Viele Methoden der ganzheitlichen New-Age-Gesundheitsbewegung basieren auf dieser Wiederentdeckung individueller Versuche – und letzten Endes auf den Methoden und Sichtweisen der Stammes- und der Volksmedizin.

Der Schamanismus, der vieles von diesem alten Wissen enthält, wird von jenen immer stärker beachtet, die neue Lösungen von Gesundheitsproblemen suchen, seien sie nun körperlich oder geistig-seelisch. Hochspezifische Techniken, wie sie seit langem Bestandteil des Schamanismus sind (etwa Änderung des Bewußtseinszustandes, Streßbekämpfung, Visualisierung, positives Denken und Hilfe seitens Instanzen der nichtalltäglichen Wirklichkeit) sind zugleich Beispiele aus der ganzheitlichen Praxis.

»Spirituelle Ökologie« ist ein weiteres Schlagwort, das auf die Bedeutung des Schamanismus hinweist. In der gegenwärtigen weltweiten Umweltkrise bietet der Schamanismus etwas, das keine der großen anthropozentrischen Religionen enthält: Ehrfurcht vor und spirituelle Kommunikation mit allen Wesen und mit der Erde selbst. Schamanismus besteht nicht einfach in Verehrung der Natur, sondern ist wechselseitiger Erfahrungsaustausch, der die verlorengegangenen Verbindungen unserer Vorfahren zu den spirituellen Kräften und Schönheiten unserer Erde wiederherstellt.

Die Schamanen waren, wie Mircea Eliade, der leider verstorbene führende Forscher in Sachen Schamanismus und vergleichender Religionswissenschaften, formulierte, »die letzten Menschen, die imstande waren, mit den Tieren zu reden«. Ich würde noch hinzufügen, daß sie auch die letzten waren, die mit der gesamten Natur – mit den Wassern, der Luft und den Steinen – reden konnten. Unsere Vorfahren, die Jäger und Sammler, wußten, daß ihre Umwelt über ihr Leben und ihren Tod bestimmte; Kommunikation mit ihr hielten sie für lebensnotwendig.

Auch wir werden jetzt auf diesen Punkt hingewiesen. Nach der erbarmungs- und rücksichtslosen Vernichtung vieler Arten auf dieser Erde, der Zerstörung und Vergiftung des Wassers, der Böden und des gesamten Planeten, beginnt uns langsam zu dämmern, daß unser Überleben letztendlich von dem Umfeld abhängt, das uns die Erde bietet. Aber – dieses allein zu achten ist zuwenig. Was wir brauchen, ist innigste Kommunikation mit ihm und liebende Zuwendung zu dem, was der Lakota »alle unsere Verwandten« nennt. Wir brauchen das Gespräch nicht nur mit den Menschenwesen, sondern auch mit den Tierwesen, den Pflanzenwesen und allen anderen Teilen der Umwelt, einschließlich des Bodens, der Steine und des Wassers. Aus der Sicht des Schamanen ist unsere Umgebung nicht »Umwelt«, sondern Familie.

Heutzutage gehen viele Menschen zwischen Zürich und Auckland, zwischen Chicago und São Paulo wieder den alten Weg des Schamanen – sehr häufig in Trommelgruppen, die sich regelmäßig zu schamanischer Arbeit und zum Heilen treffen. Diese Gruppen arbeiten vollkommen selbständig – so wie das Schamanen seit undenklicher Zeit gemacht haben: Zusammenarbeit in kleinen Gemeinschaften, um sich und einander zu helfen. Und diese formlosen Kleingruppen sind Teil von größeren Gemeinschaften: vollkommen international, ohne jede Hierarchie und ohne jegliche Dogmen, denn die wahren spirituellen Autoritäten sitzen, wie zu den Zeiten der Stammesgesellschaften (und wie von jedem schamanisch Reisenden überprüft werden kann), in der nicht alltäglichen Wirklichkeit.

Die Trommelgruppen kommen üblicherweise wöchentlich oder zweimal im Monat zusammen; meistens sind es zwischen drei und zwölf Menschen, die sich einander in der Organisation der Abende und in der Verantwortung ablösen. Sie trommeln nicht nur miteinander, sondern sie helfen sich auch gegenseitig und Freunden, Verwandten und Bekannten – und das ohne Geld.

Andere wieder arbeiten allein, mit Tonbändern, CDs, Kopfhörern – mit allen Hilfsmitteln des modernen schamanisch Tätigen. Mit richtig verwendetem Tonband (oder CD) – siehe Anhang A dieses Buches – sind die Ergebnisse oft überraschend gut. Das Tonband und andere technische Hilfsmittel werden auch in der Problemlösungsmethode *Shamanic Counseling* (Schamanische Beratung) verwendet.

Core Shamanism – Basis-Schamanismus, wie er in diesem Buch beschrieben und in den Seminaren der Foundation gelehrt wird, hat nichts mit »Indianerspielen« zu tun. Der moderne Mensch verwendet dieselben schamanischen Techniken wie seine Vorfahren, und er kommt zu denselben spirituellen Quellen wie die Schamanen der alten Kulturen. Die, die diese Techniken anwenden, behaupten nicht, Schamanen zu sein – wichtig ist, daß sie schamanisch arbeiten und konkrete Ergebnisse haben. Ihre Erfahrungen sind echt und mit den Berichten der Schamanen aus schriftlosen Kulturen absolut wesensgleich, ja sogar miteinander vertauschbar.

Die schamanische Arbeit ist immer und überall gleich; Herz, Hirn und Körper sind gleich – nur die kulturelle Ausformung ist verschieden.

Diejenigen, die Schamanismus betreiben, stoßen auch in besondere »Wirklichkeiten« vor und kommen in Berührung mit der Größe, der Kraft und den Geheimnissen des Universums. Auch die modernen Schamanen vergießen oft Tränen der Rührung und der Ekstase. Sie reden verständig mit Menschen, die Nahtodeserlebnisse hatten, weil sie solches aus eigener Erfahrung kennen, und sie haben Hoffnung dort, wo andere keine haben.

Sie verändern sich, wenn sie die unglaubliche Sicherheit und Liebe jenes Universums entdecken, das normalerweise verborgen ist. Die kosmische Liebe, der sie auf ihren Reisen begegnen, drückt sich immer stärker in ihrem Alltag aus. Sie sind niemals einsam, auch wenn sie allein sind, denn sie haben begriffen, daß wir in Wahrheit niemals abgeschnitten, nie isoliert sind. So wie die Schamanen Sibiriens erkennen sie, daß alles, was ist, lebendig ist. Überall umgibt sie Leben, Familie.

Sie sind in die ewige Gemeinschaft der Schamanen zurückgekehrt, in die Unendlichkeit von Raum und Zeit.

Einführung

Schamanen – die wir in unserer »zivilisierten« Welt »Medizinmänner« und »Zauberer« nennen – sind die Bewahrer einer beträchtlichen Sammlung früher Techniken, die sie anwenden, um Wohlbefinden und Gesundheit für sich selbst und ihre Gemeinschaften zu erreichen und zu bewahren. Diese schamanischen Methoden sind in der ganzen Welt überraschend ähnlich, auch bei Völkern, deren Kulturen in anderer Hinsicht sehr unterschiedlich und seit Zehntausenden von Jahren durch Ozeane und Kontinente voneinander getrennt sind.

Diesen sogenannten primitiven Völkern fehlte unser fortgeschrittener Stand medizinischer Technologie, so daß sie genügend Grund für die Motivation hatten, nicht-technologische Fähigkeiten des menschlichen Geistes für Gesundheit und Heilung zu entwickeln. Die grundsätzliche Übereinstimmung aller schamanischen Methoden deutet an, daß diese Menschen durch Versuch und Irrtum zu denselben Schlüssen gekommen sind.

»Schamanismus ist ein großes mentales und emotionales Abenteuer, worin der Patient wie auch der Schamanenheiler ihre Rolle spielen. Durch seine heroische Seelenreise und seine Bemühungen hilft der Schamane seinen Patienten, ihre normale, allgemein übliche Vorstellung von der Wirklichkeit zu übersteigen, einschließlich der Vorstellung oder Überzeugung, sie seien krank. Der Schamane zeigt seinen Patienten, daß sie emotional und spirituell in ihrem Kampf gegen Krankheit und Tod nicht allein sind. Der Schamane überträgt den Patienten seine besonderen Kräfte und überzeugt sie auf einer tieferen Bewußtseinsebene, daß ein anderes menschliches Wesen bereit ist, sein eigenes Selbst aufzuopfern, um ihnen zu helfen. Das Selbstopfer des Schamanen ruft eine entsprechende emotionale Übergabe von seiten der Patienten auf, ein Gefühl der Verpflichtung, zusammen mit dem Schamanen zu kämpfen, um sich selbst zu retten. Fürsorge und Heilung gehen Hand in Hand.

Heutzutage entdecken wir, daß sogar die Fast-Wunder der modernen westlichen Medizin als solche nicht immer ausreichen, um die Probleme derjenigen vollständig zu lösen, die krank sind oder Krankheit vermeiden wollen. Immer häufiger suchen Gesundheitsfachleute und deren Patienten zusätzliche Heilmethoden, und viele gesunde Einzelpersonen bemühen sich, auch durch persönliche Experimente, wirksame alternative Wege zu entdecken, um Wohlbefinden zu erreichen. Bei diesen Experimenten ist es für den Laien oder auch den Gesundheitsfachmann oft schwierig, das Gutscheinende vom Gutseienden zu unterscheiden. Im Gegensatz dazu sind die Methoden des Schamanismus bereits altbewährt; tatsächlich sind sie unermeßlich viel länger geprüft worden als beispielsweise die Psychoanalyse und verschiedene andere psychotherapeutische Techniken. Ein Ziel dieses Buches besteht darin, westlichen Zeitgenossen zum ersten Mal zu helfen, aus diesem Wissen praktischen Nutzen zu ziehen bei ihrer Suche, die Verfahren der modernen technologischen Medizin zu ergänzen.

Durch die Anwendung der in diesem Buch beschriebenen Methoden werden Sie eine Gelegenheit erhalten, die Schamanenkraft zu erfahren und sich selbst und anderen zu helfen. In meinen Seminaren für Schamanenkraft und Heilung in Nordamerika und Europa haben Teilnehmer immer wieder vorgeführt, daß die meisten Abendländer leicht in die Grundlagen der Schamanenpraxis eingeführt werden können. Dieser uralte Weg ist so kraftvoll und greift so tief in den menschlichen Geist ein, daß die eigenen üblichen kulturellen Glaubenssysteme und Vorstellungen der Wirklichkeit im wesentlichen belanglos sind. Mancher mag fragen, ob Schamanismus überhaupt aus einem Buch erlernt werden kann. Bis zu einem gewissen Grad ist die Frage berechtigt; letztlich kann schamanisches Wissen nur durch individuelle Erfahrung erlangt werden. Man muß jedoch die Methoden lernen, um sie anwenden zu können. Sie können auf verschiedenen Wegen gelernt werden. Zum Beispiel wird bei den Conibo vom oberen Amazonas »das Lernen von den Bäumen« höher geschätzt als das Lernen von einem anderen Schamanen. Bei den Ureinwohnern Sibiriens wurde oft eine Tod/Wiedergeburt-Erfahrung als die größere Quelle schamanischen Wissens angesehen. In bestimmten schriftlosen Kulturen folgen Menschen spontan dem »Ruf« zum Schamanismus ohne irgendein formelles Training, während sie in anderen Gemeinschaften etwa zwischen einem Tag und fünf Jahren oder mehr unter der Leitung eines praktizierenden Schamanen lernen.

In der westlichen Kultur werden die meisten Menschen niemals einen Schamanen kennenlernen, ganz zu schweigen vom Training bei ihm. Da wir jedoch eine Schriftkultur haben, brauchen Sie zum Lernen kein Lehrling zu werden; ein gedruckter Führer kann die erforderliche methodische Auskunft vermitteln. Halten Sie dennoch durch, wenn es auch zunächst töricht erscheint, die schamanischen Grundtechniken aus einem Buch zu lernen. Ihre eigenen schamanischen Erfahrungen werden deren Wert beweisen. Wie auf jedem anderen Lerngebiet ist es natürlich vorteilhaft, unmittelbar mit einem Lehrer zu arbeiten. Wer solch eine Erfahrung wünscht, wende sich an die in Anhang A genannten Anbieter von Seminaren.

Beim Schamanismus ist das Fundament des Wohlbefindens die Erhaltung der eigenen Kraft. Dieses Buch wird Sie in einige der grundlegenden schamanischen Methoden einführen, wie Sie Ihre persönliche Kraft zurückerlangen und bewahren und sie außerdem anwenden können, um anderen zu helfen, die schwach, krank oder verletzt sind. Diese Techniken sind einfach und kraftvoll. Ihre Anwendung verlangt weder »Glauben« noch Änderung Ihrer Vorstellungen über die Wirklichkeit, die Sie in Ihrem alltäglichen Bewußtseinszustand haben. In der Tat verlangt das System normalerweise auch keine Änderung in Ihrem Unterbewußtsein; denn es weckt nur auf, was bereits vorhanden ist. Während jedoch die Grundtechniken des Schamanismus einfach und relativ leicht zu erlernen sind, erfordert die wirkungsvolle Praxis des Schamanismus Selbstdisziplin und Hingabe.

Bei der Beschäftigung mit der schamanischen Praxis bewegt man sich zwischen dem, was ich den normalen Bewußtseinszustand und den schamanischen Bewußtseinszustand nenne. Diese beiden Bewußtseinszustände sind beispielsweise auch der Schlüssel zum Verständnis dafür, daß Carlos Castaneda[1] von einer »alltäglichen Wirklichkeit« und einer »nichtalltäglichen Wirklichkeit« sprechen kann. Der Unterschied in diesen Bewußtseinszuständen kann vielleicht durch den Vergleich mit Tieren geklärt werden. Drachen, Greife und andere Tiere, die von uns normalerweise »mythisch« genannt werden, sind im schamanischen Bewußtseinszustand »wirklich«. Die Vorstellung, daß es »mythische« Tiere gibt, ist eine brauchbare und gültige Auslegung im alltäglichen Leben, aber überflüssig und unwichtig bei schamanischen Erfahrungen. »Phantasie« kann somit als ein Begriff angesehen werden, der von einem Menschen im alltäglichen Bewußtsein für seine Erfahrung im schamanischen Bewußtseinszustand angewandt wird.

Umgekehrt kann ein Mensch im schamanischen Bewußtseinszustand die Erfahrungen des alltäglichen Bewußtseins als in schamanischen Begriffen illusorisch ansehen. Beide haben recht, von ihrem eigenen persönlichen Bewußtseinszustand aus betrachtet.

Der Schamane hat den Vorteil, sich in diesem Bewußtseinszustand nach seinem Willen bewegen zu können. Er kann den alltäglichen Bewußtseinszustand des Nichtschamanen einnehmen und mit dessen Sicht über die Natur der Wirklichkeit ehrlich übereinstimmen. Dann kann der Schamane in den schamanischen Bewußtseinszustand zurückkehren und direkte Bestätigung des Zeugnisses anderer über deren Erfahrungen in jenem Zustand erhalten.

Beobachtung mit seinen eigenen Sinnen ist die Basis für die empirische Definition von Wirklichkeit; und es gibt noch niemanden, auch nicht in den Wissenschaften der normalen Wirklichkeit, der unbestreitbar nachgewiesen hätte, es gebe nur einen Bewußtseinszustand, der für direkte Beobachtungen gültig sei. Der Mythos des schamanischen Bewußtseinszustandes ist normale Wirklichkeit; und der Mythos des alltäglichen Bewußtseinszustandes ist nichtnormale Wirklichkeit. Es ist äußerst schwierig, ein unvoreingenommenes Urteil über die Gültigkeit der Erfahrungen im entgegengesetzten Bewußtseinszustand abzugeben.

Um die tiefsitzende emotionale Feindseligkeit zu verstehen, welche in gewissen Bereichen den Werken von Castaneda entgegengebracht wurde, muß man berücksichtigen, daß diese Art Vorurteil oft mitspielt. Sie ist das Gegenstück zur Ethnozentrik bei unterschiedlichen Kulturen. Doch in diesem Fall ist es nicht die Engstirnigkeit irgendeiner *kulturellen* Erfahrung als fundamentaler Streitpunkt, sondern die Engstirnigkeit irgendeiner *be-*

wußten Erfahrung. Die Menschen mit den meisten Vorurteilen gegen eine Vorstellung von einer nichtnormalen Wirklichkeit sind diejenigen, die sie niemals erfahren haben. Dies könnte man *Kognizentrik* beim Bewußtsein, entsprechend *Ethnozentrik* bei den Kulturen nennen.

Ein Schritt in die Richtung der Lösung dieses Problems könnte wohl sein, daß mehr Menschen Schamanen werden, damit sie selbst den schamanischen Bewußtseinszustand erfahren, und zwar in ihren eigenen Begriffen. Solche Schamanen können dann, wie es seit undenklicher Zeit bei anderen Kulturen geschehen ist, Verständnis für jene nichtnormale Wirklichkeit derjenigen aufbringen, die sie niemals erlebt haben. Dies würde der Rolle des Anthropologen vergleichbar sein, der nach gründlicher Beobachtung einer anderen Kultur in der Lage ist, jenen Menschen ein entsprechendes Verständnis beizubringen, die es sonst für fremdartig, unbegreiflich und minderwertig halten würden.

Anthropologen lehren andere Menschen, wie die Irrtümer der Ethnozentrik vermieden werden können, indem man eine Kultur in Begriffen ihrer eigenen Vorstellungen über Wirklichkeit zu verstehen lernt. Westliche Schamanen können einen ähnlichen Dienst hinsichtlich der Kognizentrik leisten. Die Lehre der Anthropologen wird *kultureller Relativismus* genannt. Was westliche Schamanen bis zu einem gewissen Grad erreichen sollten, ist *kognitiver Relativismus.* Wenn dann später ein empirisches Wissen über die Praxis des schamanischen Bewußtseinsraums zusammengetragen ist, kann ihm entsprechende Achtung entgegengebracht werden. Dann könnte die Zeit reif sein für eine vorurteilsfreie Analyse schamanischer Erfahrungen, wissenschaftlich wiedergegeben in alltäglichen Begriffen.

Man könnte hier einwerfen, der Grund dafür, daß wir Menschen den größten Teil unseres wachen Lebens im alltäglichen Bewußtseinszustand verbringen, liege darin, daß natürliche Auslese es so beabsichtigt habe, weil dies die *wirkliche* Wirklichkeit sei, und daß andere Bewußtseinszustände, ausgenommen der Schlaf, Verirrungen seien, die unser Überleben beeinträchtigen. Mit anderen Worten könnte man argumentieren: Wir nehmen die Wirklichkeit so wahr, wie wir es tun, weil sie die beste Möglichkeit des Überlebens bietet. Aber jüngste Fortschritte in der

Neurochemie zeigen, daß das menschliche Gehirn seine eigenen bewußtseinsändernden Drogen besitzt, einschließlich Halluzinogenen wie Dimethyltryptaminen.[2] In Begriffen natürlicher Auswahl scheint es unwahrscheinlich, daß sie vorhanden wären, wenn ihre Fähigkeit, den Bewußtseinszustand zu ändern, nicht irgendeinen Vorteil fürs Überleben bedeuten würde. Damit scheint die Natur selbst eine Entscheidung getroffen zu haben, daß manchmal ein veränderter Bewußtseinszustand einem normalen Bewußtsein überlegen ist.

Wir im Westen fangen erst an, den wichtigen Einfluß zu ermessen, den der Bewußtseinszustand auf das haben kann, was allzuoft voreilig als Fragen rein »physischer« Tauglichkeit angesehen wurde. Wenn in einem Notfall ein australischer Schamane oder ein tibetischer Lama »Schnellreisen« anwendet – eine Trance oder schamanische Technik, lange Strecken in großer Geschwindigkeit zu laufen –, dann ist das eindeutig eine Überlebenstechnik, die gemäß Definition im alltäglichen Bewußtseinsraum nicht möglich ist.[3]

Ähnlich müssen wir heute zugeben, daß viele unserer größten Athleten in einen veränderten Bewußtseinszustand eintreten, wenn sie ihre Höchstleistungen vollbringen. Alles in allem scheint es unangemessen zu behaupten, daß nur ein einziger Bewußtseinszustand unter allen Umständen Vorrang habe. Der Schamane weiß seit langem, daß solch eine Annahme nicht nur falsch ist, sondern auch gefährlich für Gesundheit und Wohlbefinden. Der Schamane, der sowohl tausenderlei gesammeltes Wissen als auch seine eigenen Erfahrungen anwendet, weiß genau, wann ein Wechsel des Bewußtseinszustandes angemessen und auch notwendig ist.

Im schamanischen Bewußtseinszustand erfährt der Schamane nicht nur, was im alltäglichen Bewußtseinszustand unmöglich ist, sondern tut auch anscheinend Unmögliches. Selbst wenn bewiesen werden sollte, daß alles, was der Schamane im schamanischen Bewußtseinszustand erfährt, nur in seinem Geist ist, wäre jenes Reich für ihn dadurch keinesfalls weniger wirklich. Tatsächlich würde ein solcher Schluß bedeuten, daß die Erfahrungen und Taten des Schamanen im absoluten Sinn *nicht* unmöglich sind.

Die in diesem Buch beschriebenen Übungen sind meine eigene persönliche Darstellung unter Hinzufügung einiger der jahrtausendealten schamanischen Methoden, die ich aus erster Hand von süd- und nordamerikanischen Indianern gelernt habe, ergänzt durch Angaben aus der ethnographischen Literatur, auch von anderen Kontinenten. Ich habe diese Methoden so abgewandelt, daß westliche Leser ohne Rücksicht auf ihre religiöse oder philosophische Einstellung diese Techniken im täglichen Leben anwenden können. Diese Methoden können von denjenigen mit guter Gesundheit ebenso angewandt werden wie von »ent-geistigten« oder sonstwie kranken Menschen. Vom Standpunkt des Schamanismus ist die persönliche Kraft die Basis der Gesundheit unter allen Lebensbedingungen.

Um ernsthaft Nutzen aus diesem Buch zu ziehen, sollten Sie beachten, daß Sie die Übungen oder Erfahrungen genau in der Reihenfolge machen, wie sie dargestellt sind, und keine folgende Übung versuchen, bis Sie Erfolg bei der vorhergehenden gehabt haben. Manchmal kann jemand alle diese Stufen in ein paar Tagen erreichen; meistens aber dauert es Wochen oder Monate. Das Wichtigste dabei ist nicht Geschwindigkeit, sondern ständige persönliche Praxis. Solange Sie diszipliniert bei der Erlernung der Methoden vorgehen, befinden Sie sich auf dem Weg zum Schamanen. Und an welchem Punkt sind Sie ein Schamane? Dieser Status kann Ihnen nur von denjenigen bestätigt werden, denen Sie hinsichtlich Lebenskraft und Heilung zu helfen versuchen. Mit anderen Worten: Anerkannter Erfolg bei schamanischer Arbeit bestätigt, ob Sie tatsächlich ein Schamane geworden sind.

Sie werden in die Lage versetzt – und zwar vollkommen ohne Anwendung von Drogen – herauszufinden, daß Sie Ihren Bewußtseinszustand auf klassischen schamanischen Wegen ändern und in die nichtnormale Wirklichkeit des Schamanismus eintreten können. Dort im schamanischen Bewußtseinszustand können Sie ein Seher werden und persönlich die berühmte schamanische Reise antreten, um Wissen aus erster Hand über ein verborgenes Universum zu erlangen. Sie können auch entdecken, wie Sie hinsichtlich Heilung und Gesundheit Nutzen aus Ihren Reisen ziehen können, indem Sie alte Methoden anwenden, die völlig neue Möglichkeiten eröffnen und dabei über die westliche Psychologie, Medizin und Spiritualität weit hinausgehen. Zusätzlich können Sie Methoden ohne Reisen lernen, durch welche man seine eigene Lebenskraft bewahrt und stärkt.

Es ist nicht ungewöhnlich, daß westliche Menschen schamanische Übungen beim ersten Mal mit etwas Furcht beginnen. Aber in allen mir bekannten Fällen wurden diese Ängste bald ersetzt durch Gefühle von Entdeckerfreude, positiver Erregung und Selbstvertrauen. Es ist kein Zufall, daß der Ausdruck *Ekstase* ganz allgemein sowohl für die schamanische »Trance« oder den schamanischen Bewußtseinsraum als auch für den Zustand der Verzückung oder leidenschaftlichen Lust verwandt wird. Die schamanische Erfahrung ist eine positive, wie sich in Tausenden von Jahren bewahrheitet hat und ich es immer wieder in meinen Seminaren beobachten konnte, wo sich Teilnehmer aus allen Lebensschichten zusammenfinden.

Der schamanische Bewußtseinszustand ist sicherer – so kann man sagen – als träumen. In einem Traum können Sie sich nicht willkürlich aus einer unerwünschten Erfahrung oder einem Alptraum befreien. Im Gegensatz dazu geht man willentlich in den schamanischen Bewußtseinszustand, und da es ein bewußter Wachzustand ist, kann man jederzeit selbst herauswollen, zurück in den alltäglichen Bewußtseinszustand. Anders als bei einer psychedelischen[4] Drogenerfahrung gibt es keine chemisch festgesetzte Zeitspanne, die man in einem veränderten Bewußtseinszustand bleiben muß, und keine Möglichkeit, in einem »schlechten« Trip eingeschlossen zu bleiben. Die einzigen mir bekannten bedeutsamen Gefahren im Zusammenhang mit der Praxis des Schamanismus sind sozialer oder politischer Art. Beispielsweise war es offensichtlich gefährlich, während der Zeit der Inquisition in Europa ein Schamane zu sein, und noch heute kann es bei den Jívaro[5] gefährlich werden, wenn man beschuldigt wird, ein »böser« oder behexender Schamane zu sein, das heißt, der Praktikant einer Art Schamanismus, die hier nicht gelehrt wird.

Es handelt sich hier im wesentlichen um eine Darstellung der Phänomene. Ich werde nicht versuchen, schamanische Konzepte und Praktiken in den Begriffen der Psychoanalyse oder irgendeines anderen westlichen Systems kausaler Theorie hinwegzuerklären. Die Kausalität hinter Schamanismus und schamanischem Heilen ist tatsächlich eine sehr interessante Frage, die intensive

Forschung wert ist. Aber kausalitätsbezogene wissenschaftliche Forschung ist nicht von Bedeutung, um die schamanische Praxis zu lehren – und das ist hier das Hauptanliegen. Mit anderen Worten: Westliche Fragen, warum der Schamanismus funktioniert, brauchen nicht beantwortet zu werden, um die Methoden zu erfahren und anzuwenden.

Versuchen Sie, alle kritischen Vorurteile auszuschalten, wenn Sie mit der Praxis der schamanischen Methoden beginnen. Freuen Sie sich ganz einfach auf das Abenteuer, sich dem Schamanismus zu nähern; nehmen Sie auf, was Sie lesen, und üben Sie es, und sehen Sie dann, wohin Ihre Forschungen Sie bringen. Tage, Wochen und vielleicht Jahre, nachdem Sie diese Methoden angewandt haben, werden Sie reichlich Zeit haben, um über ihre Bedeutung vom westlichen Standpunkt aus nachzudenken. Der erfolgreiche Weg, das System der Schamanen zu erlernen, besteht darin, dieselben Grundvorstellungen zu benutzen wie sie. Wenn ich beispielsweise von »Geistern« spreche, so deshalb, weil dies die Art ist, wie Schamanen in ihrem System sprechen. Um Schamanismus zu praktizieren, ist es nicht notwendig und sogar ablenkend, sich vorher um ein wissenschaftliches Verständnis zu bemühen, was »Geister« wirklich darstellen und warum Schamanismus funktioniert.

Die Bücher von Carlos Castaneda[1] – ohne die Fragen zu berücksichtigen, die über Wahrheitsgehalt erhoben worden sind[6] – haben einen wertvollen Dienst geleistet, viele westliche Menschen in das Abenteuer und die Erregung des Schamanismus und in einige der damit verbundenen wohlbegründeten Prinzipien einzuführen. Auf den folgenden Seiten will ich nicht die Einzelheiten aus Castanedas Werken wiederholen und habe es mir auch nicht zur Aufgabe gemacht, Entsprechungen zwischen seinen Konzepten und den hier dargestellten herauszuarbeiten. Für die meisten Leser seiner Bücher jedoch werden viele Parallelen ziemlich offensichtlich sein. Auf eines aber sollte ich doch hinweisen, daß nämlich Castaneda in seinen Büchern das Heilen nicht betont, obwohl es im allgemeinen eine der wichtigsten Aufgaben des Schamanismus ist. Vielleicht hängt das damit zusammen, daß sein Don Juan hauptsächlich mit dem Krieger- (oder Zauberer-) Typ des Schamanismus befaßt ist.

Das Hauptthema hier ist die Erarbeitung eines Handbuches, das in die schamanische Methodik einführt, Gesundheit und Heilung zu erreichen. Es gibt noch viel mehr, worüber ich in diesem Zusammenhang schreiben könnte, und vielleicht werde ich das auch später tun. Hier aber sind die grundlegenden Voraussetzungen für jedermann niedergelegt, der die Fähigkeit und die Neigung hat, ein Schamane zu werden. Ein Wissen über Schamanismus – wie jedes andere Wissen – kann zu verschiedenen Zwecken angewandt werden, abhängig jeweils von der Art, wie es genutzt wird. Der Weg, den ich Ihnen anbiete, ist der des Heilers, nicht des Zauberers, und die dargebotenen Methoden führen zu Wohlergehen und Gesundheit, aber auch dazu, anderen helfen zu können.

Schließlich sollte ich noch sagen, wenn das nicht schon deutlich geworden ist, daß ich selbst Schamanismus praktiziere, nicht weil ich in Begriffen des normalen Bewußtseinszustandes verstehe, *wie* er funktioniert, sondern einfach deshalb, *weil* er funktioniert. Aber glauben Sie nicht einfach meinem Wort: Wirklich wesentliches schamanisches Wissen wird *erfahren* und kann nicht von mir oder irgendeinem anderen Schamanen gelehrt werden. Schamanismus ist vor allem eine Strategie zum persönlichen Lernen und entsprechend dem Gelernten zu handeln. Ich biete Ihnen einen Teil dieser Strategie an und heiße Sie willkommen beim uralten schamanischen Abenteuer.

I
Entdeckung des Weges

Meine erste ausgedehnte Feldforschung als Anthropologe vollzog sich vor mehr als zwei Jahrzehnten an den aufgeforsteten Osthängen der ecuadorianischen Anden unter den Jívaro-Indianern[6] oder *Untsuri Shuar.* Die Jívaro waren zu jener Zeit berühmt wegen ihrer heute praktisch verschwundenen »Schrumpfköpfe« und ihrer intensiven Praxis des Schamanismus, der weiterhin betrieben wird. Während der Jahre 1956 und 1957 sammelte ich mit Erfolg zahlreiche Informationen über ihre Kultur, blieb dabei jedoch nur äußerer Beobachter der Welt des Schamanen.

Einige Jahre später forderte mich das Amerikanische Museum für Naturgeschichte auf, eine einjährige Expedition zum peruanischen Amazonas zu machen, um die Kultur der Conibo-Indianer aus dem Gebiet des Ucayali-Flusses zu studieren. Ich nahm das Angebot an, weil ich froh war, eine Gelegenheit zu erhalten, weitere Forschungen in den faszinierenden Waldkulturen am oberen Amazonas durchführen zu können. Diese Feldforschung fand 1960 und 1961 statt.

Zwei besondere Erfahrungen bei den Conibo und Jívaro, die ich gern mit Ihnen teilen möchte, wurden für mich entscheidend bei der Entdeckung des Schamanenweges in beiden Kulturen. Vielleicht vermitteln sie etwas aus der unglaublichen, verborgenen Welt, die dem Erforscher des Schamanismus offensteht.

Ich hatte während der günstigeren Jahreszeit in einem Dorf der Conibo an einem entlegenen See in der Nähe eines Nebenflusses des Rio Ucayali gelebt. Meine anthropologische Untersuchung der Conibo-Kultur war gut vorangekommen, aber meine Bemühungen, Auskünfte über ihre Religion zu erhalten, hatten wenig Erfolg. Die Leute waren freundlich, aber nicht dazu zu bewegen, von übernatürlichen Dingen zu sprechen. Schließlich sagten sie mir, wenn ich ernsthaft lernen wolle, müsse ich den heiligen Schamanentrunk nehmen, hergestellt aus *ayahuasca,* der »Liane des Todes«.[7] Ich sagte voller Neugier, aber gleichzeitig auch voller Furcht zu; denn sie warnten mich, daß die Erfahrung sehr schrecklich sein würde.

Am nächsten Morgen ging mein Freund Tomás, der zuvorkommende Dorfälteste, hinaus in den Wald, um die Reben zu schneiden. Bevor er ging, riet er mir zu fasten: ein leichtes Frühstück und kein Mittagessen. Er kehrte mittags mit so viel *ayahuasca*-Reben und Blättern der *cawa*-Pflanze zurück, daß er damit einen knapp 60 Liter fassenden Behälter füllen konnte. Er kochte sie den ganzen Nachmittag, bis nur ein Liter einer dunklen Flüssigkeit übrigblieb. Diese goß er in eine alte Flasche und ließ sie abkühlen bis Sonnenuntergang, wann wir sie trinken wollen.

Die Indianer banden den Hunden im Dorf einen Maulkorb um, so daß sie nicht bellen konnten. Das Geräusch bellender Hunde könne einen Menschen, der *ayahuasca* getrunken habe, verrückt machen, wurde mir gesagt. Den Kindern wurde befohlen, ruhig zu sein, und Stille legte sich bei Sonnenuntergang über die kleine Gemeinschaft.

Als Dunkelheit die kurze Äquatordämmerung verdrängt hatte, goß Tomás etwa ein Drittel der Flasche in eine Kürbisschale und gab sie mir. Alle Indianer sahen zu. Ich fühlte mich wie Sokrates unter seinen Athener Freunden, als er den Giftbecher nahm – mir fiel ein, daß einer der anderen Namen, die die Leute vom peruanischen Amazonas dem *ayahuasca* gaben, »der kleine Tod« war. Ich nahm den Trank schnell zu mir. Er hatte einen seltsamen, leicht bitteren Geschmack. Dann wartete ich darauf, daß Tomás seinen Trank zu sich nehmen würde; doch er sagte, daß er sich entschlossen habe, doch nicht daran teilzunehmen.

Man sagte mir, ich solle mich auf die Bambusterrasse unter dem großen Blätterdach des Gemeinschaftshauses legen. Das Dorf war still; man hörte nur das Zirpen der Grillen und in der Ferne die Schreie eines Brüllaffen tief im Dschungel.

Als ich in die Dunkelheit hinaufsah, erschienen schwache Lichtstrahlen. Sie wurden deutlicher und verzweigter und zeigten strahlende Farben. Ein Geräusch kam aus der Ferne, wie ein Wasserfall, der immer stärker wurde, bis er meine Ohren ganz ausfüllte.

Einige Minuten vorher war ich noch enttäuscht, weil ich überzeugt war, daß *ayahuasca* auf mich keine Wirkung haben würde.

Nun überflutete das Rauschen von herabstürzendem Wasser mein Gehirn. Mein Kiefer fühlte sich immer starrer an, und diese Starre stieg hinauf in meine Schläfen.

Die zunächst schwachen Strahlen über meinem Kopf wurden leuchtender und verflochten sich immer mehr, bis sie einen Baldachin bildeten, der einem geometrischen Mosaik aus buntem Glas glich. Die leuchtend violetten Farben bildeten ein sich immer weiter über mir ausdehnendes Dach. Innerhalb dieser himmlischen Höhle hörte ich das Rauschen von Wasser immer lauter werden, und ich konnte ganz schwach Gestalten erkennen, die sich schattenhaft bewegten. Als meine Augen sich an das Dunkel gewöhnt hatten, löste sich die bewegte Szene in etwas auf, das einem riesigen Volksfest glich, einem übernatürlichen Karneval der Dämonen. Im Mittelpunkt über die Aktivitäten wachend und mich direkt anschauend befand sich ein riesiger, grinsender, krokodilartiger Kopf, aus dessen höhlengleichen Kinnladen eine Sturzflut von Wasser schoß. Langsam stiegen die Wasser und auch der Baldachin darüber, bis sich die Szene in eine bloße Zweiheit von blauem Himmel oben und Meer unten verwandelte. Alle Lebewesen waren verschwunden.

Dann sah ich aus meiner Lage neben der Wasseroberfläche zwei seltsame Schiffe sich hin und her bewegen, und durch die Luft immer näher auf mich zuschwimmen. Sie vereinigten sich langsam und bildeten ein einziges Boot mit einem riesigen drachenköpfigen Bug, nicht unähnlich einem Wikingerschiff. Mittschiffs war viereckiges Segel gesetzt. Als das Boot langsam über mir hin und her schwamm, hörte ich immer deutlicher einen rhythmisch zischenden Laut und sah, daß es eine riesige Galeere mit mehreren hundert Ruderern war, die sich im Einklang mit dem Geräusch vor und zurück bewegten.

In mein Bewußtsein drang auch der schönste Gesang, den ich jemals in meinem Leben gehört hatte, der in hoher Tonlage und ganz ätherisch, aus Myriaden Stimmen an Bord der Galeere kam. Als ich genauer auf das Deck sah, konnte ich eine große Menschenmenge erkennen mit Köpfen der blauen Tölpel und Menschenkörpern, ähnlich den vogelköpfigen Göttern auf den alten ägyptischen Grabmalereien. Gleichzeitig begann etwas Lebenskraft aus meiner Brust in das Boot zu fließen. Obwohl ich mich für einen Atheisten hielt, war ich absolut sicher, daß ich starb und die vogelköpfigen Wesen gekommen waren, um meine Seele auf das Boot zu bringen. Während der Seelenabfluß aus meiner Brust anhielt, merkte ich, daß mein Körper gefühllos wurde.

Beginnend bei meinen Armen und Beinen, spürte ich, wie mein Körper anfing, sich in festen Beton zu verwandeln. Ich konnte mich weder bewegen noch sprechen. Als die Erstarrung allmählich meine Brust umschloß und mein Herz erfaßte, versuchte ich, mit meinem Mund um Hilfe zu rufen, die Indianer um ein Gegengift zu bitten. Aber so sehr ich mich auch abmühte, ich konnte mich nicht so weit bringen, ein Wort zu bilden. Gleichzeitig schien sich mein Unterleib in Stein zu verwandeln, und ich hatte große Mühe zu erreichen, daß mein Herz weiterschlug. Ich fing an, mein Herz meinen Freund zu nennen, den liebsten Freund von allen, zu ihm zu sprechen, es mit der ganzen mir noch zur Verfügung stehenden Kraft zu ermutigen weiterzuschlagen.

Ich spürte mein Gehirn. Ich fühlte physisch, daß es in vier getrennte und unterscheidbare Ebenen aufgeteilt war. An der höchsten Stelle war der Beobachter und Befehlshaber, der sich meines Körperzustandes bewußt und dafür verantwortlich war, daß mein Herz weiterschlug. Dieser erkannte, aber nur als Zuschauer, die Visionen, die aus den scheinbar darunter liegenden Gehirnteilen hervorkamen. Direkt unter der höchsten Ebene spürte ich eine erstarrte Schicht, die durch die Droge außer Kraft gesetzt zu sein schien – sie war einfach nicht da. Die darunter liegende Ebene war die Quelle meiner Visionen, einschließlich des Seelenbootes. Nun war ich wirklich sicher, daß ich im Sterben lag. Als ich mich bemühte, mich in mein Schicksal zu ergeben, fing ein noch tieferer Gehirnteil an, weitere Visionen und Informationen auszusenden. Mir wurde »gesagt«, daß dieses neue Material mir dargereicht würde, weil ich im Sterben begriffen und es deshalb »sicher« sei, diese Offenbarungen zu empfangen. Es seien die Geheimnisse, die für die Sterbenden und die Toten aufbewahrt würden. Ich konnte die Bringer dieser Gedanken nur sehr schwach wahrnehmen; riesige reptilartige Geschöpfe, die träge in den hintersten Tiefen meines Gehirns ruhten, wo das Ende der

Wirbelsäule das Gehirn berührt. Ich konnte sie nur schwach in den anscheinend finsteren, düsteren Tiefen sehen.

Dann projizierten sie ein sichtbares Bild vor mir. Zuerst zeigten sie mir die Erde, wie sie vor Äonen war, als es noch kein Leben auf ihr gab. Ich sah ein Meer, ödes Land und einen strahlendblauen Himmel. Dann fielen zu Hunderten schwarze Flecken vom Himmel und landeten vor mir in der öden Landschaft. Ich konnte sehen, daß diese »Flecken« in Wirklichkeit große, leuchtende, schwarze Geschöpfe mit kurzen, flugsaurierähnlichen Flügeln und riesigen walfischähnlichen Körpern waren. Ihre Köpfe waren für mich unsichtbar. Sie plumpsten hinunter, äußerst erschöpft von ihrer Fahrt, um sich äonenlang auszuruhen. Sie erklärten mir in einer Art Gedankensprache, daß sie vor etwas weit draußen im Weltraum auf der Flucht seien. Sie seien auf den Planeten Erde gekommen, um ihrem Feind zu entrinnen.

Diese Geschöpfe zeigten mir dann, wie sie auf der Erde Leben hervorbrachten, um sich unter den vielfachen Formen zu verstecken und dadurch ihre Anwesenheit zu verschleiern. Vor mir erstand die Großartigkeit der Pflanzen- und Tierschöpfung und die Aufspaltung der Arten – Hunderte von Jahrmillionen Aktivität – in einem Maßstab und mit einer Lebendigkeit, die unmöglich zu beschreiben sind. Ich erfuhr, daß die drachenähnlichen Geschöpfe auf diese Weise innerhalb aller Lebensformen einschließlich des Menschen sind.[8] Sie seien die wirklichen Meister der Menschheit und des ganzen Planeten, sagten sie mir. Wir Menschen seien nur ihre Behälter und Diener. Aus diesem Grunde könnten sie zu mir aus meinem Innern sprechen.

Diese aus den Tiefen meines Geistes aufsteigenden Enthüllungen wechselten mit Visionen von der schwebenden Galeere, die die Übernahme meiner Seele an Bord beinahe beendet hatte. Das Boot mit seiner blauen tölpelköpfigen Deckmannschaft fuhr langsam davon und zog meine Lebenskraft mit sich, wobei es auf einen großen Fjord zusteuerte, der von öden, zerfurchten Bergrücken eingefaßt war. Ich wußte, daß ich nur noch einen Augenblick lang zu leben hatte. Seltsamerweise fürchtete ich mich nicht vor den vogelköpfigen Wesen; sie durften gern meine Seele behalten, wenn sie dazu fähig waren. Doch ich fürchtete, daß meine Seele irgendwie auf der horizontalen Ebene des Fjordes nicht bleiben könne, sondern durch unbekannte, aber erspürte und erschreckende Prozesse von den drachenähnlichen Bewohnern der Tiefen eingefangen oder wieder eingefangen würde.

Ich fühlte plötzlich deutlich mein Menschsein, den Unterschied zwischen meiner Art und den uralten reptilförmigen Vorfahren. Ich begann, gegen meine Rückkehr zu den Urformen zu kämpfen, die anfingen, mir immer fremder und sogar bösartig zu werden. Jeder Herzschlag bedeutete eine immer größere Anstrengung. Ich wandte mich an menschliche Hilfe.

Mit unvorstellbarer letzter Kraft schaffte ich es gerade noch, den Indianern ein einziges Wort zu sagen: »Medizin!« Ich sah, wie sie umherliefen, um ein Gegengift herzustellen, und wußte doch, daß sie es nicht mehr rechtzeitig zubereiten konnten. Ich brauchte einen Beschützer, der Drachen besiegen konnte[9], und deshalb bemühte ich mich mit äußerster Kraft, ein mächtiges Wesen zu beschwören, das mich gegen die fremdartigen Reptilien beschützen könnte. Eines erschien vor mir; und in diesem Augenblick öffneten die Indianer mit Gewalt meinen Mund und gossen das Gegengift hinein. Langsam verschwanden die Drachen in der Unterwelt; das Seelenboot und der Fjord waren nicht mehr. Erleichtert entspannte ich mich.

Das Gegengift verbesserte meinen Zustand erheblich, verhinderte aber nicht, daß ich noch viele zusätzliche Visionen mehr oberflächlicher Natur hatte. Sie waren erträglich und erfreulich. Ich machte willentlich märchenhafte Reisen durch entfernte Regionen, sogar hinaus in die Milchstraße; ich schuf unglaubliche Architektur und beschäftigte höhnisch grinsende Dämonen, die meine Phantasien verwirklichten. Oft lachte ich laut über die Widersinnigkeiten meiner Abenteuer. Schließlich schlief ich ein.

Sonnenstrahlen durchdrangen die Löcher im Palmblätterdach, als ich erwachte. Ich lag noch immer auf der Bambusterrasse und hörte die normalen morgendlichen Geräusche um mich her: die Indianer schwatzten miteinander, kleine Kinder schrien, und ein Hahn krähte. Ich war überrascht festzustellen, daß ich mich erholt und zufrieden fühlte. Als ich so dalag und zu dem schön gefügten Muster des Daches hinaufschaute, durchzogen meinen

Geist die Erinnerungen an die vergangene Nacht. Sofort unterbrach ich meine Gedanken, um mein Tonbandgerät aus einer Segeltuchtasche zu holen. Als ich in den Sack griff, grüßten mehrere Indianer mich lächelnd. Eine alte Frau, die eine Ehefrau von Tomás, gab mir eine Schale mit Fisch- und Wegerich-Suppe als Frühstück. Sie schmeckte außergewöhnlich gut. Dann ging ich zurück auf die Terrasse, um schnell meine nächtlichen Erfahrungen auf Band zu sprechen, bevor ich etwas vergaß.

Die Arbeit des Zurückrufens ging leicht vonstatten, bis auf einen Teil der Trance, an den ich mich einfach nicht erinnern konnte. Er blieb leer, als ob ein Band gelöscht worden sei. Ich kämpfte stundenlang, um mich zu erinnern, was in jenem Teil der Erfahrung geschehen war, und ich erkämpfte das Fehlende tatsächlich zurück in mein Bewußtsein. Das widerspenstige Material stellte sich als die Mitteilung der drachenähnlichen Wesen heraus, einschließlich der Offenbarung ihrer Rolle in der Evolution des Lebens auf diesem Planeten und ihrer eingeborenen Macht über die lebendige Materie, einschließlich des Menschen. Ich war sehr erregt über die Wiederentdeckung dieses Materials und hatte deutlich das Gefühl, daß ich eigentlich nicht befugt sein sollte, es aus den unteren Regionen meines Geistes herauszuholen.

Ich hatte sogar ein sonderbares Gefühl von Angst um meine Sicherheit, weil ich nun ein Geheimnis besaß, von dem diese Wesen angedeutet hatten, daß es nur für die Sterbenden bestimmt sei. Ich beschloß, dieses Wissen sofort mit anderen zu teilen, damit das »Geheimnis« nicht nur in mir wohne und mein Leben nicht mehr in Gefahr sei. Ich befestigte meinen Außenbordmotor an einem Einbaum-Kanu und startete zur nahe gelegenen Missionsstation eines amerikanischen Wanderpredigers. Ich kam gegen Mittag an.

Das Paar in der Station, Bob und Millie (Namen geändert), standen eine Stufe über den Durchschnittspredigern, die von den USA ausgesandt wurden: gastfreundlich, humorvoll und mitfühlend. Ich erzählte ihnen meine Geschichte. Als ich ihnen das Reptil beschrieb, aus dessen Maul sich Wasser ergoß, wechselten sie Blicke, holten ihre Bibel und lasen mir die folgende Stelle aus der Offenbarung 12,15 vor:

Die Schlange spie einen Strom von Wasser aus ihrem Rachen, wie eine Flut ...

Sie erklärten mir, daß das Wort »Schlange« in der Bibel gleichbedeutend mit »Drache« und »Satan« sei. Als ich an die Stelle mit den drachenähnlichen Geschöpfen kam, die vor einem Feind jenseits der Erde flohen und hier landeten, um sich vor ihren Verfolgern zu verbergen, wurden Bob und Millie ganz aufgeregt und lasen mir aus demselben Kapitel folgende Stelle vor:

Da entbrannte im Himmel ein Kampf; Michael und seine Engel erhoben sich, um mit dem Drachen zu kämpfen. Der Drache und seine Engel kämpften, aber sie konnten sich nicht halten, und sie verloren ihren Platz im Himmel. Er wurde gestürzt, der große Drache, die alte Schlange, die Teufel oder Satan heißt und die ganze Erde verführt; der Drache wurde auf die Erde gestürzt, und mit ihm wurden seine Engel hinabgeworfen. (Offb. 12,7-9)[10]

Ich hörte überrascht und verwundert zu. Diese Wanderprediger schienen ihrerseits voller Ehrfurcht vor der Tatsache zu sein, daß einem atheistischen Anthropologen durch Einnahme eines Trankes der »Medizinmänner« etwas von dem heiligen Material der Offenbarung enthüllt werden konnte. Als ich meinen Bericht beendet hatte, war ich erleichtert, daß ich mein neues Wissen mitgeteilt hatte, aber ich war auch erschöpft. Ich schlief auf dem Bett der Prediger ein und überließ es ihnen, ihre Diskussion über das Erfahrene fortzusetzen.

Als ich an jenem Abend in meinem Kanu zum Dorf zurückkehrte, begann es in meinem Kopf im Rhythmus mit dem Geräusch des Außenbordmotors zu pochen; ich dachte, ich würde verrückt; ich mußte meine Finger in die Ohren stecken, um dieses Gefühl zu unterdrücken. Ich schlief gut, aber am nächsten Tag spürte ich eine Taubheit bzw. einen Druck in meinem Kopf.

Ich wollte nun das fachmännische Urteil von dem im übersinnlichen Bereich Wissendsten der Indianer einholen, einem blinden Schamanen, der mit der Hilfe des *ayahuasca*-Trankes viele Reisen in die geistige Welt unternommen hatte. Es schien nur angemessen, daß ein blinder Mensch in der Lage sein sollte, mein Führer in die Welt der Finsternis zu sein.

Ich ging zu seiner Hütte und nahm mein Notizbuch mit; ich beschrieb ihm meine Visionen eine nach der anderen. Zunächst berichtete ich ihm nur die Höhepunkte; als ich dann zu den drachenähnlichen Wesen kam, ließ ich ihre Ankunft aus dem Weltraum aus und sagte nur: »Da waren diese riesigen schwarzen Tiere, so ähnlich wie große Fledermäuse, größer als dieses Haus lang ist; sie sagten, sie seien die wahren Meister der Welt.« Es gibt in Conibo kein Wort für »Drache«, so daß »Riesenfledermaus« die am nächsten liegende Beschreibung für das war, was ich gesehen hatte.

Er schaute mich mit seinen nicht-sehenden Augen an und sagte mit einem Grinsen: »Oh, das sagen sie immer. Doch sie sind nur die Herren der Äußeren Finsternis.« (Mt 8,12)

Er winkte mit seiner Hand unbestimmt gegen den Himmel. Ich spürte einen Kälteschauer entlang meiner unteren Wirbelsäule; denn ich hatte ihm noch nicht gesagt, daß ich in meiner Trance gesehen hatte, wie sie aus dem äußeren Weltraum hervorkamen.

Ich war erschüttert.

Was ich erfahren hatte, war diesem barfüßigen, blinden Schamanen geläufig – war ihm bekannt aus seinen eigenen Entdeckungen in derselben verborgenen Welt, in welche ich mich vorgewagt hatte. Von jenem Augenblick an war ich entschlossen, alles nur Mögliche über Schamanismus zu lernen.

Und da gab es noch etwas, das mich zu meiner neuen Suche ermutigte. Nachdem ich meine ganze Erfahrung noch einmal erzählt hatte, sagte er mir, daß er niemanden kenne, der bei seiner ersten *ayahuasca*-Reise so viel gesehen und gelernt habe.

»Du kannst bestimmt ein Meister-Schamane werden«, sagte er.

So begann mein ernsthaftes Studium des Schamanismus. Von den Conibo lernte ich insbesondere das Reisen in die Unterwelt und die Dienstbarmachung von Geistern – Methoden, die weiter unten im Buch beschrieben werden. Ich kehrte 1961 in die Vereinigten Staaten zurück, aber drei Jahre später kam ich wieder nach Südamerika, um bei den Jívaro zu leben, bei denen ich schon 1956 und 1957 war. Meine Aufgabe war diesmal nicht gerade die eines Anthropologen, sondern ich sollte aus erster Hand lernen, wie Schamanismus in der Art der Jívaro praktiziert wird. Aus diesem Grunde wollte ich in den nordwestlichen Teil des Jívaro-

Gebietes gehen, wo die mächtigsten Schamanen wohnen sollten.

Ich flog zunächst nach Quito, Ecuador, ins Hochland der Anden. Von dort brachte mich eine alte dreimotorige Junkersmaschine hinunter auf einen Dschungelflugplatz am östlichen Fuß der Anden beim Pastaza-Fluß. Dort charterte ich ein einmotoriges Flugzeug nach Macas, einer alten weißen Siedlung am Fuß der Anden mitten im Jívaro-Gebiet.

Macas war ein seltsames Dorf. Es war 1599 durch eine Handvoll Spanier gegründet worden, die das Massaker im legendären Sevilla del Oro[11] durch die Jívaro überlebt hatten und jahrhundertelang wahrscheinlich die einsamste Gemeinschaft der westlichen Welt gewesen waren. Bis in den vierziger Jahren die Landebahn gebaut wurde, war ihre nächste Verbindung zur Außenwelt ein schlüpfriger Fußweg über die Anden-Böschung westlich des Dorfes, was einen schwierigen Acht-Tage-Marsch bedeutete, um die Hochlandstadt Riobamba zu erreichen. Diese Isolierung hatte zur Bildung einer weißen Gemeinde geführt, wie es sie nicht noch einmal auf der Welt gab. Noch während der ersten Jahrzehnte des zwanzigsten Jahrhunderts jagten die Menschen dort mit Blasrohren, trugen Indianerkleider und erklärten stolz ihre Abstammung von den Conquistadores (= den spanischen Eroberern des 16. Jahrhunderts).

Sie hatten auch ihre eigenen wunderbaren Legenden und privaten Mysterien. Zum Beispiel gab es da die Geschichte, wie sie nach dem Massaker und dem Rückzug aus Sevilla del Oro fast ein Jahrhundert gebraucht hatten, um einen neuen Weg über die Anden zu finden. Von dem Mann, der das schließlich geschafft hat, wird den Kindern noch zur Schlafenszeit erzählt. Und dann gab es da das Geisterpferd, vollständig mit rasselnden Ketten, das nach den Berichten ein solch häufiger nächtlicher Besucher auf den Straßen des Dorfes war, daß die Einwohner sich oft in ihren palmblattgedeckten Hütten zusammenkauerten, während das Monstrum umherstreifte. Seine Besuche hörten 1924 auf, als katholische Missionare sich dauerhaft in der Gemeinde niederließen. Nebenbei bemerkt gab es zu jener Zeit noch keine Pferde in Macas – das erste, ein Fohlen, wurde 1928 von Fiobamba auf dem Rücken eines Mannes herübergetragen, fast dreieinhalb Jahrhunderte nach der Gründung der Gemeinde.

Oben hinter dem Dorf, die östliche Cordillere der Anden überragend, war der Sangay, ein riesiger aktiver Vulkan, mit einer Schneekappe bedeckt, aus der sich bei Tage Rauchwolken auftürmten, die bei Nacht glühten. Das Glühen, so sagten die Macabeos gern, kam von dem Schatz der Inka, der nach ihrer Behauptung auf den Hängen des Sangay verborgen war.

Mein erster Tag in Macas verlief gut. Mein junger Jívaro-Führer erwartete mich an der Landebahn, und die Menschen waren gastfreundlich und freigebig. Zu essen gab es reichlich, und unsere Mahlzeiten enthielten viel Fleisch. Da es keinen Weg gab, auf dem die Macabeos ihr Vieh über die Anden hätten bringen können, mußten sie ihre Tiere selbst aufessen; deshalb wurde in dem kleinen Dorf täglich Vieh geschlachtet. Zusätzlich gaben sie mir *guayusa,* einen dort wachsenden Tee, welchen die Macabeos während des Tages statt Kaffee tranken. Der Tee erzeugte ein Gefühl von Euphorie, wodurch die örtliche Bevölkerung den ganzen Tag leicht benebelt war. Man gewöhnt sich so sehr an *guayusa,* daß jeder Besucher gewarnt wird, bevor ihm der Tee angeboten wird, daß er immer wieder in den ecuadorianischen Dschungel zurückkehren würde, wenn er ihn einmal trinkt.

Als ich in Macas am Abend meiner Ankunft einschlief, erschienen mir in der Dunkelheit des Macabeo-Hauses Bilder in leuchtend roten Farben. Was ich sah, war sehr merkwürdig: kurvenreiche Muster, sich verflechtend, wieder trennend und sich auf eine ganz prächtige Weise drehend. Dann erschienen zwischen den wechselnden Mustern grinsende Dämonengesichter, die auch rot waren – herumwirbelnd, verschwindend und zurückkehrend. Ich hatte das Gefühl, als würde ich die feinstofflichen Bewohner von Macas sehen.

Plötzlich wurde ich durch eine Explosion und ein Rütteln fast von meinem Holzbett geworfen. Die Hunde des Dorfes begannen zu bellen. Die Visionen verschwanden. Die Menschen schrien durcheinander. Ein Erdbeben hatte den Erdboden erschüttert, und nun schoß ein Sprühregen natürlichen Feuerwerks aus dem Sangay in den Nachthimmel.

Ich spürte, ohne Zweifel irrational, daß die höhnisch grinsenden Dämonen den Ausbruch hervorgerufen hatten, um meine Rückkehr in den Dschungel zu begrüßen und mich an ihre Wirklichkeit zu erinnern. Ich lachte über die Absurdität der Situation in mich hinein.

Am nächsten Tag zeigte mir der katholische Missionar seine private Sammlung von prähistorischen Tonscherben aus dem örtlichen Gebiet. Darauf waren rote Muster gemalt, fast identisch mit denjenigen, die ich in der Nacht zuvor gesehen hatte.

Am folgenden Morgen gingen mein Jívaro-Führer und ich in die Richtung nördlich von Macas, überquerten den Rio Upano in einem Einbaum-Kanu und setzten den ganzen Tag unseren Weg fort.

Bei Sonnenuntergang erreichten wir erschöpft unsere Bestimmung, das Haus des berühmten Schamanen Akachu tief im Wald. An diesem Abend gab es keinen *guayusa*. Statt dessen wurde mir ein Becher nach dem anderen von erfrischendem Maniok-Bier angeboten, dazu Affenfleisch und rohe, krabbelnde, aber köstliche käseähnliche Maden. Müde, aber froh, wieder unter Schamanen zu sein, fiel ich auf dem Bambusbett in einen tiefen Schlaf.

Am nächsten Morgen saßen Akachu und ich einander formell auf hölzernen Hockern gegenüber, als seine Frauen uns Becher mit erwärmtem Maniokbier brachten. Sein langes, schwarzes Haar, mit einem rot und weiß gewebten Band zu einem Pferdeschwanz gebunden, von dem eine Federquaste herabhing, zeigte Streifen von Grau. Ich vermutete, daß er in den Sechzigern war.

»Ich bin gekommen«, erklärte ich, »um Hilfsgeister zu erwerben, *tsentsak*.«

Er starrte mich streng an, ohne ein Wort zu sagen, aber die Runzeln in seinem braunen Gesicht schienen sich zu vertiefen.

»Das ist ein feines Gewehr da«, bemerkte er, indem er sein Kinn vorschob in Richtung auf die Winchester, die ich zum Jagen mitgebracht hatte.

Sein Hinweis war eindeutig; denn die Standardbezahlung unter den Jívaro für schamanische Einweihung war – mindestens – ein Vorderlader. Die Hinterlader Winchester für Patronen war viel praktischer als die Schwarzpulver-Vorderlader und deshalb sehr viel wertvoller.

»Um Wissen und Hilfsgeister zu erhalten, will ich dir das Gewehr und meine beiden Dosen mit Patronen geben«, sagte ich.

Akachu nickte und streckte seinen Arm in Richtung auf die Winchester aus. Ich nahm das Gewehr und brachte es ihm. Er prüfte sein Gewicht und dessen Verteilung und blickte den Lauf entlang. Dann legte er das Gewehr abrupt quer über sein Knie.

»Zuerst mußt du im Wasserfall baden«, sagte er. »Dann werden wir sehen.«

Ich sagte ihm, daß ich bereit sei, alles zu tun, was er anordnen würde.

»Du bist kein *shuar*, kein Indianer«, sagte Akachu, »deshalb weiß ich nicht, ob du Erfolg haben wirst. Aber ich werde dir beim Versuch helfen.« Er deutete mit seinem Kinn in westliche Richtung auf die Anden. »Bald werden wir die Reise zum Wasserfall machen.«

Fünf Tage später brachen Akachu, sein Schwiegersohn Tsangu und ich zur Pilgerreise an den heiligen Wasserfall auf. Da mein Jívaro-Führer seine Aufgabe beendet hatte, war er schon nach Hause zurückgekehrt.

Am ersten Tag folgten wir einem Waldpfad entlang einem sich schlängelnden Flußtal stromaufwärts. Meine Begleiter schritten sehr schnell aus, so daß ich dankbar war, als wir schließlich am späten Nachmittag neben einer kleinen Stromschnelle im Fluß haltmachten. Akachu und Tsangu bauten ein palmblattgedecktes Halbzelt auf, am Boden eine Schicht Palmwedel als Bett. Ich schlief tief, warmgehalten durch das kleine Feuer, das sie im Eingang des Obdachs entfacht hatten.

Der zweite Tag unserer Reise war ein fast ständiges Aufwärtsklettern in dem nebelverhangenen Wald. Als der praktisch nicht vorhandene Pfad schwieriger wurde, hielten wir an einem Hain aus *cana brava* (= Bambusrohr), um Wanderstäbe zu schneiden, die uns beim Aufstieg helfen sollten. Akachu verschwand kurz und kehrte mit einem 7 cm dicken Stab aus Korkholz zurück. Während wir uns ausruhten, schnitt er behende einfache geometrische Muster hinein und händigte ihn mir dann aus.

»Das ist dein magischer Stab«, sagte er. »Er wird dich vor Dämonen beschützen. Wenn du einem begegnest, wirf ihn nach ihm. Er ist wirkungsvoller als ein Gewehr.«

Ich wog den Stab in meiner Hand. Er war auffallend leicht und würde offensichtlich nichts nützen, um sich gegen etwas Materielles zu verteidigen. Einen Augenblick hatte ich das Gefühl, als seien wir Kinder, die ein Spiel aus Angeberei machten. Aber diese Männer waren Krieger, die immer wieder mit ihren Feinden auf Leben und Tod kämpften und stritten. Hing ihr Überleben denn nicht davon ab, daß sie in echter Berührung mit der Wirklichkeit standen?

Als der Tag fortschritt, wurde der Pfad noch steiler und schlüfriger. Oft schien es, als ob ich in dem ziegelstaubähnlichen Lehm einen Schritt zurückglitt für jeweils zwei Schritte, die ich vorwärts machte. Wir blieben oft stehen, um Atem zu schöpfen und Wasser zu trinken, vermischt mit der Maniokbiermaische in unseren Kürbisfeldflaschen. Manchmal nahmen sich die beiden anderen ein Stückchen geräucherten gekochten Maniok oder geräuchertes Fleisch, das sie in ihren Affenfelltaschen mit sich führten. Mir aber war verboten, feste Speise zu mir zu nehmen.

»Du mußt leiden«, erklärte Tsangu, »damit die Großväter (= Ahnen) Mitleid mit dir haben. Sonst wird das alte Gespenst nicht kommen.«

Müde und hungrig versuchte ich in jener Nacht, in dem palmblattgedeckten Halbzelt zu schlafen, das meine Begleiter für uns auf einem kalten, feuchten Grat des Bergrückens gebaut hatten. Kurz vor Sonnenaufgang begann es zu regnen. Da wir zu durchgefroren und elend waren, um am Ort zu bleiben, brachen wir das Zelt ab und tappten in der Dunkelheit auf dem Grat weiter. Der Regen wurde heftiger. Bald erhellten Blitze, von explosionsartigen Donnern begleitet, in kurzen Abständen unseren Weg. Viele der Blitzschläge schienen genau auf den Grat zu zielen, dem wir folgten; so begannen wir, uns mit höchster Geschwindigkeit vorwärts zu bewegen, um von der Höhe herunterzukommen. Im Halbdunkel der verschleiernden Dämmerung verlor ich die beiden anderen oft aus den Augen, da sie an das unglaubliche Tempo weit besser gewöhnt waren, das sie durch den Wald vorlegten. Auch unter normalen Umständen schritten die Indianer mit sechs bis acht Stundenkilometern aus. Jetzt schienen es zehn zu sein.

Bald hatte ich meine Begleiter ganz aus den Augen verloren. Ich nahm an, daß sie der Meinung waren, ich könne ihnen folgen. Sie würden zweifellos irgendwo weiter vorn auf mich warten, über das Ende des Grates hinaus. So zwang ich mich vorwärts, naß, müde, hungrig und voller Furcht, für immer in diesem großen, unbewohnten Wald verloren zu sein. Ein, zwei, drei Stunden gingen vorüber, und ich hatte sie noch immer nicht eingeholt. Der Regen ließ nach, und das Licht in dem verlassenen Wald wurde heller. Ich schaute aus nach den scharf abgeknickten Zweigen von jungen Baumstämmen, dem Zeichen der Indianer, daß sie hier vorübergekommen waren – aber ohne Erfolg.

Ich bieb stehen, setzte mich auf einen Baumstupf mitten in dem tröpfelnden Wald und versuchte, über meine Lage klar nachzudenken. Ich gab den gellenden, weithin hörbaren Schrei der Indianer ab, einen Schrei aus den Tiefen der Lunge, der fast einen Kilometer weit zu hören ist. Dreimal rief ich. Es folgte keine Antwort. Ich war einer Panik nahe. Ich hatte mein Gewehr nicht, also konnte ich nicht jagen. Ich wußte nicht, wohin ich gehen mußte. Die einzigen Menschen, die ich hier im Wald wußte, waren meine verschwundenen Begleiter.

Ich hatte mir gemerkt, daß wir im allgemeinen westwärts gewandert waren, aber durch das dichte Walddach konnte ich die Richtung der Sonne nicht ausmachen. Der Grat hatte zahlreiche Gabelungen, so daß ich nicht sagen konnte, welcher man am besten folgen würde. Fast blindlings suchte ich einen Grat heraus und folgte ihm langsam, indem ich alle drei oder vier Meter Zweige knickte, um meine Begleiter zu führen, wenn sie mich auf diesem Weg suchen würden. Von Zeit zu Zeit stieß ich meinen Ruf aus, hörte aber keine Antwort. Ich blieb an einem Fluß stehen und füllte etwas Wasser zu dem konzentrierten Bier in meinem Flaschenkürbis nach. Während ich schwitzend ausruhte, schwirrten Dutzende von Schmetterlingen um mich herum und ließen sich immer wieder auf Kopf, Schultern und Armen nieder. Ich beobachtete, wie sie den Schweiß von meiner Haut saugten und gleichzeitig darauf urinierten. Ich stand auf und ging im Wald weiter, mich schwer auf meinen Korkholzstab stützend. Mit meinem *punal* (= kurzes Dschungelmesser) schnitt ich Zweige von Palmstämmen und machte mir ein primitives Halbzelt. Erschöpft trank ich dann etwas Bier, bedeckte meinen Körper mit Blättern und schlief bald ein.

Schwaches Licht drang durch das Walddach, als ich erwachte. Während ich so in der grünen Stille dalag, hörte ich einen dumpfen Knall. Er überraschte mich so unvermutet, daß ich seine Richtung nicht feststellen konnte. Ich horchte ganz still, etwa fünfzehn Minuten lang, bis ein weiterer Knall zu hören war, genau zu meiner Linken. Es war eindeutig ein Gewehr. Ich sprang auf und eilte in die Richtung, aus der der Schuß gekommen war, hüpfend, stolpernd und rutschend beim Hinabgleiten über die steilen Abhänge. Von Zeit zu Zeit gab ich den Indianerschrei ab. Ein weiterer Knall, diesmal knapp zu meiner Rechten! Ich folgte der Richtung und befand mich bald auf dem Abstieg in eine steile Schlucht, mich an Wurzeln haltend und von Baumstamm zu Baumstamm rutschend. Ich wurde mir eines durchdringenden Rauschens bewußt, gleich einem nicht enden wollenden Güterzug.

Plötzlich stand ich am geröllübersäten Ufer eines Flusses. Etwa 400 Meter stromaufwärts stürzte ein riesiger Wasserfall über eine nackte Felswand. Und an ihrem Fuß konnte ich meine Begleiter erkennen; in diesem Augenblick waren sie für mich die engsten Freunde auf der ganzen Welt.

Ich mußte über riesige Geröllsteine im Fluß klettern und durch Wasserpfützen waten, die sich zwischen den Sandbänken befanden. Als ich näher kam, spürte ich das Sprühen des Wasserfalls, das vom Wind durch die Schlucht getragen wurde und mir Gesicht und Arme kühlte. Ich brauchte fast fünfzehn Minuten, um Akachu und Tsangu zu erreichen. Schließlich brach ich auf dem Sand neben meinen Begleitern zusammen.

»Wir dachten schon, ein Dämon habe dich geholt«, sagte Akachu grinsend. Ich lächelte schwach zurück und nahm glücklich die Flasche mit Bier entgegen, die er mir darbot.

»Du bist müde«, sagte er. »Das ist gut; dann könnten die Großväter Mitleid mit dir haben. Du mußt nun anfangen zu baden.«

Er zeigte auf meinen Stab. »Nimm deinen Korkstock und komm mit mir.«

Während Tsangu auf der Sandbank blieb, führte Akachu mich über die Felsen entlang dem Ufer des großen Sees, in welchen der Wasserfall sich ergoß. Bald standen wir vor der nassen Felswand, wo heftige Wassergüsse unsere Körper überspülten. Er nahm meine Hand und ging zentimeterweise am Fuß des Felsens entlang. Das Wasser ergoß sich mit steigender Kraft über uns, wodurch es schwierig wurde, nicht weggeschwemmt zu werden. Ich stützte mich mit einer Hand auf meinen Stab und hielt mich mit der anderen an Akachu fest.

Jeder Schritt vorwärts wurde schwieriger. Dann waren wir plötzlich hinter dem Wasserfall in einer dunklen, natürlichen Nische, die wie eine magische Höhle aussah. Licht drang nur durch den ungeheuren Vorhang fallenden Wassers, das uns von der übrigen Welt abschloß. Das unaufhörliche Brausen des Wassers war noch größer als bei meiner ersten Vision vor vielen Jahren. Es schien mein ganzes Wesen zu durchdringen. Wir waren durch die Grundelemente Erde und Wasser von der Welt getrennt.

»Das Haus der Großväter«, brüllte Akachu mir ins Ohr. Er zeigte auf meinen Stab.

Er hatte mir bereits erklärt, was zu tun war. Ich fing an, in der unglaublichen Kammer auf und ab zu schreiten, wobei ich meinen Stab bei jedem Schritt vor mich setzte. Wie angewiesen, rief ich unaufhörlich: »Tou, tou, tou«, um die Aufmerksamkeit der Ahnen auf mich zu ziehen. Ich war völlig erstarrt durch den Gischt, der durch die kleine Höhle spührte – Wasser, das vor gar nicht langer Zeit noch in den Gletscherseen der höchsten Anden gewesen war. Ich zitterte, schritt aber immer weiter und rief. Akachu begleitete mich, aber ohne Stab.

Langsam durchdrang eine seltsame Ruhe mein Bewußtsein. Ich fühlte mich nicht mehr kalt, müde oder hungrig. Das Geräusch des herabstürzenden Wassers erklang immer ferner und schien merkwürdig beruhigend. Ich spürte, daß ich hierher gehörte, daß ich heimgekommen war. Die Wand aus fallendem Wasser wurde schillernd, ein Strom von Millionen flüssiger Prismen. Als sie vorüberzogen, hatte ich immer das Gefühl, aufwärts zu fliegen, als ob sie stillständen und ich in Bewegung sei. Fliegen in einem Berg! Ich lachte über die Albernheit der Welt.

Schließlich packte mich Akachu an der Schulter, hielt mich an und nahm meine Hand. Er führte mich aus dem magischen Berg hinaus und entlang dem Felsen zurück zu Tsangu. Ich war traurig, daß ich den heiligen Ort verlassen mußte.

Als wir auf der Sandbank wieder zusammen waren, führte uns Tsangu geradewegs an den Rand der Schlucht und begann den steilen Abhang hinaufzuklettern. Wir folgten ihm, indem wir uns an vorspringenden Wurzeln, Stämmen und Zweigen festhielten, um auf dem nassen Lehm nicht wieder zurückzurutschen. Etwa eine Stunde lang setzten wir den steilen Aufsteig fort, immer wieder durchnäßt von den Sprühwolken des Wasserfalls. Es war später Nachmittag, als wir schließlich einen kleinen flachen Grat gleich am Rand des Wasserfalls erreichten. Wir rasteten kurz und folgten Tsangu dann auf der Hochebene weiter. Zuerst war der Dschungel dicht und schwierig zu durchdringen; doch bald fanden wir uns in einer Galerie, gebildet aus riesigen Bäumen.

Nach etwa fünf Minuten hielt Tsangu an und begann Zweige für ein Obdach zu schneiden.

Akachu aber spaltete einen Stock an einem Ende. Er spaltete dasselbe Ende noch einmal im rechten Winkel zum ersten Schnitt und steckte das nicht gespaltene Ende in die Erde. In die kreuzweise Spaltung drückte er zwei Zweige, welche das Ende zu einem vierarmigen Behälter öffneten. Dann nahm er einen faustgroßen Kürbisbecher aus seinem Schulterbeutel aus Affenfell und setzte ihn in den aus den Zweigen gebildeten Raum. Er langte wieder in seine Tasche und brachte ein Bündel kurzer grüner Stengel hervor. Es waren die Stecklinge der *maikua*-Pflanze (eine *brugmansia* Art von Datura[12]), die er vor unserer Abreise zu Hause gesammelt hatte. Einzeln hielt er die Stengel über den Kürbisbecher und schabte die grüne Rinde ab. Als er fertig war, hatte er den Becher damit fast gefüllt. Er faßte hinein, zog die Schnitzel heraus und begann ihren grünen Saft in den Becher zu drücken. Innerhalb von fünf Minuten hatte er ein Achtel des Bechers voll Flüssigkeit. Er warf die Schnitzel weg.

»Nun wollen wir die *maikua* abkühlen lassen«, sagte er. »Wenn die Nacht kommt, wirst du sie trinken. Du allein wirst trinken; denn wir müssen auf dich aufpassen. Wir werden jeden Augenblick bei dir sein; deshalb fürchte dich nicht.«

Tsangu war zu uns gekommen und fügte nun hinzu: »Am allerwichtigsten ist, daß du keine Angst hast. Wenn du etwas Erschreckendes siehst, darfst du nicht fliehen. Du mußt darauf zulaufen und es berühren.«

Akachu packte mich an der Schulter. »Das ist richtig. Du mußt das tun, oder du wirst bald sterben. Halte deinen Stab jederzeit in deinen Händen, damit du die Berührung ausführen kannst.«

Langsam spürte ich eine immer stärker werdende Panik in mir aufsteigen. Nicht nur waren ihre Worte wenig tröstlich, sondern ich hatte auch gehört, daß Menschen manchmal starben oder dauernd geistesgestört waren, nachdem sie *maikua* getrunken hatten. Ich erinnerte mich auch an Erzählungen über Jívaro, die *maikua* getrunken hatten und so wahnsinnig wurden, daß sie wild durch den Wald jagten und von Klippen herabstürzten oder ertranken. Aus diesem Grunde tranken sie niemals *maikua*, ohne daß nüchterne Begleiter sie beobachteten.[13]

»Werdet ihr mich gut festhalten?« fragte ich die beiden.

»Das wird geschehen, Bruder«, sagte Akachu.

Zum ersten Mal hatte er mich als Verwandten angeredet, und dieses eine Wort machte mich zuversichtlich. Als ich aber auf die Dunkelheit wartete, mischte sich Angst mit meiner steigenden Erwartung und Neugier.

Meine Begleiter machten kein Feuer, und als die Nacht kam, lagen wir alle drei nebeneinander auf Palmwedeln, lauschten in die Stille des Waldes und auf das ferne Rauschen des Wasserfalles. Schließlich war die Zeit gekommen.

Akachu gab mir den Kürbisbecher. Ich kippte ihn in meinen Mund und schluckte den Inhalt hinunter. Der Geschmack war ein wenig unangenehm, hatte aber etwas Ähnlichkeit mit grünen Tomaten. Ich spürte eine Erstarrung und dachte an jenen anderen Trank vor drei Jahren bei den Conibo, wegen dem ich jetzt hier war. Würde meine schamanische Suche die damit verbundene Gefahr wert sein?

Kurz darauf jedoch verschwand jeder halblogische Gedanke, als ein unaussprechlicher Terror schnell meinen ganzen Körper durchdrang. Meine Begleiter wollten mich töten! Ich mußte fortkommen! Ich versuchte aufzuspringen, aber augenblicklich waren sie über mir. Drei, vier, eine unendliche Zahl von Wilden rang mit mir, zwang mich nieder, nieder, nieder. Ihre Gesichter waren über mir, zu schlauem Grinsen verzogen. Dann gab es nur noch Finsternis.

Ich wurde von einem Blitzstrahl aufgeweckt, dem eine donnerartige Explosion folgte. Der Boden unter mir schwankte. Ich sprang in äußerster Panik auf. Ein wirbelsturmähnlicher Wind warf mich zurück auf den Boden. Ich stolperte wieder auf meine

Füße. Ein stechender Regen prasselte auf meinen Körper nieder, während der Wind an meinen Kleidern zerrte. Blitze und Donner explodierten überall. Ich griff nach einem jungen Baum, um mich zu stützen. Meine Begleiter waren nirgendwo zu sehen.

Plötzlich konnte ich etwa 70 Meter entfernt zwischen den Baumstämmen eine glänzende Gestalt langsam auf mich zu schweben sehen. Ich beobachtete entsetzt, wie sie immer größer wurde und sich zu einer Schlange verdichtete. Das riesige, sich windende Reptil schwebte direkt auf mich zu. Sein Körper glänzte in leuchtenden Farben von Grün, Purpur und Rot, und während es sich so zwischen Blitzen und Donnern hin und her wand, schaute es mich mit einem merkwürdigen, höhnischen Grinsen an.

Ich drehte mich um, um wegzulaufen, doch dann erinnerte ich mich an den Korkstab. Ich schaute umher, konnte ihn aber nicht entdecken. Das sich schlängelnde Wesen war jetzt nur noch sieben Meter entfernt und türmte sich über mir hoch, sich auf- und abrollend. Es trennte sich in zwei übereinanderliegende Wesen, die mich nun beide ansahen. Der Drache war gekommen, um mich zu entführen! Dann verschmolzen sie wieder in eins. Plötzlich sah ich vor mir einen Stock von etwa 30 cm Länge. Ich griff danach und schlug verzweifelt mit dem weit von mir gehaltenen Stock auf das Monstrum ein. Ein ohrenbetäubender Schrei erfüllte die Luft, dann war der Wald leer. Das Monstrum war weg. Es herrschten nur Schweigen und Friede. Ich verlor das Bewußtsein.

Als ich aufwachte, war es Mittag, Akachu und Tsangu unterhielten sich neben einem kleinen Feuer, aßen und erzählten sich etwas. Mein Kopf schmerzte, und ich war hungrig, aber sonst fühlte ich mich wohl. Als ich mich aufsetzte, erhoben sich meine Freunde und kamen herüber. Akachu gab mir einen Becher mit aufgewärmtem Bier. Mir wurde auch ein Stück getrocknetes Affenfleisch gegeben. Das Essen schmeckte wunderbar, aber ich wollte zunächst meine Erfahrung mit meinen Freunden teilen.

Ich sagte: »Ich dachte, ihr wolltet mich vergangene Nacht töten. Dann wart ihr verschwunden, und es gab ungeheure Blitze …»

Akachu unterbrach mich. »Du darfst niemandem, auch uns nicht, erzählen, was dir begegnet ist. Sonst ist dein ganzes Leid umsonst gewesen. Eines Tages – du wirst selbst wissen, wann das sein wird – kannst du anderen darüber berichten, aber nicht jetzt. Iß jetzt, und dann werden wir uns auf den Weg nach Hause machen.«

Wir gingen zurück in Akachus Haus, und unter seiner Leitung fing ich an, die *tsentsak* (= magische »Pfeile«) zu erlangen, die für die Praxis des Jívaro-Schamanen notwendig sind. Diese *tsentsak* oder Hilfsgeister, so wird geglaubt, sind die Kräfte, die im täglichen Leben am häufigsten Krankheiten verursachen und heilen. Für den Nichtschamanen sind sie normalerweise unsichtbar, und auch Schamanen können sie nur im veränderten Bewußtseinszustand wahrnehmen.[14]

‹Böse› Schamanen oder Zauberer schicken diese Hilfsgeister in die Körper von Opfern, um sie krank zu machen oder zu töten. »Gute« Schamanen oder Heiler benutzen ihren eigenen *tsentsak*, damit er ihnen hilft, Geister aus den Körpern kranker Stammesgenossen herauszusaugen. Die Hilfsgeister bilden auch Schilde, die zusammen mit dem Schutzgeist des Schamanen ihre Schamanenmeister vor Angriffen bewahren.

Ein neuer Schamane sammelt alle möglichen Sorten von Insekten, Pflanzen und anderen Gegenständen, die seine Hilfsgeister werden. Fast jeder Gegenstand, einschließlich lebender Insekten und Würmer, kann ein *tsentsak* werden, wenn er nur klein genug ist, damit der Schamane ihn verschlucken kann. Unterschiedliche Arten von *tsentsak* verursachen unterschiedliche Arten von Krankheitsgraden und werden entsprechend unterschiedlich zur Heilung benutzt. Je größer die Mannigfaltigkeit der Kraftträger ist, die ein Schamane in seinem Körper hat, desto größer ist seine Fähigkeit als Heiler.

Jeder *tsentsak* hat einen normalen und einen anormalen Aspekt. Der normale Aspekt eines magischen »Pfeiles« ist ein normaler materieller Gegenstand, wie er sichtbar ist, ohne *ayahuasca* zu trinken. Dagegen wird der anormale und »wahre« Aspekt des *tsentsak* dem Schamanen erst enthüllt, wenn er einen Trank genommen hat. Sobald er das tut, erscheinen die magischen »Pfeile« in ihren verborgenen Formen als Hilfsgeister, wie beispielsweise Riesenschmetterlinge, Jaguare, Schlangen, Vögel und Affen, die dem Schamanen aktiv bei seinen Aufgaben helfen.[15]

Wenn ein Heilschamane herbeigerufen wird, um einen Patienten zu behandeln, ist seine erste Aufgabe die Diagnose. Er trinkt am späten Nachmittag und frühen Abend *ayahudsca,* grünes Tabakwasser und manchmal den Saft einer Pflanze, genannt *piripiri.* Die bewußtseinsverändernden Substanzen ermöglichen es ihm, in den Körper des Patienten hineinzusehen, als sei er aus Glas. Wenn die Krankheit auf Zauberei zurückgeht, wird der Heilschamane die eingedrungene anormale Wesenheit im Körper des Patienten klar genug sehen, um erkennen zu können, ob er den entsprechenden Hilfsgeist besitzt, der sie durch Saugen herausziehen kann.

Ein Schamane saugt magische »Pfeile« aus dem Körper eines Patienten bei Nacht und an einer dunklen Stelle des Hauses; denn nur in der Dunkelheit kann er die anormale Wirklichkeit erkennen. Bei Sonnenuntergang weckt er seinen *tsentsak,* indem er die Melodie seines Kraftliedes pfeift; nach etwa einer Viertelstunde beginnt er zu singen. Wenn der Schamane bereit zu saugen ist, setzt er zwei *tsentsak* der gleichen Art, die er im Körper seines Patienten gesehen hat, vorn und hinten in seinen Mund. Diese sind in ihrem materiellen wie auch in ihrem nichtmateriellen Aspekt anwesend und dazu da, um den anormalen Aspekt des magischen »Pfeiles« zu fangen, sobald der Schamane ihn aus dem Körper des Patienten heraussaugt. Der *tsentsak* in der Nähe der Lippen des Schamanen hat die Aufgabe, die ausgesogene Wesenheit sich selbst einzuverleiben. Wenn jedoch diese anormale Wesenheit am ersten *tsentsak* vorbeikommen sollte, blockiert der zweite Hilfsgeist im Mund den Hals, so daß der Eindringling nicht in den Körper des Schamanen gelangen und ihm Schaden zufügen kann. Auf diese Weise im Mund gefangen, wird die Wesenheit darauf von der materiellen Substanz eines der *tsentsak* des Heilschamanen gefangen und sich einverleibt.

Dann »würgt« der Schamane diesen Gegenstand heraus und zeigt ihn dem Patienten und dessen Familie, wobei er sagt: »Nun habe ich ihn herausgesogen. Hier ist er.«

Die Nichtschamanen mögen denken, daß es der materielle Gegenstand sei, der herausgesogen wurde, und der Schamane enttäuscht sie nicht. Gleichzeitig lügt er aber nicht, weil er weiß, daß der einzige wesentliche Aspekt eines *tsentsak* sein nichtmaterieller oder anormaler Aspekt oder Kern ist, von dem er ehrlich glaubt, daß er ihn aus dem Körper des Patienten entfernt habe. Dem Laien zu erklären, daß er diese Gegenstände schon in seinem Mund hatte, hätte keinen wirklichen Sinn und würde es ihm unmöglich machen, solch ein Beweisstück für die erfolgte Heilung vorzuführen.

Die Saugefähigkeit des Schamanen hängt weitgehend von der Anzahl und Stärke seiner eigenen *tsentsak* ab, von denen er Hunderte haben kann. Seine magischen »Pfeile« nehmen ihren übernatürlichen Aspekt als Hilfsgeister an, wenn er unter dem Einfluß von *ayahuasca* steht, und er sieht sie dann als unterschiedliche tierförmige Wesen, die über ihm schweben, auf seinen Schultern sitzen und aus seiner Haut herauskommen. Er sieht sie, wie sie ihm helfen, den Körper seines Patienten auszusaugen. Er trinkt im Abstand einiger Stunden regelmäßig Tabakwasser, um »sie gefüttert zu halten«, damit sie ihn nicht verlassen.

Einem Heilschamanen können von einem Zauberer *tsentsak* geschickt werden. Wegen dieser Gefahr trinken die Schamanen Tabakwasser zu allen Zeiten des Tages und der Nacht. Das Tabakwasser bewirkt, daß der eigene *tsentsak* immer bereit ist, alle fremden magischen »Pfeile« abzuwehren. Ein Schamane geht nicht einmal spazieren, ohne die grünen Tabakblätter mitzunehmen, mit denen er das Wasser zubereitet, das seine Hilfsgeister wach hält.

Das Maß an Gewalt und Rivalität bei den Jívaro ist in der anthropologischen Literatur bekannt und steht beispielsweise in direktem Gegensatz zur Friedfertigkeit der Conibo. Sowohl Jívaro als auch Conibo unterscheiden sich wiederum von den Australiern und vielen anderen Stämmen, die seit langem Schamanismus praktizieren, ohne psychedelische Mittel zu benutzen. Dennoch ist der Jívaro-Schamanismus hoch entwickelt, dramatisch und aufregend. Deshalb kehrte ich 1969 noch einmal zurück, um mein Wissen zu ergänzen, und 1973 ließ ich mich auf weitere schamanische Praxis mit ihnen ein.

Während der neunzehn Jahre seit Beginn meiner schamanischen Arbeit unter den Conibo habe ich auch kurz bei Schamanen einiger nordwestamerikanischer Indianergruppen gelernt: mit den Wintun und Pomo in Kalifornien, den Coart-Salish im Staat Washington und den Lakota Sioux in South Dakota. Von ihnen lernte ich, wie Schamanismus erfolgreich praktiziert werden kann, ohne *ayahuasca* oder die anderen Drogen der Conibo und der Jívaro zu benutzen. Dieses Wissen ist besonders nützlich gewesen, um westliche Menschen in die Praxis des Schamanismus einzuführen. Schließlich lernte ich auch aus der weltweiten ethnographischen Literatur über Schamanismus, wo viele Perlen der Information vergraben liegen, die ergänzen und bestätigen, was ich aus erster Hand gelernt hatte. Jetzt scheint es an der Zeit zu sein, dabei mitzuwirken, daß einige praktische Aspekte dieses uralten menschlichen Vermächtnisses denjenigen zur Verfügung gestellt werden, die seit Jahrhunderten davon abgeschnitten waren.

II
Die schamanische Reise

Schamane ist ein Wort aus der Sprache der Tungusen Sibiriens[16] und wurde von Anthropologen weitgehend übernommen für ganz unterschiedliche Menschen nichtwestlicher Kulturen, die früher unter folgenden Bezeichnungen bekannt waren: Hexe, Hexendoktor, Medizinmann, Zauberer, Hexenkünstler, magischer Mensch, Magier und Seher.

Einer der Vorteile bei der Verwendung dieses Begriffs besteht darin, daß ihm die nachteiligen Obertöne und sich widersprechenden Bedeutungen fehlen, die mit den bisher üblichen Bezeichnungen verbunden waren. Im übrigen aber ist nicht jede Art Medizinmann oder Hexendoktor ein Schamane.

Ein Schamane ist ein Mann oder eine Frau, der/die – willentlich – in einen anderen Bewußtseinszustand eintritt, um mit einer normalerweise verborgenen Wirklichkeit in Berührung zu kommen und sie auszuwerten, um Wissen, Kraft und Hilfe für andere zu erhalten. Der Schamane hat wenigstens einen und meistens mehrere »Geister« zu seiner persönlichen Verfügung.[17]

Wie Mircea Eliade feststellt, unterscheidet sich der Schamane von Magiern und Medizinmännern durch seinen Übergang in einen Bewußtseinszustand, den Eliade entsprechend der westlichen mystischen Tradition »Ekstase« nennt.

Die Ekstasetechnik allein, so betont er richtig, erklärt nicht das Wesen des Schamanen; denn der Schamane hat besondere Techniken der Ekstase. So sagt Eliade: »Man kann ... nicht einen jeden Ekstatiker als Schamanen betrachten; der Schamane ist Spezialist einer Trance, in der seine Seele den Körper verläßt und gen Himmel fliegt oder in die Unterwelt hinabsteigt.«[18]

Dem möchte ich hinzufügen, daß er in seiner Trance im allgemeinen daran arbeitet, einen Patienten zu heilen, indem er gesund machende Lebenskraft erneuert oder schädliche Kräfte herauszieht. Die Reise, auf die Eliade hinweist, wird insbesondere unternommen, um Kraft oder eine verlorene Seele zurückzuholen.

Der ‹ekstatische› oder veränderte Bewußtseinszustand und die wissenschaftliche Ausgangsbasis, die die schamanische Wirkungsweise charakterisieren, können am besten einfach als »schamanischer Bewußtseinszustand« bezeichnet werden. Der schamanische Bewußtseinszustand umfaßt nicht nur eine ‹Trance› oder eine transzendente Wahrnehmung, sondern auch eine wissenschaftliche Wahrnehmung schamanischer Methoden und Voraussetzungen während eines solchen veränderten Zustandes. Der schamanische Bewußtseinszustand steht im Gegensatz zum normalen Bewußtseinszustand, in den der Schamane zurückkehrt, nachdem er sich einer bestimmten Aufgabe gewidmet hat. Der schamanische Bewußtseinszustand ist die kognitive Voraussetzung, in welcher man die »nichtalltägliche Wirklichkeit« des Carlos Castaneda und die »außergewöhnlichen Manifestationen der Wirklichkeit« des Robert Lowie erkennt.[19]

Die wissenschaftliche Seite des schamanischen Bewußtseinszustandes umfaßt Informationen über die kosmische Geographie der nichtalltäglichen Wirklichlichkeit, so daß man weiß, wohin man reisen muß, um entsprechende Tiere, Pflanzen und andere Kräfte zu finden. Dies beinhaltet auch das Wissen darüber, wie der schamanische Bewußtseinszustand Zugang zur schamanischen Unterwelt verschafft.

Dieses Wissen schließt das Bewußtsein des Schamanen ein, daß er eine bestimmte beabsichtigte Mission erfüllen muß, während er sich im schamanischen Bewußtseinszustand befindet. Nichtalltägliche Wirklichkeit betritt man nicht aus Spielerei, sondern aus ernsthaften Gründen. Der Schamane ist ein Mensch, der im schamanischen Bewußtheitsraum eine Arbeit verrichten muß, wozu er die grundlegenden Methoden kennen muß, die zur Erfüllung dieser Aufgabe notwendig sind. Wenn er zum Beispiel die Schutztierkraft eines Patienten aus der Unterwelt zurückholen will, muß er die Technik kennen, wie man die Unterwelt erreicht, wie man eintritt, wie man die Tierkraft findet und sie unbeschädigt zurückbringt. Anschließend muß er im normalen Bewußtseinszustand wissen, welche Anweisungen er dem Patienten zu geben hat.

Im schamanischen Bewußtseinszustand erfährt der Schamane grundsätzlich eine unaussprechbare Freude über das, was er sieht, eine Ehrfurcht vor den schönen und geheimnisvollen Welten, die sich vor ihm auftun. Seine Erlebnisse sind wie Träume, aber wache, die real empfunden werden und in denen er seine Handlungen kontrollieren und seine Abenteuer bestimmen kann. Während er sich im schamanischen Bewußtseinszustand befindet, ist er oft bestürzt über die Wirklichkeit dessen, was sich ihm darstellt. Er erhält Zugang zu einem gänzlich neuen und doch altvertrauten Universum, das ihm genaue Informationen über die Bedeutung seines eigenen Lebens und Todes und seinen Platz innerhalb der Gesamtheit aller Existenz gibt. Während seiner großen Abenteuer im schamanischen Bewußtheitsraum behält er die bewußte Kontrolle über die Richtung seiner Reisen, weiß aber nicht, was er entdecken wird. Er ist ein selbstverantwortlicher Entdecker der unendlichen Räume eines großartigen, verborgenen Universums. Schließlich bringt er seine Entdeckungen zurück, um sein Wissen zu erweitern und anderen zu helfen.

Der Schamane ist ein vorzüglicher Seher, der typischerweise in der Dunkelheit oder mindestens mit bedeckten Augen arbeitet, um klar zu sehen. Aus diesem Grunde sind die Schamanen meist nachts tätig. Einige Formen schamanischen Sehens können mit offenen Augen durchgeführt werden; doch ist diese Art der Wahrnehmung von weniger tiefer Natur. In der Dunkelheit sind die Ablenkungen aus der normalen Wirklichkeit von vermindertem Einfluß auf das Bewußtsein, wodurch es dem Schamanen möglich wird, sich auf die Aspekte der nichtalltäglichen Wirklichkeit zu konzentrieren, die für sein Wirken wesentlich sind. Aber Dunkelheit allein genügt nicht für das schamanische Sehen. Der Seher muß auch in den schamanischen Bewußtseinszustand eintreten, wobei er oft durch Trommeln, Rasseln, Singen und Tanzen unterstützt wird.

Schamanische Erleuchtung ist buchstäblich die Fähigkeit, die Dunkelheit zu erhellen, in jener Dunkelheit zu sehen, was andere nicht erkennen können. Dies könnte in der Tat die älteste Bedeutung des Wortes »Erleuchtung« sein. So wird zum Beispiel die besondere Fähigkeit zu sehen beim Schamanen der Iglulik-Eskimos sein *qaumanEq* genannt, sein »Beleuchten« oder »Erleuchtung«, »... die ihn befähigt, in der Dunkelheit zu sehen, sowohl buchstäblich als bildlich gesprochen; denn er kann jetzt auch mit geschlossenen Augen durch die Dunkelheit sehen, Dinge und kommende Ereignisse erkennen, die vor anderen verborgen sind; so sehen sie in die Zukunft und in die Geheimnisse anderer«.[20]

Aua, ein Iglulik-Schamane, beschrieb seine schamanische Erleuchtung folgendermaßen:

> *... Ich bemühte mich, mit Hilfe anderer ein Schamane zu werden; aber damit hatte ich keinen Erfolg. Ich suchte viele berühmte Schamanen auf und gab ihnen große Geschenke ... Ich suchte die Einsamkeit, und hier wurde ich bald sehr melancholisch. Ich mußte manchmal weinen und fühlte mich unglücklich, ohne zu wissen warum. Dann war plötzlich ohne Grund alles verändert, und ich spürte eine große, unaussprechliche Freude, eine Freude so kraftvoll, daß ich sie nicht unterdrücken konnte, sondern singen mußte, ein mächtiges Lied, das nur Platz für das eine Wort hatte: Freude, Freude! Und ich mußte die ganze Kraft meiner Stimme einsetzen. Und dann, mitten in einem solchen Anfall von geheimnisvollem und überwältigendem Entzücken, wurde ich ein Schamane, ohne daß ich selbst wußte, wie mir geschah. Aber ich war ein Schamane. Ich konnte in einer gänzlich anderen Art sehen und hören. Ich hatte mein qaumanEq, meine Erleuchtung, erhalten, das Schamanenlicht für Gehirn und Körper, und zwar auf solch eine Weise, daß nicht nur ich durch die Dunkelheit des Lebens sehen konnte, sondern das Licht auch aus mir herausschien, unerkennbar für menschliche Wesen, aber sichtbar für alle Geister von Erde und Himmel und Meer, und sie kamen nun zu mir und wurden meine Hilfsgeister.*[21]

Unter den Wiradjeri von Australien wird der schamanische Neueingeweihte dadurch »erleuchtet«, daß er mit einem »heiligen mächtigen Wasser« besprengt wird, welches als verflüssigter Quarz angesehen wird. Eliade bemerkt dazu: »Damit soll gesagt werden, daß man ein Schamane wird, wenn man mit »verdichtetem Licht«, nämlich mit Quarzkristallen, angefüllt ist ...« Er meint, »sie spüren eine Verwandtschaft zwischen dem Zustand eines übernatürlichen Wesens und einer Überfülle an Licht.«[22]

Die Vorstellung vom Schamanen als einem Menschen, der Licht abgibt, insbesondere in Form einer »Krone«, einer vom

Abb. 1: Goldener Strahlenkranz um den Kopf eines Jívaro-Schamanen im veränderten Bewußtseinszustand. Bezeichnet von einem andern Jívaro-Schamanen.

Kopf ausgehenden Aura, gilt auch für die Jívaro. Der Strahlenkranz, der mehrfarbig ist, bildet sich nur, wenn sich der Schamane in einem durch *ayahuasca* herbeigeführten veränderten Bewußtseinszustand befindet. Er kann nur von einem anderen Schamanen gesehen werden, der sich in einem ähnlichen Bewußtseinszustand befindet. (Siehe Abb. 1)

Gleichzeitig mit der Ausstrahlung von Licht ist der Jívaro-Schamane fähig, in der Dunkelheit zu sehen – und dies sogar durch normalerweise undurchsichtiges Material. Ich habe es an einer Stelle wie folgt beschrieben:

Er hatte getrunken, und nun sang er leise. Nach und nach erschienen schwache Linien und Formen in der Dunkelheit, und die schrille Musik der tsentsak, der Hilfsgeister, erhob sich um ihn. Die Kraft des Getränkes nährte sie. Er rief, und sie kamen. Zuerst ringelte sich pangi, die Anakonda, um seinen Kopf, verwandelt in eine Krone aus Gold. Dann schwebte wampang, der Riesen-Schmetterling, über seiner Schulter und sang für ihn mit seinen Flügeln. Schlangen, Spinnen, Vögel und Fledermäuse tanzten über ihm in der Luft. Auf seinen Armen erschienen tausend Augen, als seine Dämonenhelfer auftauchten, um die Nacht nach Feinden zu durchsuchen.

Das Geräusch von herabstürzendem Wasser füllte seine Ohren, und als er dessen Rauschen vernahm, wußte er, daß er die Kraft von Tsungi, dem ersten Schamanen, besaß. Jetzt konnte er sehen.[23]

Schamanen arbeiten oft in einem völlig in Dunkelheit getauchten Haus oder lassen allenfalls ein kleines Feuer oder eine Lampe brennen; aber manchmal stört auch wenig Licht das schamanische Sehen. So wird von den Tschuktschen in Sibirien berichtet, daß die schamanische Sitzung

… wie gewöhnlich im Dunkeln begann; aber als der Schamane plötzlich aufhörte, die Trommel zu schlagen, wurde die Lampe wieder entzündet und das Gesicht des Schamanen sofort mit einem Stück Tuch zugedeckt. Die Frau des Hauses, welche die Ehefrau des Schamanen war, ergriff die Trommel und fing an, mit leichten, langsamen Schlägen zu trommeln. Das ging so die ganze Zeit …[24]

Ich persönlich lasse gewöhnlich eine Kerze irgendwo auf dem Boden des sonst dunklen Zimmers brennen, wenn ich in den schamanischen Bewußtseinszustand eintrete, und wenn ich mich dann auf den Boden lege oder fallen lasse, bedecke ich meine geschlossenen Augen einfach mit meinem linken Unterarm, um alles Licht auszuschließen.

Wenn der Schamane entweder langsam oder plötzlich auf den Fußboden des Hauses fällt, sagen die Tschuktschen: »Er sinkt«, was sich nicht nur auf den körperlichen Vorgang bezieht, den die andern im Haus auch sehen, sondern auch auf »den Glauben, daß der Schamane während der Ekstase fähig ist, andere Welten zu besuchen, ganz besonders jene Unterwelt«.[25] Auf eine ähnliche Art spricht man vom Eskimo-Schamanen, der sich für die Reise fertig macht, als »jemand, der hinunterfällt auf den Grund des

Meeres«.[26] Er fällt nicht nur auf den Boden des Hauses (= normaler Bewußtseinszustand), sondern in die ozeanische Unterwelt (= schamanischer Bewußtseinszustand).

Die schamanische Reise ist eine der wichtigsten, vom Schamanen durchzuführenden Aufgaben. Die Grundform dieser Reise, meist auch am leichtesten zu erlernen, ist die Reise in die Unterwelt. Um sie durchzuführen, hat der Schamane typischerweise ein besonderes Loch oder Tor in die Unterwelt. Dieser Eingang ist sowohl in der normalen als auch in der anormalen Wirklichkeit vorhanden. So war zum Beispiel für die kalifornischen Indianerschamanen dieser Eingang häufig eine Quelle, besonders eine heiße Quelle. Man wußte von Schamanen, die Hunderte von Kilometern unter der Erde reisten, dabei an einer bestimmten heißen Quelle hinunterstiegen und an einer anderen herauskamen. Auch von den australischen Schamanen des Chepara-Stammes wurde gesagt, daß sie in die Erde hinuntertauchten und, wo immer sie wollten, wieder herauskämen, und von denen der Fraser-Insel wurde gesagt, »sie würden in die Erde gehen und in einer beträchtlichen Entfernung wieder herauskommen«.[27] Ähnlich berichtete ein Kung-Schamane der Kalahari-Wüste Südafrikas:

Mein Freund, das ist die Art dieser n/um (= Kraft). Wenn Menschen singen, tanze ich. Ich gehe in die Erde. Ich gehe an einer Stelle hinein ähnlich einer Stelle, wo Menschen Wasser trinken (= eine Quelle). Ich reise einen langen Weg, sehr weit.[28]

Ein anderer Eingang, der von den kalifornischen Indianern benutzt wurde, war ein hohler Baumstumpf. Bei den Arunta (Aranda) von Australien war ein hohler Baum der Eingang in die Unterwelt.[29] Die Conibo lehrten mich, den Wurzeln des Riesen-*catahua*-Baumes unter die Erde zu folgen, um die Unterwelt zu erreichen. Im schamanischen Bewußtsein verwandelten sich die Wurzeln für mich und meine Conibo-Freunde in schwarze Schlangen, deren Rücken wir hinunterglitten, um Gebiete zu erreichen mit Wäldern, Seen und Flüssen, seltsamen Städten hell wie am Tag, erleuchtet durch eine Sonne, die aus der normalen Welt oben verschwunden war – denn diese Reisen wurden bei Nacht durchgeführt.

Andere Schamanen-Eingänge in die Unterwelt sind Höhlen, Löcher von Kriechtieren und sogar besondere Löcher im Fußboden der Häuser. Bei den Twana von der Nordwestküste Nordamerikas zum Beispiel wird berichtet, daß die Oberfläche des Erdbodens oftmals physisch für einen Abstieg aufgebrochen wurde.[30]

Eingänge in die Unterwelt führen im allgemeinen hinunter in einen Tunnel oder ein Rohr, das den Schamanen zu einem Ausgang leitet, der sich in strahlende und wundervolle Landschaften öffnet. Von dort reist der Schamane minuten- oder sogar stundenlang, wohin er will, kehrt schließlich durch das Rohr (von nun an »Tunnel« genannt) nach oben zurück, um an der Stelle der Oberfläche aufzutauchen, wo er hineingegangen war. Die prächtige Beschreibung eines Schamanen, der diese klassische und weitverbreitete Methode anwendete, wird von Rasmussen für die Iglulik-Eskimos der Hudson Bay gegeben:

> *...Für die allergrößten (Schamanen) öffnet sich ein Weg direkt aus dem Haus, in dem sie ihre Hilfsgeister anrufen; eine Straße hinunter durch die Erde, wenn sie in einem Zelt an der Küste sind, oder hinunter durch das Meer, wenn es in einer Schneehütte auf dem Meereseis ist, und auf dieser Straße wird der Schamane hinuntergeführt, ohne irgendeinem Widerstand zu begegnen. Er gleitet sozusagen, als ob er durch ein Rohr fiele, welches so genau um seinen Körper paßt, daß er sein Vorankommen dadurch prüfen kann, daß er sich gegen die Seitenwände drückt, und nicht wirklich wie bei einem Sturz hinunterzufallen braucht. Dieses Rohr wird für ihn von allen Seelen seiner Namensvettern offengehalten, bis er auf seinem Weg zur Erde zurückkehrt.*[31]

Wenn der Eskimo-Schamane von seiner Reise in die Unterwelt zurückkehrt, können die Menschen im Zelt oder Iglu »ihn von weither kommen hören; das Rascheln bei seinem Durchgang durch das Rohr, das für ihn von seinen Geistern offengehalten wird, kommt immer näher, und mit einem mächtigen ›Plu-a-he-he‹ schießt er hinaus an seinen Platz hinter dem Vorhang.«[32]

Die meisten von uns, die schamanisch tätig sind, finden den Tunnel keineswegs einengend. Fast immer ist er breit und läßt genug Raum für Bewegung. Manchmal versperren Widerstände im Tunnel den Durchgang, aber gewöhnlich findet man einen Spalt oder eine Bruchstelle, um durchzuschlüpfen. Mit Geduld gelingt es einem meistens hindurchzukommen, ohne daß man die Reise aufgeben und zurückkehren muß.

Wenn der Schamane durch die Öffnung hinuntersteigt, stellt er manchmal auch fest, daß er an einem Strom oder Fluß auf- oder absteigt, der ein Teil des Tunnels sein kann oder nicht. Ähnlich erzählt ein Schamane, der Tavgi Samoyed von seiner ersten Reise durch das Tor zur Unterwelt:

Als ich umherschaute, entdeckte ich ein Loch in der Erde ... Das Loch wurde immer größer. Wir (nämlich er selbst und sein Schutzgeistbegleiter) stiegen da hinunter und kamen an einen Fluß mit zwei Strombetten, deren Wasser in entgegengesetzte Richtungen floß. »Nun wohl, finde nun das richtige heraus!« sagte mein Begleiter. »Ein Strom fließt vom Mittelpunkt nach Norden, der andere nach Süden – zur sonnigen Seite.«[33]

Hervorragende Schamanen können im schamanischen Bewußtseinszustand nicht nur sehen, sondern auch hören, fühlen und sogar Mitteilungen oder Wahrnehmungen über die normalen Sinne hinaus erfahren. So hörte dieser Samoyed-Schamane seinen Schutzgeist, und ähnlich berichtete mir eine Schamanin der Pomo-Indianer in Kalifornien, daß sie eine riesige Tierkraft sich un-

Abb. 2: Sipapu. Eingang in die Hopi-Unterwelt. Gelegen im Grand Canyon westlich der Hopi-Dörfer. Quelle: Center of Astrology, US. Geological Survey.

ter ihr bewegen spürte, als sie in einem Berg durch den Tunnel reiste.[34]

Bei den Bellacoola-Indianern an der Nordwestküste der USA hatte gerüchteweise jedes Haus ein Loch im Erdboden, das als Eingang in die Unterwelt benutzt wurde:

> *Die Welt unter uns wird ... genannt Asiut'à'nEm. Beschreibungen dieser (Unterwelt) werden hauptsächlich von Schamanen gegeben, die glauben, daß sie jenes Land während einer Trance besucht haben. Nach der Aussage einer alten Frau, die meinte, daß sie als kleines Mädchen während einer Trance die (Unterwelt) besucht habe, ist ... der Eingang ein Loch, das es in jedem Haus zwischen der Tür und der Feuerstelle gibt.*[35]

In auffallend ähnlicher Weise ist der Eingang in die Unterwelt bei den kreisförmigen *kivas* (= Zeremonialkammern) der Zuni-Indianer im amerikanischen Südwesten ein im Boden befindliches Loch. Der Hauptunterschied zu den Bellacoola besteht darin, daß das Loch, genannt *sipapu,* sich im Fußboden zwischen der Feuerstelle und der Wand (die Tür ist im Dach) befindet.[36] Solche *sipapu*-Löcher waren in den prähistorischen *kivas* der Publo-Völker üblich, fehlen aber bei denjenigen der heutigen Pueblos. Interessant ist, daß in Zuni, wo das *sipapu* in der kreisrunden Form der *kiva* überlebt, auch die schamanischen Medizinbünde erhalten blieben.[37] Obwohl ich keinen festen Beweis habe, wäre ich nicht überrascht, wenn die Mitglieder der Medizinbünde in Zuni die Löcher dazu benutzen würden, um in Trance in die Unterwelt hinabzusteigen. Die orthodoxe ethnologische Ansicht ist jedoch, daß das *kiva sipapu* nur »ein Symbol sei, welches die mythische Öffnung in die Unterwelt darstellt, durch welche die Ahnen die Welt erreicht haben sollen«.[38] Die Pueblo haben entgegen den Zuni keine *sipapu* in den Fußböden ihrer kivas.[39] Sie glauben jedoch, eine merkwürdige Felsformation in einiger Entfernung von ihnen, die ein Loch an der Spitze hat, sei das ursprüngliche *sipapu* oder der Eingang in die Unterwelt. (Siehe Abb. 2)

Daß die Hopi es bei schamanischen Visualisierungen (s. Anm. 195) für Reisen in die Unterwelt benutzen, ist eine unbewiesene, aber einleuchtende Möglichkeit. Da die Arbeit der Medizinbün-

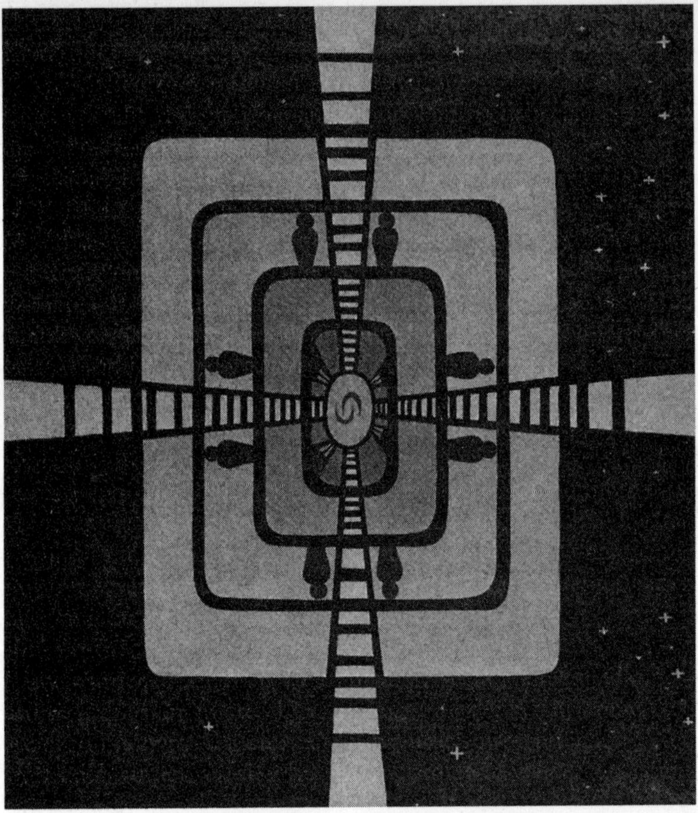

Abb. 3: Se Pa Po Nah (= sipapu-nah).
Zeitgenössisches Gemälde des Hopikünstlers Milland Lomakema (Dawakema). Quelle: Hopi-Gemälde: Die Welt der Hopi, von Patricia Janis Broder. New York

de bei den Pueblo-Völkern äußerst geheim ist, können Nicht-Hopi niemals mit Bestimmtheit etwas wissen. Das neue Gemälde eines Hopi-Künstlers, betitelt »Se Pa Po Nah« (= sipapu-nah), ist sehr suggestiv, jedoch von Mandala-ähnlicher Tunnel-Erfahrung. (Siehe Abb. 3)

Nebenbei ähneln die konzentrischen Kreise eines Mandalas häufig dem gerippten Anblick, den der Tunnel meistens darstellt, und die Meditation mit einem Mandala kann zu einer Erfahrung führen, die dem Eintritt in den Tunnel gleicht. Wie Joan M. Vastokas in ihrer Besprechung gewisser Aspekte schamanischer Kunst festgestellt hat, »… scheint das konzentrische Motiv charakteristisch für die visionäre Erfahrung selbst zu sein und steht für die Öffnung, durch welche der Schamane in die Unterwelt oder den Himmel eintritt und das physische Universum transzendiert.«[40]

Wie sie des weiteren hervorhebt, haben Masken der Eskimo-Schamanen in Alaska manchmal die Form von »konzentrischen Kreisen, die sich von einem zentralen Nichts ausbreiten«. Das Beispiel einer solchen Maske, das eine überraschende Ähnlichkeit mit dem gerippten Tunnel aufweist, ist auf Abb. 4 wiedergegeben.

Auf ähnliche Weise kann im Tibetischen Buddhismus, der stark vom Schamanismus beeinflußt ist, ein sehr vielfältiges Mandala den tunnelähnlichen Kreis nur im Mittelpunkt haben, um als Eingangsort zu den Welten der Götter und Geister zu dienen, die rundherum dargestellt sind (siehe das Tibetische *Tanka* auf Abb. 5; man sollte auch seine auffallende Ähnlichkeit mit dem Gemälde des Hopi-Künstlers vom Eingang in die Unterwelt auf Abb. 3 beachten). Mit Hilfe der Dunkelheit und begleitet von Trommeln konzentriert sich der Schamane nicht auf ein Mandala, sondern geht direkt hinein in den Tunnel und dann darüber hinaus.[41]

Abb. 4: Eskimo-Schamanenmaske. Neunzehntes Jahrhundert, Unterer Yukon Fluß. Quelle: National Museum of Natural History, Smithsonian Institution. Photo: Victor E. Krantz.

Erste Reise

Jetzt sind Sie vorbereitet für Ihre erste Erfahrungsübung im Schamanismus. Es wird eine einfache Entdeckungsreise hinunter durch den Tunnel in die Unterwelt sein. Ihre Aufgabe besteht

Abb. 5: Mandala von Kunrig. Tibetisches buddhistisches Tanka auf Stoff, ca. fünfzehntes Jahrhundert. Quelle: The Royal Ontario Museum.

einzig und allein darin, den Tunnel zu durchqueren, vielleicht auch nachzusehen, was dahinter liegt, und dann zurückzukehren. Seien Sie sich ganz sicher, daß Sie diese Anweisungen durch und durch verstehen, bevor Sie anfangen.

Um die Übung durchzuführen, brauchen Sie eine Trommel (oder eine Kassette oder CD, die schamanisches Trommeln wiedergibt) und jemanden, der Ihnen beim Schlagen der Trommel hilft. Weitere Informationen über Trommeln und Kassetten oder CDs finden Sie im Anhang A dieses Buches. Wenn Sie keine Trommel haben, versuchen Sie einfach, mit einem Löffel auf einen Buchdeckel zu schlagen, während Sie ausgestreckt auf dem Fußboden liegen. Besser noch ist es, wenn jemand anders dieses Schlagen für Sie erledigt, und zwar gleich neben Ihrem Kopf. Manche Menschen brauchen überhaupt kein Trommeln oder Schlagen, vorausgesetzt, sie sind entspannt und können ihren Geist von der Beschäftigung mit Dingen der normalen Wirklichkeit lösen.

Warten Sie so lange, bis Sie ruhig und entspannt sind, bevor Sie diese oder eine andere schamanische Übung beginnen. Meiden Sie psychedelische oder alkoholische Substanzen während der vorangehenden vierundzwanzig Stunden, damit Ihre Ausrichtung und Konzentrationskraft gut sind und Ihr Geist frei von verwirrenden Vorstellungen ist. Essen Sie während der vorangehenden vier Stunden nur leicht oder überhaupt nichts. Suchen Sie sich einen dunklen und ruhigen Raum aus. Ziehen Sie Ihre Schuhe aus, öffnen Sie Ihre Kleider, und liegen Sie bequem auf dem Fußboden, ohne ein Kissen. Machen Sie ein paar tiefe Atemzüge. Lockern Sie Ihre Arme und Beine. Bleiben Sie einige Minuten ruhig liegen, und denken Sie über Ihre bevorstehende Aufgabe nach. Schließen Sie dann Ihre Augen, indem Sie eine Hand oder den Unterarm darüber legen, um alles Licht auszuschließen.

Stellen Sie sich nun eine Öffnung in der Erde vor, an die Sie sich aus irgendeiner Zeit in Ihrem Leben erinnern. Es kann eine Öffnung sein, an die Sie sich aus Ihrer Kindheit erinnern, oder eine solche, die Sie gerade in der vergangenen Woche sahen, oder auch heute. Jede Art von Eingang in die Erde genügt – es kann ein Loch sein, das von einem Kriechtier gemacht wurde, eine Höhle, ein hohler Baumstumpf, eine Quelle oder sogar ein Moor. Es kann auch eine von Menschen angelegte Öffnung sein. Diejenige Öffnung ist richtig, bei der Sie ein gutes Gefühl haben und die Sie sich leicht vorstellen können. Verbringen Sie einige Minuten im Anblick des Loches, ohne hineinzugehen. Merken Sie sich deutlich seine Besonderheiten.

Nun geben Sie Ihrem Begleiter Anweisung, mit dem Trommeln in einem harten, eintönigen, gleichmäßigen und schnellen Schlag zu beginnen. Es soll kein Unterschied in der Stärke des Trommelschlags oder in den Intervallen dazwischen auftreten.

Ein Trommeln von etwa 205 bis 220 Schlägen pro Minute ist normalerweise für diese Reise ausreichend. Nehmen Sie sich etwa zehn Minuten Zeit für diese Reise. Weisen Sie Ihren Begleiter an, das Trommeln nach zehn Minuten einzustellen, wobei er zum Abschluß viermal hart darauf schlägt, um Ihnen zu signalisieren, daß es Zeit zur Rückkehr ist. Dann sollte Ihr Helfer die Trommel sofort etwa eine halbe Minute lang sehr schnell schlagen, um Sie bei der Rückreise zu begleiten, und mit vier weiteren harten Schlägen auf die Trommel aufhören, um anzuzeigen, daß die Reise beendet ist.

Wenn das Trommeln beginnt, stellen Sie sich die Ihnen vertraute Öffnung in die Erde vor, gehen Sie dann hinein, und beginnen Sie Ihre Reise. Gehen Sie hinunter durch die Öffnung, und betreten Sie den Tunnel. Zuerst mag der Tunnel dunkel und undeutlich sein. Es geht meistens in einem kleinen Winkel in die Erde, aber manchmal auch steil bergab. Gelegentlich erscheint der Tunnel gerippt und macht auch oft eine Biegung. Manchmal geht es so schnell durch den Tunnel, daß man ihn gar nicht wahrnimmt. Beim Durchqueren des Tunnels könnten Sie auch auf eine natürliche Steinmauer oder einen anderen Widerstand treffen. Wenn das eintritt, gehen Sie einfach außen herum oder durch eine darin befindliche Spalte hindurch. Wenn das nicht geht, kehren Sie einfach zurück und versuchen es noch einmal. Auf keinen Fall sollten Sie sich bei der Reise zu sehr anstrengen. Wenn Sie diese Aufgabe richtig durchführen, geht es fast ohne Kraftaufwand. Erfolg im Reisen und Sehen hängt von einer Haltung ab, die zwischen zu großer und zu kleiner Anstrengung liegt.

Am Ende des Tunnels tauchen Sie draußen auf. Prüfen Sie die Landschaft im einzelnen, laufen Sie hindurch, und erinnern Sie sich an Einzelheiten. Untersuchen Sie sie so lange, bis Ihnen das Zeichen zur Rückkehr gegeben wird, und kehren Sie dann durch den Tunnel auf dieselbe Weise nach oben zurück, wie Sie hinuntergegangen sind. *Nehmen Sie nichts von dort mit.* Dies ist nur eine Informationsreise.

Wenn Sie oben angekommen sind, setzen Sie sich auf und öffnen Ihre Augen. Seien Sie nicht entmutigt, wenn Sie beim ersten Mal keinen Erfolg hatten. Versuchen Sie es noch einmal, wobei das Trommeln langsamer oder schneller geschehen sollte. Verschiedene Menschen brauchen zu verschiedenen Zeiten ein unterschiedliches Tempo!

Wenn die Übung beendet ist, beschreiben Sie Ihrem Begleiter, was Sie gesehen haben, damit Sie die Einzelheiten Ihrer Erfahrung nicht vergessen. Sie können sie auch niederschreiben oder auf einen Kassettenrecorder sprechen. Das Festhalten dieser Erfahrungsdaten ist der Anfang Ihrer Speicherung von Wissen aus dem schamanischen Bewußtseinszustand.

Einige Personen aus meinen Seminaren waren so freundlich, mir Unterlagen über ihre Erfahrungen während dieser ersten Übung zur Verfügung zu stellen. Vielleicht halten Sie es für lehrreich, Ihre eigene Erfahrung mit den dortigen zu vergleichen. Es folgen einige dieser Berichte, denen ich meine Anmerkungen hinzufüge. Dabei werden Sie feststellen, daß manchmal erwähnt wird, wie ich die Betreffenden von ihrer Reise zurückrief. Das tue ich in Gruppensitzungen meistens aus dem einfachen Grunde, um die Teilnehmer aufeinander abzustimmen.

Reisen

Es folgen unmittelbare Erfahrungsberichte von Personen, welche die Reise in die Unterwelt zum ersten Mal unternahmen, so wie sie hinterher von ihnen erzählt wurde. Die Berichterstatter sind hauptsächlich Amerikaner des Mittelstandes mit ganz unterschiedlicher Ausbildung. In ihren Beschreibungen werden Sie das Fehlen irgendwelcher urteilender Ausdrücke feststellen, so wie »ich stellte mir vor, daß ...« oder »ich phantasierte, daß ...« Mitgetragen von der Trommel und auf die gerade beschriebene einfache Art, machten sie Erfahrungen, die sie auf eine neue Weise für Wirklichkeit hielten und die sie oftmals hinterher als die tiefsten ihres bisherigen Lebens beschrieben. Sie müßten eine ähnliche Erfahrung machen, wenn Sie die oben beschriebene Methode anwenden.

Der erste Bericht vermittelt eine Beschreibung der häufigen Erscheinung der Wände des Tunnels in konzentrischen Kreisen.

Als die Trommel zu schlagen begann, suchte ich in meiner Erinnerung Orte, die ich kannte und die mir den Zugang gewähren würden, den ich suchte. Ich erkannte einige Plätze, die mir wichtig gewesen waren und, wie ich dachte, sich eignen würden ... aber keiner schien richtig zu sein; dann war da plötzlich eine große Höhle in der Nähe des Pyramid Lake in Nevada, geheimnisvoll und mit einem großartigen Blick, aber er erschien mir als ein schrecklich langer Tunnel, den ich von dort oben durchqueren müßte; schließlich war da eine majestätische Höhle aus meiner Kindheit, einer jener Touristenplätze; wurde sie »Ruby Cave« genannt? Sie war irgendwo im Süden, vielleicht Georgia oder North Carolina.

Ganz gleich, sie war voller Stalaktiten und Stalagmiten – eine WIRKLICHE Höhle. Ich bewegte mich fort in eine dunkle und enge Gegend und fand – nicht die Höhle meiner Kindheitsphantasien mit Tieren und Drachen und Vieh aller Art, sondern eine ganz neue Höhle. Konzentrische Kreise aus Licht und Dunkelheit öffneten sich um mich her und schienen mich mit sich zu tragen. Ich hatte eigentlich nicht das Gefühl, als ob ich mich durch den Tunnel bewegte, sondern als ob er sich neben mir bewegte. Zuerst waren die Ringe kreisrund, aber sie änderten ihre Gestalt und wurden senkrechte Ellipsen, immer konzentrisch und immer sich bewegend. Die wechselnden Muster von Dunkelheit und Licht erinnerten schwach an einen Glanz, der zwischen den Rillen eines Wellblechs gefangen war.

Ab und zu wurde ich ungeduldig, weil der Tunnel immer weiterging; dann erinnerte ich mich – obwohl es schön gewesen wäre, zu erfahren, was außerhalb des Tunnels sein würde –, daß es genug sei, den Tunnel zu erfahren. Die senkrechten Ellipsen verschoben sich und wurden durch horizontale ersetzt, die sich nach und nach entlang der horizontalen Achse öffneten und aufzubrechen begannen, wodurch sie eine graue und schwach erleuchtete Landschaft freigaben – einen See im Untergrund –, über den ich eine lange Zeit hinwegglitt und dabei genau beobachtete, wie die Wellen stiegen, sich kräuselten und sich unter mir hinwegbewegten.

Der Tunnel, der mich an diesen Ort brachte, war leicht abwärts geneigt, mit etwa fünfzehn Grad; nun aber lenkte mich der verdunkelte Himmel über diesem See im Untergrund in einen anderen Tunnel, der eine direkte und abwärts führende Biegung von neunzig Grad machte, und ich wurde wieder von ihm hindurchgetragen. Seine Wände bestanden wieder aus den bereits vertrauten konzentrischen Kreisen von Licht und Schatten, fast mich durchpulsend; es war kein Gefühl des Fallens, sondern einer ganz bewußten Bewegung.

Ich war überrascht zu hören, daß ich zurückgerufen wurde, und ungern gab ich nach, um umzukehren, etwas enttäuscht, daß ich nicht an das Ende des Tunnels gelangt war, und gleichzeitig verwirrt durch die Erfahrung. Die Rückkehr ging schnell und leicht. Das Gefühl der Entdeckung und Ehrfurcht bleibt.

Die zweite Person benutzte ebenfalls eine Höhle als Eingang in die Erde und notierte, sie habe einen schlafähnlichen Bewußtseinszustand erfahren.

Ich wählte eine Höhle, die ich kannte. Ich bin dort vier- oder fünfmal gewesen. Sie liegt in einem bewaldeten Gebiet, und der Eingang ist etwas über einen Meter im Durchmesser. Man geht hinunter in einen großen Raum mit mehreren Gängen. Die Höhle setzt sich nach unten in den Berg fort. Ich mußte über einige Spalten klettern, die ziemlich tief waren, und dann kam eine Stelle, wo ich mich buchstäblich hindurchschlängeln mußte – sehr schwierig, wenn man ganz allein ist.

Ich ging weiter hinunter, zur tiefsten Stelle der Höhle, die ich je erreicht habe. Ich war wirklich niemals weitergekommen. Aber irgendwie ging ich weiter und kam zu einem anderen Eingang oder besser einem Ausgang, und ich kam heraus auf eine tropische Insel mit einem wunderschönen großen Strand, richtigen tropischen Vögeln ud einer Menge tropischer Vegetation. Ein tropisches Paradies!

Dann kam ich zurück. Es war fast so, als ob ich geschlafen hätte; aber ich kenne mich so gut, daß ich weiß, wenn ich schlafe; und ich habe nicht geschlafen.

Der nächste Fall ist ein weiteres Beispiel für die Benutzung einer Höhle als Eingang:

Es schien mir eine lange Zeit zu vergehen, bis ich anfing. Ich konzentrierte mich schließlich auf eine Höhle, die ich in Frankreich besucht hatte, wo Urmenschen gelebt hatten. Ich ging hinein, immer weiter und weiter. Sie schien überhaupt nicht kleiner als meine Körpergröße zu werden, so daß ich nicht zu kriechen brauchte. So ging ich einfach immer weiter. Schließlich verbreiterte sie sich zu einer großen Öffnung. Ich ging hinaus, und da war eine Klippe. Ich ging herum und kletterte auf den Hügel, so daß ich über der Öffnung saß. Ich genoß die Aussicht, die sehr tief nach unten und weit in die Ferne ging. Dann kam ich zurück.

Menschen mit außergewöhnlicher schamanischer Kraft können schon bei ihrer ersten Erfahrung nicht nur *sehen,* sondern bei ihren Erfahrungen auch fühlen, hören und riechen. Im folgenden Beispiel spürte die Person die Wahrnehmung des Kletterns an Händen und Füßen, das Gefühl des Gleitens und die Kälte des Wassers zusätzlich zum bloßen Sehen.

Ich begann in einer kleinen Quelle, die sich auf dem Land befindet, wo ich jetzt wohne. Ich spürte, wie ich sehr klein wurde, als ich unter einem großen Felsen herging. Ich ging in einen winzig kleinen feuchten Kanal, und es ging eine ganze Zeit bergauf. Ich spürte, wie ich auf meinen Händen und Füßen kletterte. Es war darin sehr dunkel. Es wurde völlig dunkel, als ich die Öffnung nicht mehr sehen konnte. Dann begann ein sehr plötzlicher Abstieg, und ich wußte nicht, wohin es ging. Ich spürte, wie ich die nassen Felsen hinunterglitt und in einem sehr großen Raum ankam, in dem sich eine Wasserlache befand. Das Wasser war sehr kalt.

Jenseits des Wassers war ein winziges Licht, und ich hatte das Gefühl, da hinten oder draußen müßte etwas sein; deshalb ging ich durch das Wasser, konnte teilweise waten oder mußte schwimmen. Ich erinnere mich, daß es sehr kalt war. Dann kam ein sehr steiler Aufstieg durch einen Kanal, ähnlich einer Höhle. Ich kam auf einer Wiese heraus, die sehr grün war und von einer riesigen Eiche beschattet wurde. Ich setzte mich unter die Eiche und stellte fest, daß ich Lederkleidung trug, wie Indianerhosen und ein Indianerhemd.

Ich fühlte mich sehr wohl unter jenem Baum, als es Zeit wurde, umzukehren. Ich war ärgerlich, daß ich umkehren sollte; doch da ich ein guter Schüler bin, folgte ich den Anweisungen und kam in das Gebiet, wo ich aus dem Teich herausklettern mußte. Da stellte ich fest, daß ich die Indianerhosen nicht mehr trug: Ich hatte wieder meine Jeans und meine Kletterstiefel an. Dann kam ich an der kleinen Quelle wieder heraus. Der Himmel war etwas grau, bezogen. Ich fühlte mich wie zu Hause, als ob ich wieder dort wäre, wohin ich gehörte.

Im folgenden Fall spürte der Reisende nicht nur einen »kühlen, feuchten Boden«, sondern hörte auch das Plätschern von Wasser und spürte den Wind, während er auf einem Hügel in der Unterwelt stand.

Ich hatte einige Schwierigkeiten, mich auf den Weg zu machen, weil ich zwei Bilder in meinem Kopf hatte, als Sie uns sagten, eine Öffnung zum Eintritt zu wählen. Ich versuchte zuerst die eine, die nur eine Art Höhle neben einem Hügel war, die ein Bagger ausgegraben hatte. Ich kletterte hinauf in die Höhle und kam nirgendwo hin – ich konnte sie nicht für mich sichtbar öffnen.

Deshalb ging ich an die andere Stelle, wo ein hohler Baumstumpf auf einem Stück Land steht, das einem meiner Freunde gehört – ich war dort vor etwa einem Monat gewesen. Ich kletterte also hinein und ging hinunter durch eine kleine Öffnung, die gerade groß genug für mich war. Ich kroch auf meinem Bauch durch. Es war kein unangenehmes Gefühl wie Matsch, sondern einfach kühler, feuchter Erdboden. Ich konnte irgendwo ein Plätschern hören. Auf diesem speziellen Land, von dem ich berichte, gibt es einen Bach, der quer hindurchfließt. Ich konnte so etwas wie Wasser rauschen hören, als ob ich mich unter dem Bach bewegte. Ich kroch ein langes Stück und kam dann auf einem Hügel heraus.

Ich fühlte mich wirklich gut, als ich von der Höhe des Berges in alle Richtungen schaute. Als ich so dastand, konnte ich spüren, wie der Wind von hinten herankam. Es war etwa so, als ob der Wind mich mit einem sehr angenehmen Gefühl auffüllte.

Als Sie uns dann sagten, wir sollten zurückkommen, ging ich auf den Grund zurück und begann zurückzugehen. Ich wurde etwas ängstlich, als die Trommel schneller wurde, als ob mein Herz schneller schlagen würde; es war ein Gefühl, als ob ich nicht sicher wäre, ob ich rechtzeitig zurück sein würde. Tatsächlich versuchte ich zurückzukommen, aber es war eine kleine Öffnung. Als Sie schließlich die Trommel zum letzten Mal schlugen, sah ich eine Art Lichtblitz.

Im folgenden Beispiel hatte die Person nicht nur die Erfahrung des Riechens, sondern fand auch unterirdisch einen neuen Ausgang, um dadurch zur Oberfläche zurückzukehren.

Ich begann in den Ozean hinauszuschwimmen. Dann geriet ich in einen ungeheuren Wirbel, an die hundert Meter breit oder mehr. Er drehte mich einfach hinunter und hinunter und hinunter und hinunter. Das dauerte die meiste Zeit der Reise. Ich dachte darüber nach, wie ich wohl sicher landen könnte. Ich brach schließlich durch und fiel auf dieses riesiege Gänseblümchen. Es war so groß, daß es meinen Fall dämpfte. Es duftete ganz prächtig. Dann riefen Sie uns zurückzukommen, und ich fand eine Höhle, ein System von Höhlen, und ich huschte sozusagen hindurch nach oben.

Der folgende Fall zeigt, wie eine Person im schamanischen Bewußtheitszustand neue Fähigkeiten lernt, wie zum Beispiel, »durch die Erde zu schwimmen«. So kommt erfahrungsweise das schamanische Wissen darüber zusammen, wie man Dinge tun kann, die in der normalen Wirklichkeit unmöglich wären.

Ich ging hinunter bis zum Grund eines Tunnels, und dann kam ich an Wasser auf dem Grund. Ich ging durch das Wasser weiter, aber ich mußte dort ein wenig herumtasten und versuchen, Spalten in dem Felsen zu finden; denn ich konnte mir wirklich nicht vorstellen, wie ich im Felsen reisen sollte. Aber dann entdeckte ich, wenn ich meine Gliedmaßen ausstreckte und mich ein wenig flacher machte, konnte ich durch die Erde schwimmen.

Ähnlich lernt der Schamane im schamanischen Bewußtheitszustand, wie er sich in andere Formen aus Materie verwandeln kann, wie es im folgenden Fall geschah. Achten Sie auch darauf, wie diese Person mitten in einer solch radikalen Verwandlung sich gleichzeitig der Existenz der normalen Wirklichkeit bewußt war. Das ist in der schamanischen Arbeit üblich: Man bleibt mit einem kleinen Teil seines Bewußtseins im normalen Bewußtseinszustand, um die normale Wirklichkeit zu überwachen und dadurch eine Brücke für eine ziemlich schnelle vollständige Rückkehr in den normalen Bewußtseinszustand herzustellen.

Ich ging durch eine Lichtung im Wald, an die ich mich aus der Zeit erinnere, als ich noch sehr jung war. Als ich hindurchging, war mit deutlich bewußt, wie klein ich war, wie alles soviel größer war als ich. Es war so, als ob ich in einem Tunnel sei. Ich nahm sehr wohl Geräusche wahr, den Geruch des Waldes und meine Größe.

Auf einmal kam ich in eine Höhle, aber sie war nicht sehr tief. Ganz plötzlich löste ich mich da auf. Ich wurde Wasser, um in die Spalten zu kommen, einfach durch Hinlegen. Ich nahm auch sehr genau wahr, was hier im Raum vor sich ging, wo ich Sie die Trommel schla-

gen hörte. So war ich also gleichzeitig in zwei Wirklichkeiten. Dann kam ich auf demselben Weg zurück.

Gelegentlich verliert man beim Durchqueren des Tunnels das Gefühl für die Richtung oder wird »hineingeboxt«. Das passiert sogar manchmal erfahrenen Jívaro-Schamanen. Wenn Sie den Weg heraus nicht finden können, entspannen Sie sich und warten eine Weile. Sie werden ohne Anstrengung zurückkommen, wenn auch etwas langsamer, wie im folgenden Fall berichtet wird.

Einst sah ich diese Erdhörnchen, als ich zeltete; ihre Löcher waren überall. Dort war es, wo ich hinabging: durch eines ihrer Löcher. Zuerst ging ich durch diese schmalen kleinen Tunnels. Dann kam ich plötzlich zu einem Punkt, wo der Tunnel gerade hinunterging, und ich reiste sehr schnell genau abwärts. Ich konnte das Ende nicht sehen, und es ging so eine ganze Zeit weiter. Es war alles schwarz. Ich verlor für einige Zeit darin ein wenig die Orientierung. Ich kehrte nicht so schnell nach oben zurück, wie ich hinuntergegangen war, aber ich kam schließlich hoch, obwohl ich nicht denselben Weg zurückkam.

Auch ein erfahrener Schamane kann manchmal bei seinem Abstieg einen Widerstand nicht durchdringen. Dann bleibt nichts anderes übrig als zurückzukehren, wie es die folgende Person tat:

Ich ging hinunter durch eine heiße Quelle inmitten eines Flusses. Sie entspringt sozusagen am Grund. Ich ging hinunter und sah, wie es dort aussah: keine Farben und nichts. Dann endete mein Weg an einer Fläche aus Lavagestein oder Magma. Ich wußte nicht, wie ich hindurchkommen sollte, um weiterzureisen. Ich war einfach festgelaufen und wußte nicht, was ich tun sollte. Dann hörte ich Sie die Trommel schlagen, daß wir nach oben zurückkommen sollten, und ich kehrte um.

Schon auf der ersten Reise kann eine Person mit ungewöhnlicher schamanischer Kraft tierische, pflanzliche oder sogar menschliche Formen treffen, wie im folgenden Fall geschehen. Die besonderen Fähigkeiten dieser Person werden noch durch die Tatsache bestätigt, daß sie bei ihrer ersten Erfahrung fliegen konnte. Bemerken Sie auch, wie es bereits von den Eskimo-Schamanen weiter oben berichtet wurde, wie sie kämpfen mußten, um in die Tiefe der Erde zu gelangen. Auch für diejenigen mit beträchtlicher Kraft ist die schamanische Arbeit manchmal schwierig.

Ich ging in einige große Höhlen hinein, die ich kenne. Ich erinnerte mich, daß es dort ein Gebiet gab, das noch nicht erforscht wurde; also ging ich dort hinein. Dort war es lange Zeit sehr eng, und ich mußte wirklich drängen und zwängen, um durchzukommen. Dann öffnete es sich plötzlich zu einem wirklich weiten Land. Es ging über eine sehr weite Strecke, und ich reiste, reiste, reiste. Ich erkannte, daß ich einen weiten Weg zu gehen hatte; deshalb begann ich plötzlich zu fliegen.

Ich bewegte mich einfach sehr schnell und flog den ganzen Weg lang. Als ich so in die Mitte kam, waren dort all diese Naturgeister, sehr ätherische Körper überall. Zuerst standen sie nur herum; dann aber fingen sie alle an, zum Schlag der Trommel zu tanzen. Sie taten alle dasselbe zur gleichen Zeit, und ich sah ganz verschiedene Wesen. Da war ein Frosch, der so große Augen hatte und sehr merkwürdig aussah, und ein Baum, der sehr hoch war. Sie alle bewegten sich zum Trommelschlag. Dann kehrte ich einfach zurück, als Sie sagten, wir sollten umkehren.

Tiere wurden auch im nächsten Fall vorgefunden. Dieser Person begegnete ein »Flugsaurier-Vogel«, und mit dem zugehörigen schamanischen Vertrauen spürte sie, daß sie davor nicht zu erschrecken brauchte:

Ich ging durch den Schacht eines alten verlassenen Bergwerks hinunter, und als ich hineinkam, wurde es dunkel. Irgendwie konnte ich die Reise nicht richtig beginnen. Dann erschien eine Plattform mit Rädern, und sie brachte mich hinunter durch diesen Schacht. Sehr bald wurde der Schacht immer heller und sehr gelb. Es gab einzelne kleine Kammern. In jeder Kammer befand sich ein Tier, irgendeine Art prähistorischer Tiere. Jedes von ihnen tat etwas; ich weiß nicht, was sie taten, aber sie bewegten sich in unglaublicher Aufregung.

Dann wurde die Plattform langsamer. Der Schacht war noch immer gelb. Als ich mich umwandte, um nach den Tieren zu sehen, kam etwas aus der Wand heraus wie ein rot-schwarzer Flugsaurier-Vogel. Er hatte eine Haube und schlug mit den Flügeln nach mir. Ich hatte keine Angst; er schien spielen zu wollen und sonst nichts. Dann riefen Sie uns zurück. Als Sie uns zurückriefen, benahm der sich so, als hätte er gern, wenn ich dort bliebe. Die Plattform bewegte sich zurück zur Öffnung, und ich kam zurück.

In unserem letzten Beispiel von einer ersten Reise spürte der Betreffende, daß er eine nützliche oder wohltätige Wesenheit mitgebracht hatte. Das ist eine klassische Art schamanischer Arbeit, in die er bei seiner ersten Erfahrung im schamanischen Bewußtseinszustand sozusagen unfreiwillig hineingestolpert war. Ich fragte ihn, ob er schon gewußt habe, was ich in meinem Seminar tat, weil das seine Erfahrung hätte erklären können. Er aber antwortet: »Nein, ich habe zwar versucht, etwas über den Workshop herauszufinden, aber ich konnte es nicht.« Vermutlich hat dieser Mensch beträchtliche schamanische Kraft.

Ich fing in einer Quelle an. Ich sprang in die Quelle und folgte dem Wasser durch den Tunnel. Ich kam an einer Stelle heraus, wo eine andere Quelle an einer Lichtung neben einem Berg herausfloß. Ich blickte nach Nordwest – aus irgendeinem Grunde wußte ich, daß es Nordwest war. Ich setzte mich nieder und hatte die Quelle links und den Wald rechts von mir. Ich fühlte mich vollkommen. Keine andere Stelle in diesem Gebiet fühlte sich richtig an, aber jene Stelle war vollkommen.

Dann kam ich zurück. Ich sprang einfach in die Quelle und schwamm zurück zu der Öffnung, wo ich begonnen hatte. Das Merkwürdige dabei war, als ich zurückkam und herausgekommen war, daß ich den deutlichen Eindruck hatte, es sei etwas mit mir zurückgekommen. Dieses Etwas war genau hinter mir. Es war nützlich oder wohlwollend; es war nicht böse.

III

Schamanismus und Bewußtseinszustände

Schamanismus stellt das am weitesten verbreitete, sehr alte methodologische System von Geist-Körper-Heilung dar, welches die Menschheit kennt. Archäologische und ethnologische Funde lassen erkennen, daß schamanische Methoden mindestens zwanzig- oder dreißigtausend Jahre alt sind. Möglicherweise sind diese Methoden auch viel älter; denn schließlich existieren Primaten, die man auch Menschen nennen kann, auf unserem Planeten schon seit mehr als zwei oder drei Millionen Jahren.

Heute überlebt schamanisches Wissen vor allem bei Völkern, die bis vor kurzem »primitive« Kulturen hatten. Das Wissen, das sie bewahren, wurde durch Hunderte menschlicher Generationen erworben, in Situationen auf Leben und Tod. Die Vorfahren dieser Völker lernten gewissenhaft und benutzten dieses Wissen in ihren Bemühungen, Gesundheit und Kraft zu bewahren, schweren Krankheiten gewachsen zu sein und mit der Drohung und dem Trauma des Todes fertig zu werden. Diese Hüter der alten Methoden sind für uns sehr wichtig; denn fast keine ihrer Kulturen hinterließ schriftliche Unterlagen. Deshalb können wir nur von den verbliebenen lebenden Vertretern die schamanischen Prinzipien lernen.

Etwas sehr Merkwürdiges in schamanischen Berichten und Methoden besteht darin, daß sie in weit voneinander entfernten und abgetrennten Teilen unseres Planeten sehr ähnlich sind, wozu solche Regionen gehören wie Australien, Nord- und Südamerika, Sibirien und Zentralasien, das östliche und nordöstliche Europa und Südafrika.

Auch in der historischen Literatur aus dem klassischen Mittelmeerraum oder aus dem mittelalterlichen Westeuropa bis in die Zeit der Renaissance findet man Beweise, daß dasselbe schamanische Grundwissen einst dort existierte, bis es durch die Inquisition weitgehend ausgelöscht wurde.

Die über den größten Teil der Erde verbreitete Übereinstimmung schamanischer Methoden und Glaubensauffassungen wurde von Mircea Eliade ausführlich in seinem klassischen Werk *Schamanismus und archaische Ekstasetechnik* dokumentiert. Gerade wegen der inneren Übereinstimmung dieses alten Kraft- und Heilsystems können Eliade und andere vertrauensvoll vom Vorkommen des Schamanismus unter lange voneinander isolierten Völkern sprechen.[42] So sagt beispielsweise ein Anthropologe: »Wo immer man heute Schamanismus antrifft, ob in Asien, Australien, Afrika oder Nord- und Südamerika, arbeitet der Schamane grundsätzlich auf dieselbe Weise und mit den gleichen Techniken – als Hüter des psychischen und ökologischen Gleichgewichts seiner Gruppe und ihrer Mitglieder, als Mittler zwischen den sichtbaren und den unsichtbaren Welten, als Herr über die Geister, als übernatürlicher Heiler usw.« Der Schamane kann »den Zustand als Mensch überschreiten und frei in die verschiedenen kosmischen Ebenen ein- und austreten ...»[43]

Die auffallende weltweite Übereinstimmung im schamanischen Grundwissen wurde auch von vielen anderen Anthropologen festgestellt. So schreibt Wilbert über den Schamanismus bei den Warao-Indianern in Venezuela und sagt: »Es leuchtet sofort jedem ein, der mit der Literatur über Schamanismus vertraut ist, daß die Erfahrung der Warao vieles enthält, was nahezu universell ist ...« Er stellt eine lange Liste der Praktiken und Glaubensvorstellungen auf, welche die Warao-Schamanen mit denjenigen anderswo in Australien, Indonesien, Japan, China, Sibirien, Nordamerika, Mexiko und Südamerika haben. Daraus schließt Wilbert ferner, daß es eine »bemerkenswerte Übereinstimmung ... nicht nur im allgemeinen Inhalt, sondern auch im besonderen Detail« zwischen den schamanischen Reisen der venezolanischen Warao und den Wiradjeri Australiens gibt, einen Ozean und Kontinent entfernt.[44]

Die schamanische Einstellung zu Lebenskraft und Heilung wurde in einer grundlegend ähnlichen Form in »primitiven« Kulturen gefunden, die sonst tiefgreifende Unterschiede in der Anpassung an gegensätzliche Umwelt und eindeutig verschiedene Probleme des materiellen Überlebens aufwiesen. Durch prähistorische Wanderungen und Absonderung waren viele solcher

Gruppen von anderen Teilen der menschlichen Familie zehn- oder zwanzigtausend Jahre getrennt. Und trotz all dieser Jahre schien das schamanische Grundwissen sich nicht wesentlich geändert zu haben.

Wie war das möglich? Sicherlich nicht mangels Einbildungskraft auf seiten der Naturvölker; denn es gibt große Unterschiede und Abweichungen in ihren sozialen Strukturen, Kunst, Wirtschaft und vielen anderen Aspekten ihrer Kulturen. Warum also blieb das schamanische Grundwissen so übereinstimmend in verschiedenen Teilen der »primitiven« Welt?

Ich schlage vor, die Antwort lautet einfach: weil Schamanismus funktioniert. Über viele tausend von Jahren, durch Versuch und Irrtum, kamen die Menschen in ökologischen und kulturellen Situationen, die oft grundverschieden waren, dennoch zu denselben Schlüssen hinsichtlich der grundlegenden Prinzipien und Methoden schamanischer Kraft und Heilung.

Schamanismus blühte in antiken Kulturen, denen die technologischen Neuerungen der modernen Medizin fehlten. Nach meiner Ansicht zwang die niedrige technologische Ebene jener Kulturen ihre Menschen, die Fähigkeit des menschlichen Geistes im höchstmöglichen Grad zu entwickeln, damit sie den ernsten Problemen von Gesundheit und Tod gewachsen waren. Einige der fesselndsten Methoden, die die Menschen hinsichtlich Gesundheit und Heilungsmöglichkeiten des Geistes hatten, sind diejenigen der Schamanen in diesen technologisch weniger entwickelten Kulturen.

Um seine Aufgabe durchzuführen, verläßt sich der Schamane auf besondere persönliche Kraft, die im allgemeinen von seinen Schutz- und Hilfsgeistern geliefert wird. Jeder Schamane hat meist wenigstens einen Schutzgeist in seinem Dienst, ganz gleich ob er auch Hilfsgeister besitzt oder nicht. In ihrer klassischen Arbeit über die Vorstellung des Schutzgeistes bei den Eingeborenen Nordamerikas bemerkt Ruth F. Benedict, Schamanismus »ist praktisch überall auf irgendeine Weise oder in irgendeiner Hinsicht um die Vision vom Schutzgeist-Komplex aufgebaut ...«[45]

Außerhalb von Nordamerika ist der Schutzgeist ähnlich wichtig, wird aber in der anthropologischen Literatur oftmals anders genannt, etwa »Hauptgeist« in Werken über den sibirischen Schamanismus und »Nagual« in Mexico und Guatemala.[46] In der australischen Literatur kann er als »Hilfstotem« und in der europäischen Literatur als »Sippengeist« angesprochen werden. Manchmal wird der Schutzgeist auch einfach der »Freund« oder »Begleiter« genannt. Wie auch immer er genannt wird, er ist die fundamentale Quelle der Kraft bei den Funktionen des Schamanen.

Die am besten bekannte Art, einen Schutzgeist zu erlangen, ist bei einer Geistsuche an einem entfernten Ort in der Wildnis. Der Ort kann eine Höhle, eine Bergspitze, ein großer Wasserfall oder ein einsamer Pfad bei Nacht sein, wie bei den Jívaro. Es gibt aber auch unfreiwillige wie auch besondere schamanische Wege, um zu einem Schutzgeist zu kommen.

Ohne einen Schutzgeist ist es praktisch unmöglich, ein Schamane zu sein; denn der Schamane muß diese starke Basiskraftquelle haben, um mit den nichtnormalen oder spirituellen Kräften, deren Existenz und Aktionen den Menschen normalerweise verborgen sind, fertig zu werden und sie zu meistern. Der Schutzgeist ist oft eine animalische Kraft, ein spirituelles Wesen, das den Schamanen nicht nur schützt und ihm dient, sondern für ihn eine andere Identität oder *alter ego* wird.[47]

Die Tatsache allein, daß jemand einen Schutzgeist hat, macht ihn noch nicht zu einem Schamanen. Wie die Jívaro betonen, hat wahrscheinlich jeder, ob er es als Erwachsener noch weiß oder nicht, in seiner Kindheit die Hilfe eines Schutzgeistes gehabt; sonst hätte er nicht die beschützende Kraft gehabt, die notwendig ist, um ein Erwachsener zu werden. Der Hauptunterschied zwischen einem gewöhnlichen Menschen und einem Schamanen im Hinblick auf ihre Schutzgeister besteht darin, daß der Schamane seine Schutzgeister aktiv einsetzt, wenn er sich im veränderten Bewußtseinszustand befindet. Der Schamane sieht seinen Schutzgeist häufig und fragt ihn um Rat, geht mit ihm auf die schamanische Reise, läßt sich von ihm helfen und benutzt ihn auch, um anderen zu helfen, von Krankheit und Verletzungen zu genesen.

Zusätzlich zu seinem Schutzgeist hat ein mächtiger Schamane normalerweise noch eine Anzahl Hilfsgeister. Sie sind einzeln von geringerer Kraft als der Schutzgeist, aber es können Hunderte von ihnen einem bestimmten Schamanen zur Verfügung stehen und ihm gemeinsam große Kraft verleihen. Diese Hilfsgeister haben besondere Funktionen für bestimmte Zwecke. Ein Schamane braucht gewöhnlich Jahre, um eine große Gruppe von ihnen zusammenzustellen.

Es scheint keinen augenfälligen Unterschied zwischen den Geschlechtern hinsichtlich schamanischer Fähigkeit und Kraftfülle zu geben. In vielen Gemeinschaften, wie beispielsweise auch bei den Jívaro, beschäftigen sich die meisten Schamanen mit wirtschaftlichen und sozialen Problemen, die wenig mit der Praxis des eigentlichen Schamanismus zu tun haben. Wenn aber Jívaro-Frauen die Kindererziehung beendet haben und ins mittlere Alter gekommen sind, werden sie manchmal Schamaninnen, und zwar sehr mächtige. Im Mittelalter und in der Renaissance wurden in Europa Witwen und ältere Frauen gleichfalls oft Heilschamaninnen; manchmal lebten sie auch davon. Natürlich bezeichnete die Inquisition sie als »Hexen«, wie christliche Missionare im allgemeinen noch heute die Schamanen der Naturvölker nennen.

Schamanen sind hauptsächlich Heiler, aber sie beschäftigen sich auch mit Wahrsagen, indem sie für andere Mitglieder ihrer Gemeinschaft in die Gegenwart, die Vergangenheit und die Zukufnt sehen. Ein Schamane ist ein Seher. Dieses Wort beschreibt seine spezifische Aktivität, ein Überbleibsel aus unserem fast verschwundenen europäischen Erbe. Ein Schamane kann auch derart hellsichtig sein, daß er sieht, was anderswo zur selben Zeit geschieht.

Der Schamane bewegt sich zwischen unterschiedlichen Wirklichkeiten; er ist ein magischer Athlet der Bewußtseinszustände, begabt mit mythischen Eigenschaften. Der Schamane ist ein Mittler zwischen alltäglicher und nichtalltäglicher Wirklichkeit, wie es Castaneda[1] dramatisch beschrieben hat. Der Schamane ist auch ein »Kraft-Verteiler« in dem Sinne, daß er geistige Kraft lenkt, um Menschen zu helfen, sich in ein gesundes Gleichgewicht zu bringen.

Ein Schamane kann auch gerufen werden, um einem Menschen zu helfen, der »ent-geistigt« ist, das heißt, der seinen persönlichen Schutzgeist oder gar seine Seele verloren hat. In solchen Fällen unternimmt der Schamane eine Heilungsreise in die nichtalltägliche Wirklichkeit, um den verlorenen Geist oder die verlorene Seele wiederzufinden und sie dem Patienten zurückzugeben. Der Patient eines Schamanen kann auch an einer örtlichen Schmerzstelle oder Krankheit leiden. In einem solchen Fall besteht die Aufgabe des Schamanen darin, die schädliche Kraft herauszuziehen, um dem Patienten zu helfen, seine Gesundheit wiederzuerlangen. Die beiden Grundarten der schamanischen Heilung sind also Wiederherstellung wohltuender und Entfernung schädlicher Kräfte.

Schamanen müssen bei diesen Heilungsaufgaben zwischen den Wirklichkeiten hin- und herreisen können. Um das zu vollbringen, nehmen sie in einigen Kulturen bewußtseinsverändernde Substanzen ein, aber in vielen anderen tun sie es nicht.[48] Tatsächlich können einige psychoaktive Stoffe auf die Konzentration einwirken, welche die schamanische Arbeit verlangt.

Eines der erstaunlichen Dinge über Schamanismus ist die Tatsache, daß im Falle der Verwendung einer Droge diese eher vom Arzt oder Heiler als vom Patienten eingenommen wird, obgleich es Ausnahmen gibt, daß beide sie nehmen. Dieser Gegensatz zur modernen westlichen Medizin wird leicht verständlich, wenn man bedenkt, daß der Schamane seine Genesungsarbeit in einem veränderten Bewußtseinszustand ausführen muß. Dahinter steht die Vorstellung, daß Zugang zu einer verborgenen Wirklichkeit gefunden werden muß. Ein solches Werk liegt aber im Verantwortungsbereich des Schamanen, nicht des Patienten.

Ihrem Wesen nach ist die schamanische Einweihung Erfahrungssache und geht oft stufenweise vor sich, um zu lernen, wie man erfolgreich den schamanischen Bewußtseinszustand erreicht und in diesem Zustand sehen und reisen kann. Ferner muß man persönliche Gewißheit und Wissen über seinen eigenen Schutzgeist erwerben, dessen Unterstützung gewinnen, solange man im schamanischen Bewußtseinszustand ist, und lernen, wie man als Schamane anderen erfolgreich hilft. Eine charakteristische Phase im fortgeschrittenen Schamanismus besteht darin, auch persönliche Gewißheit und Wissen über seine eigenen Hilfsgeister zu erlangen. Es gibt noch fortgeschrittenere Phasen wie auch bestimmte andere bedeutende Arten schamanischer Erfahrungen, die in diesem Buch nicht besprochen werden. Wenn es Ihnen jedoch gelingt, die ersten drei Phasen, die hier genannt wurden, erfolgreich zu absolvieren, können Sie sich wahrscheinlich als Schamanen/in bezeichnen. Doch ist in Wirklichkeit schamanische Einweihung ein niemals endender Prozeß des Kämpfens und der Freude, und die endgültigen Urteile über Ihren Status als Schamane werden von denjenigen gefällt, denen Sie zu helfen versuchen.

Nachdem ein neuer Schamane die Grundprinzipien, Methoden und die Kosmologie des Schamanismus erlernt hat, baut er persönliches Wissen und Kraft durch schamanische Praxis und Reisen aus. In dem Maße, wie dieses Wissen erworben wird, entwickelt sich der Schamane zum Führer für andere Menschen. Zum Beispiel könnte ein Mensch aus seiner Umgebung einen Traum oder eine Vision haben und den Schamanen wegen ihrer Bedeutung fragen. Der Meisterschamane kann dann sagen: »O ja, was du erfahren hast, paßt genau dahin …«, aufgrund dessen, was er bis dahin schon erfahren hat. Der Schamane versucht ständig, seine ihm persönlich offenbarten Erfahrungen so zu deuten, als ob sie Teile eines großen kosmischen Puzzles seien. Meistens sind viele Jahre schamanischer Erfahrung notwendig, um zu einem hohen Wissensstand über das kosmische Gefüge zu gelangen, und auch ein Meisterschamane erwartet nicht, daß er dieses Puzzle in einem einzigen sterblichen Leben vervollständigen kann.

Ein wahrer Meisterschamane stellt die Gültigkeit der Erfahrungen anderer nicht in Frage, wenn das auch weniger tüchtige und weniger demütige Schamanen tun. Der Meisterschamane wird versuchen, sogar die ungewöhnlichsten Erfahrungen in seine Gesamtkosmologie aufzunehmen – eine in der Hauptsache auf seinen eigenen Reisen aufgebaute Kosmologie. Wenn ihm das leicht gelingt, ist er wahrscheinlich ein Meister – wie der indianische Conibo-Schamane, der zu mir sagte: »Oh, das sagen sie immer.«

Der Meisterschamane sagt niemals zu Ihnen, daß etwas, das Sie erfahren haben, nur Phantasie sei. Darin liegt einer der Unterschiede zwischen Schamanismus und Wissenschaft. Dennoch *gibt* es Übereinstimmungen zwischen dem Schamanen und dem Wissenschaftler. Die besten von beiden stehen ehrfürchtig vor der Vielfältigkeit und Großartigkeit des Universums und der Natur und sehen ein, daß sie während ihres eigenen Lebens nur einen kleinen Teil dessen beobachten und verstehen können, was vor sich geht.

Sowohl Schamanen als auch Wissenschaftler verfolgen persönlich die Erforschung der Geheimnisse des Universums, und beide sind überzeugt, daß die zugrundeliegenden ursächlichen Prozesse in diesem Universum dem normalen Blick verborgen sind. Und weder Meisterschamanen noch Meisterwissenschaftler lassen zu, daß sich das Dogma kirchlicher und politischer Autoritäten in ihre Forschungen einmischt. Es war kein Zufall, daß Galilei der Zauberei (Schamanismus) angeklagt wurde.

Der Schamane ist ein Empirist. Die Definition von »Empirismus« aus dem Großen Duden lautet: »philosophische Lehre, die als einzige Erkenntnisquelle die Sinneserfahrung, die Beobachtung, das Experiment gelten läßt« (Duden Bd. 5, Fremdwörterbuch). Und tatsächlich verläßt sich der Schamane hauptsächlich auf Erfahrung aus erster Hand, auf die Sinne, um Wissen zu erlangen. Doch der Meisterschamane ist demütig. Schließlich weiß niemand von uns wirklich, was vor sich geht. Jeder ist beschränkt auf sein eigenes kleines Fenster ins Universum. So drückt es eine Mohave-Frau mit Namen Hama Utce aus:

Jeder Schamane erzählt eine andere Geschichte von der Schöpfung. Man kann sie ganz unterschiedlich hören. Alle Erzählungen beziehen sich auf dasselbe Ereignis, aber die Art, es zu erzählen, ist unterschiedlich, als ob verschiedene Zeugen davon berichteten, die unterschiedliche Einzelheiten behalten oder vergessen haben. Es ist gleichsam so, als ob ein Indianer, ein Schwarzer/Afrikaner und ein Franzose sie erzählen oder als ob ich, mein Mann Hivsu:Tupo:ma (Brandnarbe) oder du einen Autounfall beschreiben würden, den wir gesehen haben.[49]

Schamanen sind Menschen der Tat wie auch des Wissens. Sie dienen ihrer Gemeinschaft, indem sie in der verborgenen Wirklichkeit ein- und ausgehen, sobald sie um Hilfe gebeten werden. Aber nur einige wenige Schamanen werden wahre Meister des Wissens, der Kraft und der Heilung. Typischerweise beurteilen die Menschen innerhalb der Gemeinschaften sehr kritisch, wie tüchtig bestimmte Schamanen sind oder wieviel Erfolg sie bei der Heilung von Menschen haben. Das »Erfolgs-Register« der Schamanen ist weit bekannt, und jeder einzelne entscheidet, welchen

Schamanen er aufsucht, wenn es um Leben oder Tod geht. Obgleich also viele Menschen Schamanen werden können, sind immer nur wenige als ausgezeichnet anerkannt.

Der schamanische Bewußtseinszustand

Der Schamane arbeitet in der nichtalltäglichen Wirklichkeit nur einen kleinen Teil seiner Zeit, um schamanische Aufgaben zu erfüllen und das auch nur, wenn es erforderlich ist; denn Schamanismus ist eine Teilzeit-Beschäftigung. Bei den Jívaro, den Conibo, den Eskimo und anderen eingeborenen Gruppen ist der Meisterschamane im allgemeinen ein aktiver Teilnehmer an den wirtschaftlichen, sozialen und politischen Angelegenheiten seiner Gemeinschaft. Er ist meistens ein vollendeter Jäger oder Gärtner, Handwerker und Künstler, Denker und verantwortungsbewußtes Familien- und Sippenmitglied. Tatsächlich wird die Fähigkeit des Meisterschamanen, erfolgreich auf zwei verschiedenen Ebenen der Wirklichkeit zu operieren, als Beweis von Kraft angesehen.

Er folgt den Regeln des Schamanismus, wenn er in dieser Art Aktivität eingespannt ist, und folgt den Regeln der alltäglichen Wirklichkeit, wenn er nicht mit schamanischen Aufgaben betraut ist. Der Schamane bewegt sich zwischen den beiden Wirklichkeiten aus freien Stücken und mit ernster Absicht hin und her. Ganz gleich, welches die Wirklichkeit ist, der Schamane denkt und handelt auf die entsprechende Art und Weise und hat als sein Ziel die Meisterung sowohl seiner nichtalltäglichen als auch seiner alltäglichen Aktivitäten. Nur wer seinen Einsatz in beiden Gebieten erfolgreich meistert, ist ein Meisterschamane.

Beide Wirklichkeiten der Person des Schamanen, die nichtalltägliche und die alltägliche, haben ihren zugehörigen Bewußtseinszustand. Jede Wirklichkeit kann nur dann erfolgreich erfüllt werden, wenn man auch in dem entsprechenden Bewußtseinszustand ist. Wenn man also eine belebte Geschäftsstraße überquert, ist der entsprechende Bewußtseinszustand anders, als wenn man damit beschäftigt ist, die schamanische Unterwelt zu betreten. Ein Meisterschamane kennt vollkommen das entsprechende Bewußtsein für jede Situation, in die er sich gestellt sieht, und geht in den betreffenden Bewußtseinszustand wie erforderlich.

Eine Wahrnehmung von zwei Wirklichkeiten ist für den Schamanismus typisch, obwohl westliche theoretische Philosophen lange die Möglichkeit geleugnet haben, daß es solch eine Zweiteilung zwischen der normalen und einer verborgenen Welt bei den Naturvölkern gibt – offensichtlich in der Annahme, daß »Primitive« zwischen den beiden nicht unterscheiden könnten. Wie ich früher schon erklärt habe, machen die Jívaro solch eine Trennung nicht nur bewußt, sondern schreiben der nichtnormalen oder verborgenen Wirklichkeit viel größere Bedeutung zu.[50] Ich stimme mit Ake Hultkrantz überein, wenn er sagt:

> ... *Wenn solche (primitiven) Völker diese Zweiteiligkeit nicht bewußt erleben – was manchmal der Fall ist –, so rufen sie tatsächlich unbewußt ihre Wahrnehmungen entsprechend diesem Modell auf. Ein Beweis dafür ist die schamanistische Trance. Die Welt der Ekstase ist die Welt der übernatürlichen Kräfte und Wirkungen, deshalb taucht der Schamane darin ein. Er existiert in zwei Welten: Außerhalb der Trance lebt er das tägliche Leben seiner Stammesbrüder, innerhalb der Trance ist er Teil und Teilnehmer der übernatürlichen Welt, wobei er mit den Geistern einige ihrer Fähigkeiten teilt: die Technik des Fliegens, sich zu verwandeln, eins zu werden mit seinen Hilfsgeistern und so weiter.*[51]

Ich lege hier Nachdruck darauf, eine Unterscheidung zwischen den Erfahrungen zu machen, die man im schamanischen bzw. im normalen Bewußtseinszustand hat oder die Castaneda zwischen der nichtalltäglichen und der alltäglichen Wirklichkeit macht. Dies ist keine Unterscheidung, die in den Unterhaltungen von Schamanen untereinander oder auch mit westlichen Menschen sofort feststellbar ist. Wenn Sie also einen Jívaro-Schamanen sprechen hören, können Sie in seiner gewöhnlichen Unterhaltung Berichte über Erfahrungen und Taten hören, die Ihnen als westlichem Menschen gänzlich absurd oder unmöglich erscheinen. Zum Beispiel könnte er Ihnen berichten, daß er einen großen Baum in der Ferne durch seine schamanische Kraft gespalten oder einen umgekehrten Regenbogen in der Brust seines Nachbarn gesehen habe. Im gleichen Atemzug kann er Ihnen erzählen, daß er ein neues Blasrohr macht oder gestern frühmorgens auf der Jagd war.

Das Problem besteht nicht darin, wie einige westliche Philosophen meinen, daß Naturvölker wie die Jívaro einen primitiven »prälogischen« Geist haben. Das Problem ist, daß der westliche Mensch vom schamanischen Standpunkt aus einfach befangen ist. Seinen Stammesgenossen braucht der Jívaro nicht zu erklären, in welchem Bewußtseinszustand er bei einer bestimmten Erfahrung war. Sie wissen es sofort, weil sie schon gelernt haben, welche Erfahrungsformen im schamanischen und welche im normalen Bewußtseinszustand vorkommen. Nur der westliche Außenstehende hat dieses Wissen nicht.

Diese Subtilität der Jivoro ist absolut nicht einmalig; sie gilt wahrscheinlich in allen schamanischen Kulturen. Leider haben westliche Beobachter, denen umfassende Erfahrung mit veränderten Bewußtseinszuständen fehlt, nur zu oft vergessen, sich nach dem kognitiven Zustand ihrer eingeborenen Informanten zu erkundigen, wenn diese »unmögliche« Erfahrungen hatten – wie der australische Anthropologe W. E. H. Stanner richtig feststellt:

Es ist traurig, daß Europäer, denen solche Dinge zum ersten Mal begegnen, einfach annehmen, »Mystizismus« dieser Art beherrsche alles eingeborene Denken. Dem ist nicht so. »Logisches« Denken und »rationales« Verhalten sind im Leben der Eingeborenen fast ebenso verbreitet wie auf den einfacheren Ebenen des europäischen Lebens ... Und wenn man eine wirklich glänzende Vorführung deduktiven Denkens sehen will, braucht man nur zu verfolgen, wie ein Eingeborener einem verwundeten Känguruh nachspürt, und ihn zum Erzählen zu bewegen, warum er vorgefundene Zeichen auf eine bestimmte Weise deutet.[52]

Mit anderen Worten: Die Grenzen liegen nicht bei den Naturvölkern, sondern bei unserem Unverständnis für die zweischichtige Natur ihrer Erfahrungen und die Aufmerksamkeit, die sie ihnen zollen. Da unsere westliche Kultur nicht schamanistisch ist, muß beim Lehren des Schamanismus die Unterscheidung zwischen schamanischem und normalem Bewußtseinszustand klargemacht werden oder, wie Castaneda es sagt: zwischen alltäglicher und nichtalltäglicher Wirklichkeit. Wenn und falls Sie ein Schamane werden und falls andere Schamanen da sind, mit denen Sie sich unterhalten, werden Sie es wie ein Jívaro oder ein australischer Eingeborener nicht mehr für erforderlich halten, den Bewußtseinszustand anzugeben, in dem Sie sich befanden, als Sie eine bestimmte Erfahrung machten. Ihre Zuhörer – falls Sie sich aus wissenden Menschen zusammensetzen – werden es wissen.

Die Komponente des veränderten Bewußtseinszustandes eines Schamanen schließt verschiedene Grade der Trance ein, von im wesentlichen leichter (wie bei vielen nordamerikanischen Indianer-Schamanen) bis zu sehr tiefer (wie bei den Lappen, wo ein Schamane zeitweise als schlafwandlerisch erscheinen kann). Die ganze Erfahrungsbreite wird auch von sibirischen Schamanen berichtet. Wie Hultkrantz aussagt, »sind derartige Behauptungen, daß die schamanische Trance unverändert von derselben Tiefe sei, irreführend«.[53] Ähnlich urteilt Eliade: »Bei den Ugriern ist die schamanische Ekstase weniger eine Trance als ein ›Zustand der Inspiration‹. Der Schamane sieht und hört die Geister; er ist ›außer sich‹, da er in der Ekstase in ferne Gegenden reist, aber er ist nicht bewußtlos. Er ist ein Visionär, ein Inspirierter. Doch ist das Grunderlebnis immerhin ein ekstatisches, und das Hauptmittel zu seiner Einleitung bleibt, wie in vielen anderen Gegenden, die magisch-religiöse Musik.«[54]

Sicher aber ist, daß ein *gewisser* Grad der Änderung des Bewußtseins notwendig für schamanische Praxis ist. Außenstehende westliche Beobachter haben oftmals nicht erkannt, daß ein Schamane in einer leichten Trance war, und zwar gerade deshalb, weil sie externe Beobachter waren, denen persönliche schamanische Erfahrung fehlte. Hierzu notiert Hultkrantz ganz richtig:

Es kann vorkommen, daß ein Schamane bei klarem Verstand zu handeln scheint, obwohl sein Geist in Wirklichkeit mit inneren Visionen beschäftigt ist. Ich war selbst Zeuge, wie ein nordamerikanischer Medizinmann während einer Heilung in einem Dämmerzustand arbeitete, der nicht leicht von einem Außenstehenden erkannt worden wäre; und seine Erklärung mir gegenüber hinterher über das, was er während seiner Heilung sah, unterstrich die Tatsache, daß er sich in einer leichten Trance befunden hatte.[55]

An einem kritischen Punkt im Leben eines Schamanen, bevor er sich mit Schamanismus beschäftigte, kann er sehr tief in diesen veränderten Bewußtseinszustand eingetreten sein, obwohl es hiervon viele individuelle und kulturelle Ausnahmen gibt. Manchmal geschieht eine solche Erfahrung bei einer absichtlichen Suche nach Visionen, um die Kraft des Schutzgeistes zu erhalten. In anderen Fällen geschieht es am kritischen Punkt einer schweren Krankheit, wie bei einigen nord- und südamerikanischen Indianern, aber ebenso bei den Eingeborenen in Sibirien. Solch eine äußerst tiefe und offenbarende Erfahrung ermutigt dann den Betreffenden oftmals, den Weg des Schamanen einzuschlagen. Meine eigene erste psychedelische Erfahrung bei den Conibo 1961 ist ein persönliches Beispiel dafür.

Das Wort »Trance« wird im allgemeinen hier vermieden, weil die Vorstellungen unserer westlichen Kultur hinsichtlich dieses Begriffes oft mit einschließen, daß es sich dabei um einen unbewußten Zustand handelt. Reinhard vermeidet ebenfalls die Verwendung des Wortes »Trance«, wenn er sagt: »...was wir herauszustellen versuchen, ist eigentlich, daß der Schamane in einem nichtalltäglichen psychischen Zustand ist, welcher in einigen Fällen nicht den Verlust des Bewußtseins, sondern eher einen veränderten Bewußtseinszustand bedeutet.«[56]*

* Wahrscheinlich ist die am häufigsten verwendete Definition eines veränderten Bewußtseinszustands die von Arnold M. Ludwig, der ihn beschreibt als »jeden mentalen Zustand, hervorgerufen durch verschiedene physiologische, psychologische oder pharmakologische Versuche und Mittel, welcher subjektiv von dem Individuum selbst (oder durch einen objektiven Beobachter des Individuums) erkannt werden kann als Darstellung einer genügenden Abweichung in subjektiver Erfahrung oder psychologischer Funktion von bestimmten allgemeinen Normen bei diesem Individuum während seines aufmerksamen Wachzustandes.« (Ludwig 1972, S. 11) Ein Problem bei Ludwigs Definition liegt darin, daß sie den Fall einschließen kann, daß dieser »aufmerksame, wache« Zustand kein verändertes Bewußtsein charakterisiert. Auch wenn der Schamane im schamanischen Bewußtseinszustand gelegentlich weder aufmerksam noch wach ist, so ist er doch im allgemeinen sehr aufmerksam, wenn auch nicht in einem vollwachen Zustand; und sehr häufig ist er im schamanischen Bewußtseinszustand sowohl aufmerksam als auch wach. Katz (1976a, S. 282-283) bringt in seiner Studie über die Trance-Heilung der !Kung auch einige Vorbehalte gegenüber Ludwigs Definition zum Ausdruck.

Im schamanischen Bewußtseinszustand sieht man schamanisch. Das könnte man »Visualisierung«, »Bilderschau« oder – wie die australischen Eingeborenen – Benutzung »des mächtigen Auges« nennen.[57] Obwohl solches *Sehen* in einem veränderten Bewußtseinszustand geschieht, wäre es ein nicht-empirisches Vorurteil gegenüber der Bemühung, Verständnis aus erster Hand zu erlangen, wenn man solche Visionen als Halluzinationen abtun würde. Wie der ausgezeichnete australische Anthropologe A. P. Elkin feststellte, ist die Vision eines eingeborenen Schamanen »keine bloße Halluzination. Sie ist eine mentale Formation, visualisiert und verkörperlicht, die sogar für eine bestimmte Zeit unabhängig von ihrem Schöpfer existieren kann ... Während dieser Mensch seine Vision erfährt, kann er sich nicht bewegen, aber er ist sich dessen bewußt, was um ihn herum vor sich geht. Wie einer (Schamane) vom Kattang-Stamm in Australien mir sagte ..., konnte er sehen und wahrnehmen, was geschah, aber war wie tot, spürte nichts.«[58]

Der schamanische Bewußtseinszustand gewährt normalerweise hinterher die volle Erinnerung an die Erfahrung, sobald der Schamane zum normalen Bewußtseinszustand zurückgekehrt ist, ganz im Gegensatz zur charakteristischen Trance des westlichen spiritistischen Mediums oder des Teilnehmers an karibischen oder javanischen Tänzen in Geistbesessenheit.[59] Mit anderen Worten ist mit dem schamanischen Bewußtseinszustand typischerweise kein Bewußtseinsverlust verbunden. Im schamanischen Bewußtseinszustand ist normalerweise ein Teil des Bewußtseins des Schamanen noch locker mit der alltäglichen Wirklichkeit der physischen oder materiellen Umgebung verbunden, in der er sich gerade befindet. Diese Lockerheit seiner Trance ist ein Grund dafür, daß der Trommelschlag von einem Helfer meistens fortgesetzt werden muß, um ihn im schamanischen Bewußtseinszustand zu halten. Wenn das Trommeln aufhört, könnte er schnell in den normalen Bewußtseinszustand zurückkehren, wodurch seine Aufgabe nicht gelingen würde.

Grundlegende Hilfsmittel zum Eintritt in den schamanischen Bewußtseinszustand sind Trommel und Rassel. Der Schamane beschränkt im allgemeinen den Gebrauch von Trommel und Rassel auf das Hervorrufen und Bewahren des schamanischen Bewußtseinszustandes, so daß sein unbewußtes Denken automatisch deren Einsatz mit ernster schamanischer Arbeit verbindet. Der Beginn des stetigen, monotonen Geräusches von Rassel und Trommel, das bei vorangegangenen Gelegenheiten wiederholt mit dem schamanischen Bewußtseinszustand verbunden war, wird zu einem Signal an sein Gehirn, in den schamanischen Bewußtseinszustand zurückzukehren. Für einen erfahrenen Schamanen genügt daher das bekannte Rasseln und/oder Trommeln von ein paar Minuten, um die leichte Trance zu erreichen, in der die meiste schamanische Arbeit verrichtet wird.

Der sich wiederholende Trommelschlag ist die Grundlage dafür, die schamanischen Aufgaben im schamanischen Bewußtseinszustand durchzuführen. Mit gutem Grund bezeichnen manchmal sibirische und auch andere Schamanen ihre Trommeln als »Pferd« oder »Kanu«, das sie in die Unterwelt oder Höhere Welt führt. Der stetige, monotone Trommelschlag wirkt wie eine Trägerwelle, zunächst als Hilfe zum Eintritt in den schamanischen Bewußtseinszustand und dann als Unterstützung auf seiner Reise.

Die Wichtigkeit der Trommel als eine »Stute« oder ein »Hengst« wird durch die folgenden schamanischen Verse eines Soyot (Tuvas) aus Sibirien unterstrichen:

Shaman Drums

Oh! My many-colored drum
Ye who standeth in the forward corner!
Oh! My merry and painted drum,
Ye who standeth here!
Let thy shoulder and neck be strong.

Hark, oh hark my horse – ye female maral deer!
Hark, oh hark my horse – ye bear!
Hark, oh hark ye (bear)!

Oh, painted drum who standeth in the forward corner!
My mounts – male and female maral deer.
Be silent sonorous drum,
Skin-covered drum,
Fulfill my wishes

Like flitting clouds, carry me
Through the lands of dusk
And below the leaden sky.
Sweep along like wind
Over the mountain peaks!

Schamanentrommeln

Oh! Du meine vielseitige Trommel,
Die du dort vorn in der Ecke stehst!
Oh! Du meine fröhliche und bunte Trommel,
Die du hier stehst!
Deine Schultern und dein Nacken mögen stark sein.

Horche, o horche, mein Pferd – du, meine Hirschkuh!
Horche, o horche, mein Pferd – du, mein Bär!
Horche, o horche du!

Oh, wandlungsfähige Trommel dort vorn in der Ecke!
Sei mein Reittier, mein Hirsch und meine Hirschkuh.
Sei still, dröhnende Trommel,
Du fellbespannte Trommel,
Füge dich meinen Wünschen.

Wie jagende Wolken trage mich
Durch die Lande der Dämmerung
Und unter dem bleiernen Himmel dahin,
Fege wie der Wind
Über die Gipfel der Berge![60]

Durch Laboruntersuchungen hat Neher nachgewiesen, daß das Trommeln Veränderungen im zentralen Nervensystem hervorruft. Die rhythmische Erregung beeinflußt die elektrische Aktivität in »vielen Sinnes- und motorischen Zonen des Gehirns, die normalerweise nicht berührt werden, durch deren Vernetzungen mit der erregten Sinneszone«.[61]
Dies scheint zum Teil auf die Tatsache zurückzuführen sein, daß der einzelne Trommelschlag viele Tonfrequenzen enthält und entsprechende Impulse gleichzeitig entlang einer Reihe von Nervenbahnen im Gehirn überträgt. Außerdem sind Trommelschläge

hauptsächlich von niedriger Frequenz, was bedeutet, daß durch einen Trommelschlag mehr Energie zum Gehirn übertragen werden kann als durch einen Tonerreger von höherer Frequenz. Das ist möglich, wie Neher erklärt, weil »die Rezeptoren niedriger Frequenzen im Ohr gegen Schäden widerstandsfähiger als die empfindlichen Hochfrequenzrezeptoren sind und höheren Tonstärken widerstehen können, bevor Schmerz empfunden wird.«[62]

Neuere Forschung über die schamanistischen Geistertänze der Salish-Indianer der amerikanischen Nordwestküste unterstützt und erweitert die Ergebnisse von Neher über die Kapazität des rhythmischen Trommelns zur Herbeiführung eines veränderten Bewußtseinszustandes. Jilek und Ormestad entdeckten, daß Trommelschlag-Freuquenzen im Thetawellen-EEG-Frequenzbereich (vier bis sieben Hertz pro Sekunde) während Einweihungszeremonien vorherrschten, bei denen die Salish-Felltrommel benutzt wurde. Dies ist der Frequenzbereich, so berichtet Jilek, der »als der wirksamste für die Hervorrufung von Trancezuständen betrachtet wird«.[63]

Es ist zu hoffen, daß solche Forschung eines Tages durch EEG-Fernmessung bei Schamanen begleitet wird, die mit ihrer Aufgabe im schamanischen Bewußtseinszustand beschäftigt sind. Wahrscheinlich wird diese Art von Untersuchung zu dem Ergebnis führen, daß das schamanische Bewußtsein gewöhnlich die Thetawellen wie auch die weniger tiefen Alphawellenbereiche benutzt.

Das Schütteln der Schamanenrassel ruft Erregung von höheren Frequenzbahnen im Gehirn hervor als die Trommel, wodurch aber die Trommelschläge verstärkt und der gesamte Klangeffekt weiter erhöht wird. Wenn auch von etwas höherer Frequenz, so ist doch das Geräusch der meisten Rasseln von ausreichend niedriger Tonstärke, daß es keinen Schmerz in den Ohrrezeptoren verursacht.

Während der Schamane die Trommel selbst schlagen kann, um in den schamanischen Bewußtseinszustand einzutreten, erfordert seine volle Ankunft dort einen Helfer, der die Aufgabe des Trommelns übernimmt – wie bei den Tungusen in Sibirien –, damit der veränderte Bewußtseinszustand des Schamanen aufrechterhalten wird.[64] Eine andere Technik der Tungusen besteht darin, das ganze Trommeln durch einen Helfer machen zu lassen, auch bevor der Schamane in den schamanischen Bewußtseinszustand eintritt. Dies ist die von mir bevorzugte Methode, da sonst die physische Anstrengung beim Trommeln meinen Übergang in den schamanischen Bewußtseinszustand beeinträchtigen kann. Der Schamane sollte jedoch selbst die Geschwindigkeit des Trommelns regulieren; denn nur er selbst kann das richtige Tempo spüren. In den von mir übernommenen Techniken schüttele ich die Rassel, wobei ich normalerweise mit einem langsamen Tempo beginne und dieses dann so, wie ich es für erforderlich halte, steigere. Das Geräusch der Rassel gibt nicht nur dem Trommler einen Anhalt, sondern ergänzt auch den klanglichen Antrieb der Trommel durch einen höheren Frequenzbereich. Wenn der Schamane bei dieser Methode schließlich in den schamanischen Bewußtseinszustand eintritt, kann er gar nicht mehr die Rassel schütteln; dann macht der Trommler für ihn weiter, indem er in dem zuletzt von der Rassel angegebenen Tempo weitertrommelt.

Wenn jedoch der Helfer des Tungusen-Schamanen das ganze Trommeln übernimmt, benutzt der Schamane keine Rassel. Statt dessen bestimmt er das Tempo durch Tanzen, durch den Rhythmus von Glöckchen und eisernen Schmuckstücken auf seinem Kostüm, wodurch er die Trommel leitet und deren Klang durch diese höheren Frequenztöne ergänzt.[64] Diese Technik bringt Körperbewegungsenergie in das Nervensystem des Schamanen, die mit den Klängen übereinstimmt, da – wie Shirokogoroff im gleichen Zusammenhang feststellt – »... das ›Tanzen‹ zum Teil durch die Notwendigkeit hervorgerufen wird, rhythmische Töne zu erzeugen«.

Der Übergang in den schamanischen Bewußtseinszustand wird auch durch Singen unterstützt. Ein typischer Schamane hat besondere »Kraftlieder«, die er bei solchen Gelegenheiten singt. Während der Text von Schamane zu Schamane in einem bestimmten Stamm unterschiedlich sein kann, sind gewöhnlich Melodie und Rhythmus der Lieder nicht die Erfindung des einzelnen Schamanen, sondern in einer bestimmten Stammesregion gleich.

Die Lieder sind meist voller Wiederholungen und ziemlich eintönig; oft wird das Tempo erhöht, wenn sich der Schamane dem schamanischen Bewußtseinszustand nähert. Sie könnten die unterschwellige Funktion haben, die Aktivität des zentralen Nervensystems zu beeinflussen, wie es etwa die yogischen Atemübungen tun, obwohl ich von keiner Forschung weiß, die sich mit dieser Frage beschäftigt.[65] Oft wird dem Schamanen in den schamanischen Bewußtseinszustand durch Teilnehmer geholfen, die mit ihm singen. Der Text unterstützt die Herbeiführung des schamanischen Bewußtseins, indem er auf die geistigen Beschützer und Helfer des Schamanen hinweist und ihn seiner eigenen Kraft erneut versichert.

Die wissenschaftliche Komponente des schamanischen Bewußtseins beinhaltet auch, daß man den Dingen, die man sieht, spürt, hört und auf andere Weise im veränderten Bewußtseinszustand erfährt, die volle Realität zuschreibt. Diese empirischen Erfahrungen aus erster Hand werden vom Schamanen nicht als Phantasie angesehen, sondern als unmittelbare Wirklichkeit. Gleichzeitig erkennt der Schamane den Unterschied zwischen der schamanischen Wirklichkeit und der des normalen Bewußtseins und verwechselt die beiden nicht. Er weiß, wann er in dem einen oder dem anderen Zustand ist, und tritt in beide nach Belieben ein.

Die wissenschaftlichen Regeln, nach denen er sich richtet, während er im schamanischen Bewußtsein ist, schließen die Voraussetzung ein, daß Tiere, Pflanzen, Menschen und andere Erscheinungen, die im veränderten Bewußtseinszustand gesehen werden, innerhalb des Zusammenhangs der nichtmateriellen oder nichtnormalen Wirklichkeit, in der sie wahrgenommen werden, vollständig real sind. Der Schamane tritt in den schamanischen Bewußtseinszustand ein, um diese nichtmateriellen Formen zu sehen und mit ihnen zusammenzuarbeiten. Solche Formen sind für den Schamanen und andere im normalen Bewußtseinszustand nicht sichtbar und auch nicht Teil der normalen Wirklichkeit.

Der wissenschaftliche Aspekt des schamanischen Bewußtseinszustandes umschließt eine tiefe Ehrfurcht vor allen Lebensformen in der demütigen Erkenntnis unserer Abhängigkeit von den Pflanzen, Tieren und sogar der anorganischen Materie unseres Planeten. Der Schamane weiß, daß die Menschen mit allen

Lebensformen verwandt sind, daß sie »alle unsere Verwandten« sind, wie die Lakota-Sioux sagen. Sowohl im schamanischen wie auch im normalen Bewußtseinszustand nähert sich der Schamane den anderen Lebensformen mit achtungsvoller Vertrautheit und tiefem Verständnis. Er erkennt ihr großes Alter, ihre gegenseitigen Beziehungen und ihre spezifischen Kräfte an.

Dementsprechend tritt der Schamane in den schamanischen Bewußtseinszustand ein mit einer tiefen Ehrerbietung vor der Natur, vor den angeborenen Kräften in den wilden Tier- und Pflanzensorten und vor ihrer Widerstandskraft, die sie befähigt hat, durch Äonen planetarischer Existenz zu überleben und zu gedeihen. Wenn er sich der Natur im veränderten Bewußtseinszustand nähert, glaubt er, daß sie bereit ist, ihm Dinge zu enthüllen, die im normalen Bewußtseinszustand nicht erkannt werden können.

Viele Stämme der nordamerikanischen Indianer bewahren noch einen sehr schamanischen Blick für die Wirklichkeit, wie es beispielsweise in der folgenden Aussage eines Hopi zum Ausdruck kommt:

Für den Hopi ist alles Leben eins – es ist dasselbe. Diese Welt, in der er lebt, ist die menschliche Welt, und darin erscheinen alle Tiere, Vögel, Insekten und jedes Lebewesen, wie auch die Bäume und Pflanzen, die auch Leben haben, nur maskiert oder in den Formen, in denen wir sie gewöhnlich sehen. Aber es wird gesagt, daß alle diese Geschöpfe und diese Lebewesen, die mit uns Menschen den Lebensfunken teilen, sicherlich noch andere Aufenthaltsorte haben, wo sie in menschlichen Formen leben wie wir. Deshalb werden alle Lebewesen als menschlich gedacht, die manchmal sogar in ihren wirklichen Gestalten auch auf Erden gesehen werden. Wenn sie getötet werden, kann die Seele dieses Wesens zur eigenen Welt zurückkehren, die es dann nie wieder verläßt; aber die Nachkommen dieses Wesens werden seinen Platz in der menschlichen Welt einnehmen, Generation für Generation.[66]

Man kann sogar lernen, im hellen Tageslicht schamanisch die nichtnormalen Aspekte der Naturerscheinungen zu sehen. Es folgt als Beispiel eine Methode des *Fels-Sehens,* eine Technik, die ich von den Medizinmännern der Lakota-Sioux lernte. Zunächst nimmt man sich ein Problem vor, auf das man eine Antwort haben möchte. Dann wandert man langsam durch eine unberührte Gegend, bis ein zwei-Faust-großer Stein auf dem Boden auf sich aufmerksam zu machen scheint. Man nimmt ihn auf und bringt ihn an eine Stelle, wo man sich bequem mit ihm niederlassen kann.

Man legt den Stein vor sich auf den Boden und stellt die Frage, auf die man eine Antwort haben möchte. Man studiert sorgfältig die Oberfläche des Steines, bis man darauf ein oder mehrere Lebewesen in den Linien, Spalten oder anderen Unregelmäßigkeiten erkennen kann. Das kann einige Minuten dauern.

Wenn man überzeugt ist, daß man ein oder mehrere Tiere, Pflanzen, Insekten, Gesichter, menschliche Formen oder andere Wesen auf der Oberfläche des Steins erkannt hat, denkt man darüber nach, was der Stein einem über das gestellte Problem sagen will. Man prägt sich das Ergebnis fest ins Gedächtnis und dreht dann den Stein um. Man wiederholt denselben Vorgang des Sehens und Denkens mit der neuen Oberfläche. Wenn der Stein dick genug ist, kann man denselben Prozeß mit den anderen beiden Seiten des Steines wiederholen.

Dann überlegt man ruhig, wie die einzelnen Mitteilungen aller vier Seiten zusammengesetzt werden können, um eine Botschaft zu bilden, die eine Antwort auf die gestellte Frage ergibt. Schließlich legt man voller Hochachtung und Dankbarkeit den Stein an die Stelle zurück, an der man ihn gefunden hat.

Sobald Sie selbst genug Erfahrung gesammelt haben, können Sie diese Technik auch anwenden, um einem anderen Menschen zu helfen. Lassen Sie diese Person dieselben Schritte machen wie oben. Der Unterschied besteht nur darin, daß Sie beide zusammenwirken, um die Antwort auf das Problem zu sehen. Bei jeder Seite lassen Sie zunächst den anderen beschreiben und analysieren, was er sieht. Dann ergänzen Sie als Schamane seine Beobachtungen und Analysen durch Ihre eigenen. Aufgrund Ihrer größeren Erfahrung können Sie in der Lage sein, dem anderen zu erklären, wie das, was Sie sehen, zusammenpaßt mit dem, was er sieht. Dann drehen Sie den Stein um und wiederholen den Prozeß mit den übrigen Seiten. Am Schluß gibt der Betreffende aus seiner eigenen Synthese der vier Seiten eine allgemeine Antwort auf sein Problem.

Offensichtlich gibt es Ähnlichkeiten und Unterschiede zwischen dieser schamanischen Methode und dem Rorschach-Test oder psychoanalytischen Techniken freier Assoziation.[67] Aber die Tatsache, daß es Unterschiede gibt, wertet die schamanische Technik in ihrem Einsatz nicht ab. Aus der Sicht des Schamanen sind Tiere und andere Wesen in dem Stein. Der Begriff der Phantasie hat keinen Platz in der Welt des Schamanen. Für ihn hat die ganze Natur eine verborgene, nichtalltägliche Wirklichkeit. Das ist etwas, das man zu sehen lernt, wenn man dem Weg des Schamanen folgt.

Die folgende freie Bearbeitung durch David Cloutier nach einem Schamanengedicht der Tschuktschen Sibiriens erklärt, was ich meine:

Things a Shaman Sees

Everything that is
is alive
on a steep river bank
there's a voice that speaks
I've seen the master of that voice
he bowed to me
I spoke with him
he answers all my questions

everything that is
is alive

Little gray bird
little blue breast
sings in a hollow bough
she calls her spirits danoes
sings her shaman songs
woodpecker on a tree
that's his drum
he's got a drumming nose
and the tree shakes
cries out like a drum
when the axe bites its side

all these things answer
my call

everything that is
is alive

the lantern walks around
the walls of this house have
tongues
even this bowl has its own true
home
the hides asleep in their bags
were up talking all night
antlers on the graves
rise and circle the mounds
while the dead themselves get up
and go visit the living ones

Was ein Schamane alles sieht

Alles was ist
ist lebendig
An einem steilen Flußufer ist
eine Stimme die spricht
ich habe den Meister dieser
Stimme gesehen
er verneigte sich vor mir
ich sprach mit ihm
er beantwortete alle meine
Fragen
alles was ist
ist lebendig

Kleiner grauer Vogel
mit einer blauen Brust
singt in seinem Nest
er ruft seine Geister zum Tanzen
singt seine Schamanenlieder
Grauspecht auf einem Baum
seiner Trommel
er trommelt mit seinem Schnabel
und der Baum erzittert
dröhnt wie eine Trommel
wenn der Axthieb ihn trifft.

Alle diese Dinge antworten
auf meinen Ruf

Alles was ist
ist lebendig

Leise schaukelt die Laterne
die Wände dieser Hütte haben
Zungen
sogar diese Schale hat ihre eigene
wahre Heimat
in den Beuteln schlafen Felle
durchwachten schwatzend die
ganze Nacht
Geweihe auf den Gräbern
erheben sich und umkreisen
die Grabhügel
während die Toten selbst
aufstehen
und die Lebenden besuchen
gehen.[68]

IV
Krafttiere

Lange Zeit haben Schamanen geglaubt, ihre Kräfte seien die Kräfte von Tieren, von Pflanzen, der Sonne, der Grundenergien des Universums. Im Garten Erde haben sie ihre erworbenen Kräfte eingesetzt, um andere Menschen vor Krankheit und Tod zu retten, Stärkung im täglichen Leben zu geben, mit ihren Mitmenschen zu verkehren und ein frohes Dasein in Harmonie mit der ganzen Natur zu führen.

Jahrtausende vor Charles Darwin (1845–1912) waren die Menschen in schamanischen Kulturen überzeugt davon, daß Menschen und Tiere miteinander verwandt seien. In ihren Mythen zum Beispiel zeichneten sie die Tiergestalten im allgemeinen als in physischer Form vom Wesen her menschlich, aber individuell verschieden durch die besonderen Merkmale ihrer Persönlichkeit, die ihnen durch die unterschiedlichen Tierarten eigen waren, wie sie heute in der Wildnis existieren. So unterscheidet sich der Kojote in den Erzählungen durch sein boshaftes Verhalten und der Rabe oftmals durch seine unschickliche Abhängigkeit von anderen, die Beute für ihn jagen. Nach verschiedenen Schöpfungsmythen wurden die Tiere dann physisch in die Formen gebracht, in denen sie heute zu finden sind. Demgemäß – so erklären diese Mythen – ist es jetzt nicht mehr möglich, daß Menschen und Tiere miteinander sprechen oder daß Tiere menschliche Gestalt haben.

Während das mythische Paradies der Tier-Mensch-Einheit in der normalen Wirklichkeit verlorenging, bleibt es dem Schamanen und Visionär dennoch in der nichtnormalen Wirklichkeit zugänglich. Der Begriff der »Traumzeit« der Eingeborenen Australiens verkörpert diese Bewußtheit; denn sie bezieht sich auf eine mythologische Vergangenheit, die zuweilen noch parallel zur heutigen normalen Wirklichkeit existiert und in Träumen und Visionen betreten werden kann.[69] Als einziger Mensch ist der Schamane in der Lage, die Tier-Mensch-Einheit wiederherzustellen, indem er in den schamanischen Bewußtseinszustand eintritt. Für den Schamanen im veränderten Bewußtseinszustand ist die mythische Vergangenheit sofort zugänglich.

Die indianische Mythologie Nord- und Südamerikas ist angefüllt mit Tiergestalten in Erzählungen, die nicht von den Abenteuern *eines* Kojoten, *eines* Raben oder *eines* Bären berichten, sondern von den Abenteuern der Kojoten, Raben und Bären. Die einzelnen Gestalten stellen also ganze Arten oder größere Klassen von Tieren dar. Dies entspricht der Einheit eines individuellen Schutztiergeistes mit der ganzen Art oder Gruppe, zu der er gehört. Diese Einheit bedeutet, daß ein Mensch normalerweise nicht einfach die Kraft eines Bären oder eines Adlers besitzt, sondern die Kraft von Bär oder Adler. Der Besitzer eines Schutztieres verfügt normalerweise über die geistige Kraft von dessen ganzer Art oder Gruppe, obwohl er tatsächlich nur durch eine individualisierte Manifestation mit dieser Kraft verbunden ist.

Die Verbundenheit zwischen den Menschen und der Tierwelt ist eine Grundlage des Schamanismus, wobei der Schamane sein Wissen und seine Methoden dazu benutzt, um an der Kraft jener Welt teilzuhaben. Durch seinen Schutzgeist oder sein Krafttier wird der Schamane mit der Kraft der Tierwelt verbunden: der Welt der Säugetiere, Vögel, Fische und anderer Lebewesen. Der Schamane muß einen bestimmten Hüter haben, um seine Aufgabe zu vollbringen, und dieser Hüter hilft ihm dabei auf eine ganz bestimmte, spezielle Art.

Der Schutzgeist wird manchmal von den eingeborenen Nordamerikanern als Krafttier bezeichnet, so bei den Goast Salish und den Okanagon im Staat Washington.[70] Dies ist ein besonders treffender Ausdruck; denn er betont einmal den kraftgebenden Aspekt des Schutzgeistes, aber auch die Häufigkeit, mit der er als Tier gesehen wird. Doch die Coast-Salish bezeichnen den Schutzgeist manchmal auch als den *Indianer;* denn er kann ihnen ebenso in menschlicher Gestalt erscheinen.[71] Solch eine Tier-Mensch-Dualität des Schutzgeistes ist eine allgemeine Erscheinung in der indianischen Kosmologie Nord- und Südamerikas wie auch anderswo in der Welt. So erscheinen bei den Cocopa im Coloradoflußtal Tiere in Träumen als menschliche Wesen.[72] Bei den Jívaro erscheint ein Schutzgeist gewöhnlich zunächst in einer Vision als Tier und dann in einem Traum als Mensch.[73]

Die Fähigkeit der Tiere, als Menschen zu erscheinen, ist nicht überraschend, wenn man an den weitverbreiteten Glauben denkt, daß Menschen und Tiere biologisch verwandt sind (»Verwandte« sind) und in alten Zeiten fähig waren, miteinander zu sprechen. In der nichtalltäglichen Wirklichkeit sind die Tiere weiterhin fähig, sich den Menschen in menschlichen Formen zu manifestieren, wenn sie in den schamanischen Bewußtseinszustand eingetreten sind. Nur der Schamane oder der Mensch mit schamanistischen Zielen ist in der Lage, die verlorene Fähigkeit der Verständigung mit den (anderen) Tieren zurückzugewinnen. Wenn bei den Stämmen der Westküste Südaustraliens ein Mensch auf diese Weise ein Schamane wird, erlangt er die Macht, mit Vögeln und anderen Tieren zu sprechen.[74] Wenn Castaneda eine Unterhaltung mit einem Steppenwolf beginnt, macht er Fortschritte auf seinem Weg, ein Schamane zu werden.[75] Wenn bei den Jívaro ein Tier mit Ihnen spricht, wird das tatsächlich als Beweis dafür angesehen, daß das Tier Ihr Schutzgeist ist.

Bei den Lakota-Sioux sprechen die Schutztiergeister oft, wenn sie dem Visionssucher erscheinen. Wie etwa Lame Deer nacherzählt: »Plötzlich hörte ich einen großenVogel über mir schreien, und dann schlug etwas auf meinen Rücken, er berührte mich mit beiden Flügeln. Ich hörte den Schrei eines Adlers, laut hob er sich ab von den Stimmen der anderen Vögel. Er schien zu sagen: ›Wir haben auf dich gewartet. Wir wußten, daß du kommen wirst. Jetzt bist du da. Dein Weg beginnt hier … du wirst von nun an immer einen Geist mir dir haben – ein zweites Ich.‹«[76]

Die Fähigkeit der Schutztiergeister, zu einem Menschen zu sprechen oder sich manchmal in menschlicher Gestalt zu manifestieren, wird als ein Zeichen ihrer Kraft angesehen. Ein anderes Zeichen ihrer Kraft besteht darin, daß sie sich selbst sichtbar machen, indem sie sich in einem Element bewegen, das nicht ihre arteigene Umwelt ist. Bekannte Beispiele sind ein Landsäugetier oder eine Schlange, die durch die Luft fliegen, mit oder ohne Benutzung von Flügeln. Alle diese Eigenschaften zeigen, daß das Tier tatsächlich nicht alltäglich ist, sondern ein Kraftträger, der in der Lage ist, die Natur eines normalen Tieres und seine normale Existenz zu übersteigen. Wenn er sich in eine menschliche Gestalt transformiert, ist das ein magischer Kraftakt. Wenn das

Krafttier in den Besitz eines Schamanen kommt, handelt es als ein »alter ego«[47], wodurch dem Schamanen die Kraft der Transformation übertragen wird, insbesondere die Kraft der Transformation vom Menschen in das Krafttier und umgekehrt.

Die Überzeugung der Schamanen, daß sie sich in die Gestalt ihres Schutztiergeistes oder Krafttieres verwandeln können, ist weit verbreitet und offensichtlich alt. Bei den Arunta in Australien nahmen sie oft die Gestalt von Adlern an.[77] Im Verlauf der Einweihung eines Schamanen aus dem Wiradjeri-Stamm in Australien hatte dieser die nichtalltägliche Erfahrung, daß Federn aus seinen Armen wuchsen und zu Flügeln wurden. Dann wurde ihm das Fliegen beigebracht. Anschließend »sang er seine Flügel weg«, und nachdem er zur normalen Wirklichkeit zurückgekehrt war, ging er zurück ins Lager und besprach seine Erfahrung mit den andern.[78]

Im nördlichen Skandinavien verwandelten sich Lappen-Schamanen in Wölfe, Bären, Rentiere und Fische; und sibirische und Eskimo-Schamanen verwandelten sich häufig in Wölfe.[79] Ähnlicherweise wurden Schamanen bei den Yuki in Kalifornien, die die Kraft haben sollen, sich in Bären zu verwandeln, »Bärendoktor« genannt. Der Bärendoktor der Yuki »war wirklich ein Schamane, der den Bären als Schutzgeist hatte«.[80] Ein angehender Bärenschamane »freundete sich mit echten Bären an, fraß deren Futter und lebte manchmal bei ihnen«, sogar einen ganzen Sommer lang.[81]

Der alte schamanische Glaube an die Fähigkeit, daß man sich in ein Tier verwandeln könne, überlebte in Westeuropa bis zur Zeit der Renaissance.[82] Die christliche Kirche sah verständlicherweise Menschen, die sich in Tiere verwandeln konnten, als Magier, Hexen und Zauberer an und verfolgte sie durch die Inquisition. Doch ein Fachgenosse von Galilei, der Alchemist und Wissenschaftler Giovanni Battista Porta (1535–1615), besaß 1562 noch das alte Wissen, wie solch eine Metamorphose erfahren werden kann, und veröffentlichte es in seinem berühmten Buch *Magia naturalis.*[83] Darin erklärt er, daß ein Mensch, der einen halluzinogenen Trank nimmt, »glauben würde, er sei in einen Vogel oder ein wildes Tier verwandelt worden«. Porta schreibt weiter: »Manchmal scheint der Mensch in einen Fisch verwandelt, und indem er seine Arme ausbreitet, würde er auf dem Grund schwimmen: Manchmal würde er hochspringen und dann wieder hinuntertauchen. Ein anderer würde glauben, er sei in eine Gans verwandelt, würde Gras fressen wie eine Gans, dann und wann schnattern und versuchen, mit seinen Flügeln zu schlagen.«[84] Ähnlich berichtet Castaneda, daß er mit Hilfe einer halluzinogenen Mixtur die Erfahrung erlebte, eine Krähe zu werden, und daß Don Genaro erzählte, daß Schamanen Adler und Eulen werden können.[85]

Die Einnahme einer halluzinogenen Droge ist jedoch keineswegs notwendig, damit ein Mensch die Verwandlung in einen Vogel oder ein anderes Tier erfährt. Tanz, begleitet durch Trommeln, ist die viel gebräuchlichere Methode, die von den Schamanen des größten Teiles der Naturvölker angewandt wird, um einen schamanischen Bewußtseinszustand zu erreichen, der für diese Erfahrung genügt. Die Einweihung der Schamanen bei den karibischen Indianern im Norden Südamerikas geht beispielsweise während nächtlicher Tänze vor sich, in denen sich die Neueingeweihten in der Nachahmung von Tieren bewegen. Dies ist ein Teil des Lernprozesses, wie man sich in Tiere verwandelt.[86]

Aber nicht nur Schamanen und schamanische Eingeweihte benutzen das Tanzen, um sich in Tiergestalten zu verwandeln. In vielen »primitiven« Kulturen kann jeder mit einem Schutzgeist das Tanzen als Mittel benutzen, um sein *alter ego* zu erwecken. Bei den Coast-Salish der Nordwestküste gibt die Jahreszeit des Wintertanzes dem einzelnen die Gelegenheit, mit seinem Krafttier bewußt eins zu werden.[87] »Der ›Geist‹ des Tänzers findet seinen dramatisierten Ausdruck in Tanzschritten, Tempo, Bewegungen, Mienen und Gebärden: im schleichenden Schritt, dann in fliegenden Sprüngen des wild brüllenden ›Kriegers‹ oder im schaukelnden Gang der plumpen, traurig weinenden ›Bärenmutter‹; in den gummiähnlichen, reptilartigen Windungen der ›doppelköpfigen Schlange‹ …, in der ›Eidechse‹, die Tränen über ihr verschlungenes Kind vergießt, oder im mächtigen ›Wal‹, der nach kleineren Fischen schnappt.«[88] Oft trugen Schamanen der Nordwestküste bei solchen Tänzen besondere Masken und Kostüme, um die Vereinigung mit ihren Krafttieren zu verstärken. Bei den Tsimshian beispielsweise würde ein Schamane nicht nur mit der Maske eines Adlers tanzen, sondern auch kupferne Klauen tragen.[89] Der Wunsch nach Vereinigung mit den Krafttieren wird gut beschrieben in dieser von Cloutier wiedergegebenen Fassung eines Grizzlybärliedes des Tlingitstammes der Nordwestküste:

Whu! Bear!
Whu
Whu

So you say
Whu Whu Whu!
You come

You're a fine young man
You Grizzly Bear
You crawl out of your fur

You come
I say Whu Whu Whu!
I throw grease n the fire

For you
Grizzly Bear
We're one![22]

Wuh! Bär! Wuh!
Wuh
So sagst du
Wuh Wuh Wuh!
Du kommst
Du bist ein schöner junger Mann
Du Grizzlybär
Du kriechst aus deinem Pelz heraus
Du kommst
Ich sage Wuh Wuh Wuh!
Ich werfe Schmalz ins Feuer

Für dich
Grizzlybär
Wir sind eins![90]

Ein großer Teil der tierähnlichen Tänze bei den Naturvölkern hat als Ziel die Einswerdung der Krafttiere mit den Tänzern, ganz gleich ob die Rituale in anderer Hinsicht rein schamanisch sind oder nicht. So hat der Tanz der Tiergötter bei den schamanischen Medizinbünden im Zuni-Pueblo im amerikansichen Südwesten »eine starke Ähnlichkeit mit Sitzungen anderer Völker, in denen der Schamane inspiriert wird, worin die Tiergötter durch Tanzen, Rasseln und Trommeln herbeigerufen werden, und die Tänzer arbeiten sich in einen Zustand der Raserei hinein, indem sie die Bewegungen und das Brüllen der Tiere nachahmen.«[91] Die Tänzer, die die Gestalt des Bären annehmen, tragen sogar manchmal echte Bärentatzen über ihren Händen.[92] Doch ist dieser Tanz der Tiergötter mehr als einfache Imitation, da der Zuni-Tänzer – ebenso wenn der nordamerikanische Prärie-Indianer einen Adler- oder Büffeltanz durchführt – danach strebt, über die bloße Nachahmung hinauszugelangen und eins mit dem Tier zu werden. So betonen die Strophen des Osage-Indianerliedes »Der Aufbruch der Bison-Männer« die Hervorrufung des Bewußtseins der persönlichen Einheit mit dem Tier:

I rise, I rise, I, whose tread makes the earth to rumble.	*Ich erhebe mich, ich stehe auf, Ich, unter dessen Hufen die Erde erzittert.*
I rise, I rise, I, in whose thighs there is strength.	*Ich erhebe mich, ich stehe auf, Ich, dessen Schenkel voller Stärke sind.*
I rise, I rise, I, who whips his back with his tail when in rage.	*Ich erhebe mich, ich stehe auf, Ich, der voll Wut mit seinem Schwanz seinen Rücken peitscht.*
I rise, I rise, I, in whose humped shoulder there is power.	*Ich erhebe mich, ich stehe auf, Ich, dessen Schultern vor Kraft strotzen.*
I rise, I rise. I, who shakes his mane when angered.	*Ich erhebe mich, ich stehe auf, Ich, der im Zorn seine Mähne schüttelt.*
I rise, I rise. I, whose horns are sharp and curved.	*Ich erhebe mich, ich stehe auf, Ich, dessen Hörner spitz und ge- krümmt sind.*[93]

Wenn in ähnlicher Weise ein Zuni-Tänzer die Maske eines der *Kachina*-Götter trägt, tut er mehr, als daß er nur den *Kachina* darstellt. Wenn er durch das Tanzen, Trommeln, Rasseln und Heulen des Stiergebrülls in einen veränderten Bewußtseinszustand versetzt wird, dann »wird er für diese Zeit tatsächlich die Verkörperung des Geistes, der nach seiner Meinung in der Maske wohnt«.[94] Wie ein Coast-Salish es ausdrückte: »Wenn ich tanze, handle ich nicht, sondern folge genau deiner Kraft, folge genau dem Weg deiner Kraft.«[95]

Wenn Schamanen ihre Schutztiergeister tanzen, machen sie im allgemeinen nicht nur die Bewegungen der Krafttiere nach, sondern auch deren Stimmen. In Sibirien, bei den Eingeborenen in Nord- und Südamerika und in vielen anderen Gebieten führen Schamanen Vogelzwitschern, Brüllen, Brummen und andere Töne ihrer Krafttiere aus, sobald sie ihre Transformationen erfahren.[96] Wie Lame Deer von der Bärenkraft sagt: »Wir machen Bärengeräusche ... ›Harruh‹ ...«[97] Ähnlich brummt Castaneda und macht eine Gebärde mit den Klauen als Antwort auf don Juans Bemerkung, daß das Vorzeigen seiner Klauen »guter Brauch« sei.[98]

Wovon Lame Deer hier spricht, ist nicht die unkontrollierte Besessenheit der karibischen Voodoo-Kulte, sondern eher eine erneute Bestätigung des Schamanen für seine Einheit mit seinem Tierbegleiter. Nach Eliade bedeutet dies »weniger ein Besessensein als eine magische Verwandlung des Schamanen in dieses Tier«.[99]

Bei den Indianern von Mexiko und Tuatemala ist der Schutzgeist im allgemeinen unter dem Begriff »Nagual« bekannt, abgeleitet von dem aztekischen *nahualli.* »Nagual« bezieht sich sowohl auf den Schutztiergeist als auch auf den Schamanen, der sich in dieses Krafttier verwandelt (zusammengesetzte Wörter, die von *nahualli* abgeleitet sind, haben die Bedeutung von »verkleidet, maskiert«).[100] »Nagual« wird im allgemeinen in Mexiko auch auf einen Schamanen angewandt, der *fähig* ist, solch eine Verwandlung durchzuführen, ganz gleich ob er es in jenem Augenblick gerade tut oder nicht. So nennt Castaneda Don Juan einen Nagual und spricht auch über die weiteren Ableitungen von diesem Begriff.[101]

Bei dieser Gelegenheit stellt Castaneda das Nagual dem »Tonal« in einem längeren und auch etwas verwirrenden Gespräch mit Don Juan gegenüber.[102] Diese Verwirrung kann etwas geklärt werden, wenn man versteht, daß »Tonal« von dem Nahuatl oder Aztekischen Begriff *tonalli* kommt. Dieses Wort bezieht sich besonders auf die eigene Vitalseele und das Zeichen des Geburtstages, welches häufig ein Tier war. Das *tonalli* war Teil eines ausgeklügelten Kalendersystems mit Hinweisen auf Prädestination, etwa entsprechend den Tierkreiszeichen in der westlichen Astrologie. So enthält die Vorstellung des Tonal die Einbeziehung von

Schicksal, Prädestination und Bestimmung des eigenen Lebens von der Geburt bis zum Tod. Castanedas Gespräche stimmen im allgemeinen mit diesem Verständnis überein.[103] So könnte man annehmen, daß die eigenen Lebenserfahrungen in der normalen Wirklichkeit vom Tonaltier bestimmt würden; aber dieses Tier ist nicht dasselbe wie das Nagual des Schamanen, das wie die Schutztiergeister anderswo mit dem schamanistischen Bewußtseinszustand verbunden ist und jenseits der normalen Wirklichkeit liegt, wie Castaneda sagt.

Eine Verwechslung des Tonaltieres mit dem Nagualtier kommt so manches Mal in der anthropologischen Literatur über Mexiko und Guatemala vor. Dies kann auf falsches Wissen zurückzuführen sein, aber auch auf die Verschmelzung der beiden Tiere in ihren Kosmologien durch irgendwelche eingeborene mexikanische und guatemaltekische Gruppen in Kolonialzeiten.[104]

Während von einigen Stämmen berichtet wird, daß praktisch jeder Erwachsene einen Schutzgeist habe, wie von den Nitlakapamuk-Indianern aus British Columbia und den Twana im Staat Washington, haben bei den übrigen nicht alle Erwachsenen Schutzgeister.[105] So versäumten bei den nordamerikanischen Prärie-Indianern einzelne oftmals, sie zu erwerben; man glaubte, daß sie daher im Leben zu Mangel an Kraft und Erfolg verurteilt wären. Bei den Jívaro glaubten die meisten erwachsenen Männer, daß sie sie besäßen, weil sie das bestimmte Wissen hatten, bei der Visionssuche am heiligen Wasserfall erfolgreich gewesen zu sein. Für Frauen war es nicht so wichtig, den Schutzgeist formell zu erwerben, weil die Stammesfehden, die Hauptursache des gewaltsamen Todes, in erster Linie gegen erwachsene Männer und nicht gegen Frauen und Kinder gerichtet waren.[106]

Die berühmteste Methode, einen Schutzgeist zu erwerben, ist die Visionssuche oder Nachtwache an einem einsamen Ort in der Wildnis, wie bei den Präriestämmen Nordamerikas.[107] Die Jívaro-Pilgerreise an einen heiligen Wasserfall ist ein südamerikanisches Beispiel solch einer Visionssuche. Auch bei den Jívaro aber könnte die nützliche Kraft eines Schutzgeistes erworben werden, ohne auf eine Visionssuche zu gehen. Oft gaben die Eltern eines neugeborenen Kindes ihm tatsächlich ein mildes Halluzinogen, damit es »sehen« könne und hoffentlich so einen *arutam wakanI* oder Schutzgeist erwarb. Die Eltern wollten natürlich, daß das Kleinkind soviel Schutz wie möglich erhielt, um das Leben eines Erwachsenen zu erreichen. Es gab auch ein etwas stärkeres Halluzinogen, *uchich maikua* oder »Kinder-Stechapfel«, das aus demselben Grund gereicht wurde, wenn das Kind etwas älter, aber noch nicht groß genug war, um die Visionssuche am heiligen Wasserfall mitzumachen.

Die Jívaro glaubten, daß ein Kind ohne irgendeine Beschirmung durch einen Schutzgeist wahrscheinlich nicht einmal das Alter von sechs, sieben oder acht Jahren erreichen würde. Jedoch konnten die Eltern niemals sicher sein, daß ein Kleinkind oder Säugling wirklich eine Vision und Kraft erhalten hatte; deshalb war es für einen Jungen wichtig, daß er eines Tages auf die formelle Visionssuche ging, um absolut sicher zu sein, daß er einen Schutzgeist hatte. Das Leben in jener fehdereichen Zeit wurde für Frauen als nicht so gefährlich angesehen wie für Männer, aber Mädchen unternahmen doch eine kleinere Form der Visionssuche im Wald nahe dem Haus.

In Nordamerika vertraten die südlichen Okanagon im Staat Washington eine ähnliche Ansicht wie die Jívaro. Bei den Okanagon wurden Schutzgeister im allgemeinen unfreiwillig von sehr jungen Kindern erworben, ohne auf eine Visionssuche zu gehen.[108] Die Visionen kleiner Kinder waren meist ähnlich denjenigen, die bei der formellen Visionssuche von Jugendlichen und jungen Erwachsenen gesehen wurden. »Der Geist erschien zunächst als Mensch, aber wenn er fortging, sah das Kind, was für ein Tier er war. Er konnte kommen, ohne daß das Kind oder seine Eltern an ihn gedacht hatten, und auch zu jeder Zeit des Tages oder der Nacht.«[109]

Walter Cline berichtet:

Nur ein sehr frühreifes Kind würde von seinem Schutzgeist im Alter von vier oder fünf Jahren wissen ... Wenn es nicht »sehr aufgeweckt« war (auch als Jugendlicher oder junger Erwchsener), vergaß es sofort die Vision und was der Geist zu ihm gesagt hatte, und hatte in den meisten Fällen noch jahrelang keinen Kontakt mit dem Geist ... Im Falle eines ernsten Notfalles während des Heranwachsens würde er aber bereit sein, ihm zu helfen.[110]

Es ist also möglich, daß ein Mensch bereits den Schutz und die Kraft eines Hilfsgeistes hat oder hatte, ohne sich dessen bewußt zu sein. So *sah* 1957 ein Jívaro-Schamane, daß ich einen Schutzgeist hatte, obwohl ich selbst davon nichts wußte.

Einem Schamanen ist es sehr einleuchtend, daß viele westliche Menschen ihren Schutzgeist haben, wie sich aus ihrer Energie, ihrer guten Gesundheit und aus anderen äußeren Merkmalen ihrer Kraft zeigt. Vom Standpunkt eines Schamanen ist es tragisch, daß gerade solche kraftvollen Menschen dennoch die Quelle ihrer Kraft nicht kennen und deshalb nicht wissen, wie sie sie voll ausschöpfen können. Eine ebensolche Tragik ist es vom selben Standpunkt aus betrachtet, daß lethargische, kranke und mutlose westliche Jugendliche offensichtlich ihre Schutzgeister verloren haben, die sie während ihrer Kindheit beschützt haben. Schlimmer noch, sie wissen nicht einmal, daß es eine Methode gibt, sie zurückzugewinnen.

Das Herbeirufen der Tiere

Versuchen Sie nun eine Übung zu machen, durch die Sie eine Möglichkeit haben, mit einem oder mehreren Ihrer unbekannten vergangenen oder gegenwärtigen Schutzgeister in Berührung zu kommen. Sie haben wahrscheinlich wenigstens einen in Ihrer Vergangenheit gehabt, sonst hätten Sie die Gefahren und Krankheiten Ihrer Kindheit nicht überlebt. Auch wenn er Sie seitdem lange verlassen hat, sollte die Übung Ihre verborgenen Erinnerungen daran wieder aufwecken. Diese Übung ist eine einfache, alte, schamanische Technik. Ein Name dafür lautet: »Das Herbeirufen der Tiere«. Es gibt aber in anderen Kulturen auch andere Namen dafür. Sie ist ein Weg, auf dem die Menschen einer Gemeinschaft durch Tanz ihre Tieraspekte hervorrufen oder mit ihnen in Kontakt kommen.

Denken Sie daran, daß ein einzelner Schutzgeist entweder in Tier- oder in Menschengestalt erscheinen kann, obwohl Sie sehr wahrscheinlich den Tieraspekt Ihres Schutzgeistes sehen oder spüren werden.

Machen Sie diese Übung in einem ruhigen, halbdunklen Zimmer, aus dem Sie alle Möbel entfernt haben, die Sie bei Ihren

Bewegungen stören könnten. Es könnte vorteilhaft sein, wenn Sie zwei gute Rasseln haben (lesen Sie im Anhang A über Trommeln und Rasseln nach). Jedoch sollten Sie nicht zögern, diese Übung auch ohne Rasseln zu versuchen. Die Übung besteht aus zwei Teilen: 1. dem Eröffnungstanz und 2. dem Tanz Ihres Tieres. Bei beiden Tänzen schütteln Sie gleichmäßig und laut eine Rassel in jeder Hand, wobei Ihr Tanz im Rhythmus der Rasseln verläuft. Beim ganzen Tanz halten Sie Ihre Augen halb geschlossen. Dadurch können Sie noch mehr Licht abschirmen, und Sie sind gleichzeitig in der Lage, zu beobachten, wo im Raum Sie sich befinden.

Der Eröffnungstanz

1. Still und aufrecht stehend, schauen Sie nach Osten und schütteln eine Rassel sehr schnell und kräftig viermal. Dies ist das Signal, daß Sie anfangen, aufhören oder einen wichtigen Übergang bei einer ernsthaften schamanischen Aufgabe machen. Denken Sie an die aufgehende Sonne, die letztlich allem Lebendigen Kraft gibt. (Gesamtzeit: etwa 20 Sekunden)

2. Noch immer nach Osten blickend, beginnen Sie nun eine Rassel in einer stetigen Geschwindigkeit von etwa 150mal pro Minute zu schütteln. Bleiben Sie dabei am Platz. Tun Sie dies etwa eine halbe Minute nach jeder der Hauptrichtungen (indem Sie sich entweder im Uhrzeigersinn oder entgegen drehen – was Ihnen passender erscheint). Dabei denken Sie an Ihre Pflanzen- und Tierverwandten in allen vier Himmelsrichtungen, die bereit sind, Ihnen zu helfen. Nun schauen Sie wieder nach Osten und schütteln die Rassel über Ihrem Kopf in derselben Geschwindigkeit eine halbe Minute lang. Denken Sie dabei an die Sonne, den Mond, die Sterne und das ganze Universum. Danach schütteln Sie die Rassel gegen den Fußboden auf dieselbe Weise. Denken Sie dabei an die Erde, unsere Heimat.[111] (Gesamtzeit: etwa drei Minuten)

3. Immer noch nach Osten schauend, nehmen Sie beide Rasseln in Ihre Hände und beginnen sie in derselben Geschwindigkeit zu schütteln wie bei Stufe 2, gleichzeitig tanzend, als ob Sie am Ort

im Tempo der Rasseln trabten. Mit diesem Eröffnungstanz geben Sie den Krafttieren – ganz gleich, wo sie sind – den Beweis Ihrer eigenen Aufrichtigkeit, indem Sie ihnen ein Selbstopfer Ihrer Energie in der Form des Tanzens darbringen. Dieses Tanzen ist eine Art Beten und Aufrufen des Mitgefühls der Schutzgeister. Im Schamanismus kann wahrlich gesagt werden, daß Sie tanzen, um Ihre Geister zu beschwören. (Insgesamt etwa fünf Minuten)

4. Hören Sie mit dem Tanzen auf, und wiederholen Sie Stufe 1. Dies zeigt an, daß Sie im Begriff sind, einen wichtigen Übergang zu machen, um Ihr Tier zu tanzen.

Der Krafttier-Tanz

5. Beginnen Sie nun, Ihre Rasseln laut und langsam etwa 60mal pro Minute zu schütteln, wobei Sie Ihre Füße im gleichen Tempo bewegen. Bewegen Sie sich langsam und ganz frei im Zimmer umher, wobei Sie versuchen, die Empfindung aufzuspüren, daß Sie eine Art Säugetier, Vogel, Fisch, Reptil oder eine Kombination daraus sind. Sobald Sie die Vorstellung eines solchen Tieres hab en, konzentrieren Sie sich darauf und bewegen Ihren Körper langsam so, als seien Sie jenes Tier. Nun erreichen Sie den schamanischen Bewußtseinszustand. Öffnen Sie sich, um die Gefühle jenes Tieres zu erspüren, und zögern Sie nicht, Schreie oder Geräusche desselben zu machen, wenn Sie den Wunsch danach empfinden. Wenn Sie Ihre Augen halb geschlossen halten, können Sie vielleicht sogar die nichtnormale Umgebung erkennen, in der sich das Tier bewegt, und sogar das Tier selbst sehen. Das Tier sein und sehen geschieht im allgemeinen im schamanischen Bewußtseinszustand gleichzeitig. (Die Zeit dafür beträgt durchschnittlich etwa fünf Minuten.)

6. Ohne Pause gehen Sie über zu einer schnelleren Geschwindigkeit des Rasselns und Ihrer Bewegungen, etwa 100mal pro Minute. Machen Sie alles andere weiter wie in Stufe 4. (Dauer: durchschnittlich etwa vier Minuten.)

7. Ohne Unterbrechung erhöhen Sie Ihr Rasseln auf etwa 180mal pro Minute und setzen Ihr Tanzen wie vorher fort, aber in einem

schnelleren Tempo. (Die Zeit hierfür beträgt gewöhnlich etwa vier Minuten.)

8. Hören Sie zu tanzen auf, und laden Sie in Gedanken das Tier ein, in Ihrem Körper zu bleiben. Während Sie das tun, schütteln Sie die Rasseln schnell viermal, wobei Sie sie an Ihre Brust ziehen. (Zeit: etwa zehn Sekunden)

9. Wiederholen Sie Stufe 1. Es ist das Signal, daß die Aufgabe beendet ist.

Für einen tieferen Eintritt in den schamanischen Bewußtseinszustand empfehle ich, bei der vorstehenden Übung zusätzlich zu den Rasseln eine Trommel zu benutzen. Dazu brauchen Sie jemanden, der als Ihr Helfer fungiert, damit die Trommel genau im Tempo Ihrer Rasseln geschlagen wird (Auskunft über Trommeln siehe Anhang A). Ihr Helfer sollte seitwärts im Raum stehen und nicht versuchen, an irgendeiner Bewegung teilzunehmen, während er trommelt. Wenn der Trommler in den einzelnen Stufen der Übung erfahren ist, könnten Sie eventuell das Tiertanzen ohne die Rasseln machen, wodurch Sie Ihre Aufmerksamkeit stärker von der normalen Wirklichkeit lösen können.

Ganz typisch entdecken sich westliche Menschen beim »Tanzen ihrer Tiere« als Kranich, Tiger, Fuchs, Adler, Bär, Hirsch, Tümmler oder sogar Drache (im schamanischen Bewußtseinszustand gibt es keine »mythischen« Tiere; der Drache ist so wirklich wie die übrigen Tiere). Gewöhnlich wird den Tänzern dabei klar, daß unter unserem normalen menschlichen Kulturbewußtsein eine nahezu universelle emotionale Verbindung mit »alter egos« wilder Tiere besteht.[112] Bedenken Sie aber, daß – ganz gleich, wie erfolgreich Sie beim Tanzen Ihrem Tier Ausdruck verliehen haben – dies allein kein Beweis dafür ist, daß Sie seine Kraft noch haben. Sie könnten auch nur eine Erinnerung daran tanzen. Eine erfolgreiche Erfahrung läßt jedoch die Schlußfolgerung zu, daß Sie wenigstens solch einen Schutzgeist in der Vergangenheit gehabt haben, wenn Sie ihn vielleicht zur Zeit auch nicht besitzen. Das Tanzen allein ist jedenfalls noch kein Beweis.

Nebenbei sei noch gesagt, ganz gleich wie wild ein Schutztiergeist auch scheinen mag, so ist sein Besitzer in keiner Gefahr, weil das Krafttier absolut harmlos ist. Es ist nur eine Quelle der Kraft; es hat niemals Angriffsabsichten, sondern ist nur gekommen, weil Sie Hilfe brauchen.

Wenn man schamanische Praxis beibehalten will, muß man sich regelmäßig in sein Tier verwandeln, um das Tier zufriedenzustellen, damit es auch bleibt. Das bedeutet, das Tier durch Tanz zu üben, Lieder über das Tier zu singen und »große« Träume als Botschaften von diesem Hüter, dem Krafttier, zu erkennen. Ihr Tier zu tanzen ist eine wichtige Methode, um es zufriedenzustellen und davon abzubringen, Sie zu verlassen. Das Schutztier, das im Geist eines Menschen wohnt, möchte das Vergnügen haben, noch einmal in materieller Form zu existieren. Das ist ein guter Tausch; denn der Mensch erhält dafür die Kraft der ganzen Art oder Gattung der Tiere, die durch diesen Schutzgeist vertreten werden. So wie ein Mensch sich wünschen kann, die nichtalltägliche Wirklichkeit zu erfahren, indem er ein Schamane wird, so kann ein Schutzgeist sich wünschen, die normale Wirklichkeit zu erfahren, indem er in den Körper eines lebenden Menschen eintritt.

Trotz der größten Bemühungen, so lernte ich vor Jahren bei den Jívaro, bleiben Schutzgeister nur ein paar Jahre bei Ihnen und verschwinden dann. Deshalb werden Sie im Laufe eines langen, kraftvollen Lebens eine Anzahl von ihnen nacheinander haben, ob Sie es merken oder nicht.

Tanzen ist nicht die einzige Möglichkeit, Ihr Krafttier physisch daran zu gewöhnen, daß es willig bei Ihnen bleibt. Eine andere Art besteht darin, es in reiner Wildnis oder abgelegenen Teilen öffentlicher Parks zu üben. Ich erinnere mich an einen jungen, im Schamanismus erfahrenen Mann aus dem Westen, der während der Woche in einem Buchladen arbeitete und sonntags mit seinem Puma in einen Regionalpark ging, um mit ihm über die Berge zu laufen. Niemand hat ihn jemals davon abgehalten, und er selbst fand dies befriedigender, als in die Kirche zu gehen.

Natürlich gibt es wahrscheinlich ein großes Problem, wenn Sie sich in aller Öffentlichkeit in Ihr Tier verwandeln: die Menschen werden das kaum verstehen, wenigstens nicht in unserer Kultur. Aber wie Castaneda mir einmal sagte, hatte Don Juan sogar bei seiner mexikanisch-indianischen Bevölkerung ein sehr ähnliches Problem. Er berichtete, Don Juan habe ihm erzählt, daß einer der

Gründe, warum er nicht mehr die halluzinogenische Datura-Salbe benutze, darin liege, daß Indianer angefangen hätten, auf ihn zu schießen, wenn er über Bäume sprang. Das Schicksal eines Schamanen ist eben nicht immer ein glückliches.

Merken Sie sich gut, daß Schutzgeister *immer* Wohltäter sind. Sie schädigen ihren Besitzer niemals. Und Sie sind es, der den Schutzgeist besitzt; niemals besitzt er Sie. Mit anderen Worten ist das Krafttier ein rein wohlwollender Geist, ganz gleich wie wild es auch manchmal erscheinen mag. Es ist ein Geist, der exerziert, nicht exorziert werden will.

V

Die Reise zur Wiedererlangung der Kraft

Schamanen haben schon lange erfahren, daß die Kraft des Hüters oder Schutzgeistes den Betreffenden widerstandsfähig gegen Krankheiten macht. Der Grund ist einfach: Er verschafft einen *kraftvollen* Körper, der dem Eindringen fremder Kräfte widersteht. Vom Standpunkt des Schamanen ist in einem kraftgeladenen Körper einfach kein Raum für das leichte Eindringen schädlicher Energien, die in der normalen Wirklichkeit als Krankheiten bekannt sind.

Ein Krafttier oder Schutzgeist – so lernte ich zuerst bei den Jívaro – vergrößert nicht nur die eigene physische Energie und die Fähigkeit, einer ansteckenden Krankheit zu widerstehen, sondern auch die eigene mentale Beweglichkeit und das Selbstvertrauen. Die Kraft macht es einem sogar schwerer zu lügen.

Kraftvoll zu sein bedeutet gleichsam, ein Kraftfeld in sich und um sich zu haben; denn man ist widerstandsfähig gegen äußere Krafteinbrüche, die für den Schamanen gleichbedeutend mit Infektionen sind. Vom schamanischen Standpunkt sind Krankheiten meistens Krafteindringlinge. Sie gehören nicht zur Natur des Körpers, sondern werden hineingebracht. Wenn Sie Kraft-voll sind, werden Sie ihnen widerstehen. Deshalb ist der Besitz der Schutzgeistkraft die Basis für die eigene Gesundheit. Ernste Erkrankung ist meist nur dann möglich, wenn eine Person ent-geistigt ist, wenn sie ihren aufladenden Generator – den Schutzgeist – verloren hat. Wenn ein Mensch bedrückt, schwach und anfällig für Krankheiten wird, so ist das ein Zeichen dafür, daß er sein Krafttier verloren hat und deshalb den unerwünschten Kraft-»Infektionen« oder -eindringlingen nicht länger widerstehen oder sie nicht mehr abwehren kann.

Sie mögen erfolgreich in der Erfahrung gewesen sein, Ihr Tier zu tanzen. Jedoch ist das, wie wir schon sagten, keine Garantie dafür, daß Sie noch seine Kraft besitzen, da es Sie schon lange verlassen haben kann. Um absolut sicher zu sein, daß Sie ein Krafttier haben, sind besondere Techniken anzuwenden. Eine davon ist die schamanische Reise in die Unterwelt, um ein Krafttier zurückzuholen, das Sie verloren haben.

Während Schamanen diese Reise meistens allein unternehmen, gab es bei den Coast-Salish im westlichen Staat Washington eine außergewöhnlich sorgfältige Methode, Schutzgeistkraft zu erneuern. Dort unternahmen die Schamanen die Reise gemeinsam als Gruppe.

Dabei formten sie im Geiste ein »Kanu«. Dieses »Geistboot« benutzten sie für die Reise, deren Ziel es war, den Schutzgeist ihres Patienten aus der Unterwelt zurückzuholen.[113] Es »war nicht die Seele eines Menschen in der allgemeinen Bedeutung des Wortes, sondern vielmehr sein Schutzgeist«, der bei dem Patienten wieder zurückgeholt werden mußte.[114] Bei den Coast-Salish wird der Schutzgeist im allgemeinen als *Krafttier* bezeichnet, wie schon besprochen wurde.[115]

Die Coast-Salish sind einmalig in ihrer Methode der sorgfältigen Ausarbeitung des Gruppengeistkanus.[116] Sobald ein Mensch anfing, Symptome der Mutlosigkeit zu zeigen, was bei den Salish auch der stetige Verlust an Eigentum und Wohlstand andeutete, dann konnte der Betreffende ein halbes bis zu einem ganzen Dutzend Schamanen anstellen, die sich gemeinsam an die Aufgabe machten, seinen Schutzgeist zurückzuholen, indem sie in die Unterwelt reisten.[117]

In einer vereinbarten Nacht formten die Schamanen in ihrer Vorstellung zwei Kanus, indem sie sich in einem großen Haus in zwei parallelen Reihen aufstellten. Neben jedem Schamanen wurde sein magisches Zedernbrett in den Lehmboden gesteckt. Jedes Brett war mit Darstellungen der Erfahrungen verziert, die sein Eigentümer bei der ersten Vision eines Geistkanus gemacht hatte. Jeder Schamane hielt außerdem eine Stange von 1,80 bis 2,40 m Länge in der Hand, mit der er paddelte oder das Geistkanu abstieß. Der Schamane im Bug war der Führer, derjenige im Heck der Steuermann.

Begleitet vom Schütteln der Rasseln, dem Schlagen der Trommeln und dem Singen »sanken die Seelen oder Geistwesen der

Schamanen hinunter in die Erde«, indem sie in einem Geistboot fuhren, »welches die Macht hatte, ›Land zu Wasser zu machen‹, wohin auch immer sie reisten«.[118] Während sie in dem Geistkanu reisten, sang jeder Schamane, beginnend beim Führer, sein eigenes Schutzgeistlied. Eine große Zuschauermenge saß entlang den Wänden des Hauses und sang mit, um den Schamanen zu helfen.[119]

Manchmal dauerten Geistkanureisen bei den Coast-Salish fünf oder sechs Nächte, wobei die Schamanen während des Tages schliefen und am Abend ihre Reise dort wieder aufnahmen, wo sie bei beginnender Morgendämmerung aufgehört hatten. Im allgemeinen aber dauerte die Reise nur zwei Nächte, wobei die erste Nacht die Reise ins jenseitige Land war und die zweite Nacht die Rückkehr. Sobald es den Schamanen gelungen war, den Schutzgeist ihres Patienten wiederzufinden, begannen sie die Heimreise. Wenn sie den Schutzgeist in den Patienten zurückversetzt hatten, stand dieser auf und tanzte.[120]

Das Geistkanu der Coast-Salish ist die große, gemeinschaftliche Form einer viel gebräuchlicheren und einfacheren schamanischen Methode, einem Patienten Kraft zurückzugeben. Bei dieser Methode nehmen nur zwei oder drei wichtige Personen teil: der Schamane, die Person, deren Kraft erneuert werden soll, und oft noch ein Helfer, der die Trommel des Schamanen schlägt. Einige Meisterschamanen können ohne die Hilfe eines Trommlers auskommen; doch ist solche Geräuschunterstützung meistens notwendig.

Ich selbst erlernte diese Methode 1961, als ich bei den Conibo lebte, deren Schamanen diese Technik häufig bei der Behandlung von Krankheiten anwenden. Gleich den Schamanen der Coast-Salish reisten die Conibo in einem Geistboot hinunter in die Unterwelt, obwohl es bei ihnen meistens eher ein nicht alltägliches Flußdampfboot als ein Kanu ist! Außerdem wird die Conibo-Mannschaft nicht von Schamanen gebildet, sondern von einem einzigen Schamanen, dem eine große Gruppe von Geistwesen hilft.

Die Verwendung irgendeiner Art von Geist- oder Seelenschiff bei der schamanischen Reise ist bei den Naturvölkern weit verbreitet. Es kommt in Sibirien wie auch in Malaysia und Indonesien vor, wo es im Zusammenhang mit dem »Totenschiff« steht.[121] Oft hat das Geistkanu die Form einer Schlange wie bei den Eingeborenen Australiens oder eines »Schlangenkanus« wie bei den Desana des südamerikanischen Regenwaldes.[122] Bei anderen Gruppen wie den Tapirapé Zentralbrasiliens ist wenig bekannt über die besondere Form des Geistkanus, das von den Schamanen benutzt wird.[123] Manchmal kann ein Schamane auch ein Geistfloß benutzen wie in Sibirien.[124]

Häufiger aber brauchen die Schamanen für ihre schamanische Reise kein Kanu oder sonstiges Wasserfahrzeug im schamanischen Bewußtseinszustand, sondern wenden immer dieselbe Basismethode an. Sie sinken also in die Unterwelt, um einen Geist zurückzuholen, ohne sich um die Formung eines »Kanus« oder eines anderen Fahrzeugs zu kümmern. Ich meinerseits benutze nur dann die Vorstellung eines Kanus, wenn ich im Stil der Coast-Salish mit einer Gruppe arbeite, obwohl ich in die Bootsmethode zuerst bei den Conibo eingeführt wurde. Jeder Schamane sollte nach einigen Jahren bereit sein, seine Methoden zu ändern und so anzupassen, wie es ihm für seine Arbeit am besten zu sein scheint.

Die Methode, in die ich Sie einführen möchte, ist eine verhältnismäßig einfache und grundlegende Umformung der Rückholreise. Dieselbe Grundtechnik kann nicht nur dazu benutzt werden, einen Schutzgeist für einen anderen Menschen zurückzuholen, sondern – mit gewissen Abänderungen – auch, um die verlorene Vital- oder lebengebende Seele eines Menschen zurückzuholen, der sich im Zustand eines Schlafwandlers befindet. Das allerdings ist fortgeschrittene Arbeit, die hier nicht behandelt wird.

Eines der wesentlichen Elemente dieser Methode besteht darin, sich neben den Patienten auf den Fußboden oder das Erdreich hinzulegen. Dieses Niederfallen oder Hinlegen des Schamanen neben den Patienten ist ein sehr weitverbreiteter Aspekt der Behandlungsmethode durch Reisen. Ein wesentlicher Grund für diese Praxis liegt darin, daß es im tiefen schamanischen Bewußtseinszustand sehr schwierig ist, sich aufrecht zu halten. Doch auch in einer leichten schamanischen Bewußtseinsänderung möchte sich der Schamane meistens hinlegen, um zu sehen und die Reise deutlich zu erfahren, indem er völlig entspannt ist und nicht darauf achten muß, daß seine Funktionen in der normalen Wirklichkeit beim Stehen oder Sitzen erhalten bleiben. Ein Stammesangehöriger der australischen Yaralde beschrieb eindrucksvoll die Notwendigkeit des Hinlegens beim Sehen:

Wenn du aufstehst, wirst du diese Szenen nicht sehen, aber wenn du dich wieder hinlegst, wirst du sie sehen, wenn du dich nicht zu sehr fürchtest. Wenn du dich fürchtest, zerreißt du das Gewebe (oder den Faden), an dem die Szenen aufgehängt sind.[125]

Bei der hier erklärten Methode zur Rückholung des Schutzgeistes bringt die Person in der Rolle des Schamanen das Krafttier zurück und bläst es zunächst in die Brust des Patienten. Von den Jívaro habe ich gelernt, daß der Hüter eines Menschen sich hauptsächlich in der Brust ausruht, obwohl seine Kraft durch den ganzen Körper strömt. Ein Jívaro-Schamane, der den *ayahuasca*-Trank zu sich nimmt, sieht einen umgekehrten Regenbogen in der Brust desjenigen, der einen Hüter besitzt. Diese Vorstellung ist weit verbreitet; sie kommt beispielsweise sowohl bei den Eingeborenen Australiens als auch des westlichen Nordamerika vor.[126]

Die Fontanelle oder sog. »weiche Stelle« am Schädeldach, wo sich die Schläfen- und Hinterkopfknochen treffen, ist ein wichtiger Ein- und Ausgangspunkt für Kraft, und aus diesem Grunde bläst ein Schamane, nachdem er den Schutzgeist in die Brust geblasen hat, danach in die Fontanelle des Patienten. Damit beendet er die Übertragung der Reste der Kraft, die er zurückgeholt hat.

Aufspüren eines Kraftliedes

Bevor man die schamanische Reise beginnt, um ein Krafttier zurückzuholen, sollte man ein Kraftlied erwerben. Jeder Schamane hat wenigstens ein Kraftlied, das er zum »Aufwecken« seines Hüters und anderer Helfer benutzt, die ihn beim Heilen oder bei anderer Arbeit unterstützen. Um ein Kraftlied zu erhalten, muß man sich vornehmen, wenigstens einen Tag allein in einer natürlichen Wildnis zu verbringen, an einem Ort, wo man keine Menschen trifft und die natürliche Umwelt noch nicht zu sehr von Menschen verändert wurde. Der große Erforscher des Eskimolebens, Rasmussen (1879–1933), drückt dies wie folgt aus:

... Die besten magischen Worte sind diejenigen, die zu einem kommen, wenn man allein draußen in den Bergen ist. Sie sind in ihrer Wirkung am kraftvollsten. Die Kraft der Einsamkeit ist großartig und geht über allen Verstand.[127]

Eine entlegene Wald- oder Gebirgsgegend ist ideal, aber wenn kein solcher Ort in der Nähe ist, versuchen Sie das Beste in dieser Richtung zu erreichen, was möglich ist. Essen Sie kein Frühstück, und fasten Sie den ganzen Tag, wobei Sie ganz ruhig umhergehen und sich manchmal hinsetzen. Planen Sie keinen Weg im voraus; lassen Sie sich einfach von Ihren Füßen forttragen. Beim Gehen erspüren Sie dann, welchem Tier Sie sich ähnlich fühlen. Es könnte dasjenige sein, das Sie getanzt haben, braucht es aber nicht zu sein. Übernehmen Sie seine Gefühle, und freuen Sie sich den ganzen Tag an seiner Identität. Da dies Ihre erste Suche nach einem Lied ist, kann es sein, daß Ihnen nur die Melodie begegnet.

Wenn dem so ist, müßten Sie später dazu auch Ihre eigenen Worte finden. Zunächst aber gebe ich Ihnen die Worte eines meiner Lieder, die ich erwarb, als ich bei den Jívaro lernte:

I have spirits,	*Ich habe Geister,*
Spirits have I.	*Geister habe ich.*
I have spirits,	*Ich habe Geister,*
Spirits have I.	*Geister habe ich.*
I have spirits,	*Ich habe Geister,*
Spirits have I.	*Geister habe ich.*
I, I, I.	*Ich, ich, ich.*
(repeat three more times)	(dreimal wiederholen)
My spirits	*Meine Geister*
Are like birds,	*Sind wie Vögel,*
And the wings	*Und die Flügel*
And bodies are dreams.	*Und Körper sind Träume.*
I have spirits,	*Ich habe Geister,*
Spirits have I.	*Geister habe ich.*
I, I, I.	*Ich, ich, ich.*
(repeat three more times)	(dreimal wiederholen)

Wiederholen Sie das Lied so lange, wie Sie es für notwendig halten. Ein Kraftlied hilft einem auch in den schamanischen Bewußtseinszustand hinein, sowohl durch seine Worte als auch durch seine Melodie. Je öfter Sie das Lied bei schamanischer Arbeit benutzen, desto wirkungsvoller wird es als Hilfe beim Wechseln Ihres Bewußtseinszustandes. Schließlich kann es ein kleiner »Schalter« werden, wenn Sie in den schamanischen Bewußtseinszustand überwechseln wollen.

Man kann sich auch ein besonderes Kraftlied aussuchen, das man während der Reise singt. Man findet das am besten heraus, wenn man tatsächlich eine Reise macht: Es enthält gewöhnlich eine Beschreibung dessen, was man sieht. Cloutiers freie Bearbeitung des Schamanenliedes eines Tsimshian der Nordwestküste ist ein gutes Beispiel:

I go in my canoe *all over* *in my vision*	*Ich fahre in meinem Kanu* *überallhin* *in meiner Vision*
over trees *or in water* *I'm floating*	*über Bäume* *oder im Wasser* *treibe ich dahin*
all around *I float* *among whirlpools*	*überallhin* *treibe ich* *zwischen Wirbeln*
all around *I float* *among shadows*	*überallhin* *treibe ich* *unter Schatten*
I go in my canoe *all over* *in my vision*	*ich fahre in meinem Kanu* *überallhin* *in meiner Vision*
over trees *or in water* *I'm floating*	*über Bäume* *oder im Wasser* *treibe ich dahin*

whose canoe *is this* *I stand in*	*wessen Kanu* *ist dies* *in dem ich stehe*
the one *I stand in* *with a stranger*	*dasjenige* *in dem ich stehe* *mit einem Fremden*
I go in my canoe *all over* *in my vision*	*ich fahre in meinem Kanu* *überallhin* *in meiner Vision*
over trees *or in water* *I'm floating*[10]	*über Bäume* *oder im Wasser* *treibe ich dahin*[128]

Sie können auch unfreiwillig ein Lied erhalten, während Sie träumen. Die verstorbene Essie Parrish, eine Pomo-Schamanin aus Kalifornien, gab den folgenden Bericht, wie sie ihr erstes Kraftlied träumte:

Ich werde nun eine andere Geschichte aus der Zeit erzählen, als ich noch jung war – wie ich zerst ein Lied sang, als ich noch ein Kind war. Ich war damals elf Jahre alt. Ich erhielt dieses Lied nicht auf eine normale Weise – ich träumte es.

Einmal als ich schlief, kam ein Traum zu mir – ich hörte hoch im Himmel Gesang. Weil ich noch klein war, weil ich nicht erkannte, was es war, achtete ich nicht (bewußt) darauf – ich hörte einfach (passiv) zu, als jener Mensch da oben sang. Dennoch ließ er es mich kennenlernen – es war so, als ob es tief in meine Brust eindringe, als ob das Lied selbst in meinem Stimmapparat singen würde. Dann schien es mir, als ob ich den Mann sehen könnte, als ob ich ihn gerade noch erkennen könnte.

Als ich vom Schlaf erwachte, sang dieses Lied in mir den ganzen Tag. Obwohl ich gar nicht singen wollte, so sang dennoch das Lied in meinem Steimmapparat. Dann versuchte ich es selbst, versuchte zu singen. Und erstaunlicherweise war das Lied ganz wunderschön. Ich habe es seitdem in Erinnerung.

Eines Tages begleiteten dann meine ältere Schwester und ich unsere Großmutter nach Danaká. Zu jener Zeit war sie auch noch klein, aber sie war dicker als ich. Wir reisten zusammen mit ihr (unserer Großmutter). Als wir nach Danaká hinübergefahren waren, wohnten wir dort.

Dann gingen wir eines Morgens früh nach Madrone Beach, um Seetang zu sammeln. Wir begleiteten unsere Großmutter. Während wir dort auf einem Stein saßen, spielten wir Puppen und schwatzten und lachten. Aber immer noch sang tief in mir jenes Lied. Und da es in meinem Stimmapparat sang, begann ich auch zu singen. Dabei geschah es, daß meine Schwester mich hörte.

»Was singst du da?« fragte sie mich. »Ich singe ein Lied«, sagte ich. »Wie schön es klingt. Wo hast du dieses Lied gehört?« forschte sie weiter. »Ich habe es geträumt«, antwortete ich. Als ich das gesagt hatte, wurde ich verlegen. »Sing es bitte noch einmal«, sagte sie. Ich antwortete darauf: »Es ist nicht für diesen Zweck. Du solltest es nicht lernen.« Aber weil sie stärker war als ich, zwang sie mich, es doch zu singen. Obwohl ich nicht singen wollte, zwang sie mich dennoch.

Dann sang ich das Lied …

»Aber erzähle es niemandem«, bat ich. »Warum nicht?« fragte sie. »Sie könnten mich bitten zu singen.« »In Ordnung«, sagte sie. Das stellte sich als nicht wahr heraus. Wir gingen am Abend nach Hause zurück. Obwohl meine Schwester versprochen hatte, es nicht zu erzählen, sagte sie es dem älteren Bruder meiner Großmutter – er war merkwürdig, eine einfältige Person. Er sagte: »Sie sagen, daß du ein Lied hast.« »So? Wer hat das gesagt?« fragte ich. »Deine ältere Schwester sagte, daß du ein wunderschönes Lied gesungen hast. Bitte singe es«, sagte er. Also sang ich es noch einmal für ihn. Es gefiel ihm äußerst gut.

Das war das erste Lied, das ich sang, als ich noch klein war. Hier höre ich auf.[129]

Reise und Rückholung eines Krafttieres

Sie haben bereits gelernt, wie man die Anfangsreise in die Unterwelt macht. Diese neue Reise ist einfach eine Fortsetzung dessen, was Sie früher schon gemacht haben, aber es ist auch ernste schamanische Arbeit. Voraussetzung ist, daß Sie die früheren Übungen bereits erfolgreich durchgeführt haben. Studieren Sie sorgfältig vorher mehrere Male die Anleitung, so daß Sie die einzelnen Stufen gut im Gedächtnis haben.

Sie brauchen einen Partner, der auch das Buch studiert hat. Zusätzlich brauchen Sie eine Trommel (oder eine Aufnahme mit schamanistischem Trommeln) und eine Rassel. Wenn Sie eine Trommel verwenden, brauchen Sie auch eine dritte Person, die trommelt. Nähere Informationen über Trommeln und Kassetten/CDs finden Sie in Anhang A.

Um jemandem ein Krafttier zurückzugeben, ist es nicht erforderlich, daß der Betreffende zu diesem Zeitpunkt gerade keines hat. Wie die Jívaro Ihnen berichten können, hat ein Mensch gelegentlich zwei Schutztiere zur gleichen Zeit. Wenn demnach eine Person bereits ein Krafttier besitzt, so ist dann immer noch Raum für ein zweites. Ein zweites macht den Besitzer um so kraftvoller. In dem unwahrscheinlichen Fall, daß Sie bereits zwei haben, kann nach den Bedingungen, die ich gelernt habe, ein drittes Krafttier nicht in Ihren Körper eingehen, auch wenn eines zurückgeholt wird. Es wird dann einfach dahintreiben, vielleicht um zu einem späteren Zeitpunkt verfügbar zu sein.

Die folgende Reise ist dazu da, ein Schutztier zurückzuholen, das Ihr »Patient« verloren hat. Da man während seines Lebens unwissentlich oder wissentlich die Hilfe einer Reihe verschiedener Krafttiere haben kann, gibt es keinen normalen Weg, um im voraus zu erraten, ob das Tier bereits von Ihrem »Patienten« getanzt wurde oder ob er es aus einem anderen Grund gern zurückhaben möchte. Krafttiere kommen und gehen normalerweise ganz unbemerkt von dem betreffenden Menschen, besonders nach ein paar Jahren. Demgemäß ist die regelmäßige Durchführung dieser Übung ein wichtiger Weg für einen Menschen, sicher zu sein, daß er Kraft besitzt. Und wenn ein Mensch Kraftverlust durch Depression oder Krankheit zeigt, sollte dieses Hilfswerk sofort zusätzlich zu dem unternommen werden, was Schulmedizin oder Psychotherapie verordnen.

Die Stufen sind folgende:

1. Planen Sie mit Ihrem Partner und einer dritten Person, gemeinsam einen Abend zu verbringen. Enthalten Sie sich alkoholischer Getränke und bewußtseinsverändernder Drogen während des ganzen vorangegangenen Tages. Essen Sie mittags nur leicht und abends nichts.

Abb. 6: Das Schlagen der Trommel für die schamanische Reise. Gezeichnet von Barbara Olsen.

2. Benutzen Sie ein Zimmer ohne Licht und Geräusche von außen. Räumen Sie alle Möbel aus dem Weg. Stecken Sie in einer Ecke des Zimmers auf dem Boden eine Kerze an, wo sie nicht viel Licht verbreitet.

3. Die Person, die als Schamane auftritt – in diesem Fall Sie selbst –, sollte alle Stufen des *Eröffnungstanzes* und des Tiertanzens durchmachen, wie sie auf den Seiten 100–103 beschrieben sind. Wenn Sie einen Trommler haben, lassen Sie ihn die Trommel im Rhythmus mit Ihrer Rassel schlagen, aber nur wenn Sie wirklich tanzen (siehe Abb. 6).

4. Schütteln Sie Ihre Rassel viermal in die sechs Richtungen (Ost, Nord, West, Süd, oben und unten), um die Aufmerksamkeit der

Geister zu wecken, wo immer sie sein mögen. Dann pfeifen Sie viermal, um die Geister zu rufen. Als nächstes gehen Sie sehr langsam viermal um den Patienten herum, indem Sie die Rassel in einem langsamen, aber starken und stetigen Tempo schütteln, und stellen sich dann wieder neben ihn.

5. Dann pfeifen Sie Ihr Kraftlied – das Lied, mit dem Sie Ihre Geister um Hilfe anrufen – und schütteln Ihre Rassel zur Begleitung. Pfeifen Sie weiter, normalerweise ein paar Minuten lang, bis Sie spüren, daß eine leichte Änderung Ihres Bewußtseins eintritt.

6. Jetzt beginnen Sie wirklich die Worte zu singen und fahren gleichzeitig fort, die Rassel in demselben starken, langsamen Schlag zu schütteln.

7. Wiederholen Sie Ihr Lied so lange, bis Sie merken, daß sich Ihr Bewußtsein ändert. Durch Übung und Erfahrung erkennt man sofort, wann diese leichte Trance erreicht ist. Einige der äußeren Zeichen sind gesteigertes Tempo beim Singen und Rasseln, zitternde Arme und sogar unkontrolliertes Frösteln. Dieser Zeitpunkt ist gekommen, wenn Sie den Wunsch haben, sich fallen zu lassen oder sich auf den Boden neben den Patienten zu legen. Halten Sie diesen Drang so lange wie möglich zurück, bis Sie nicht mehr anders können, als zu Boden zu stürzen.

8. Auf dem Boden drücken Sie Ihren ausgestreckten Körper gegen den des Patienten: Schulter an Schulter, Hüfte an Hüfte, Fuß an Fuß. Unverzüglich beginnen Sie nun in der Dunkelheit, Ihre Rassel genau über Ihrer Brust vor und zurück zu schütteln. Sobald Sie mit dem Rasseln anfangen, beginnt der Trommler im gleichen Rhythmus zu schlagen.

9. Schütteln Sie Ihre Rassel in einer Geschwindigkeit von etwa 180mal pro Minute. Während Sie auf dem Boden liegen, bedecken Sie mit einem Unterarm Ihre Augen, um jegliches Licht von der Kerze abzuschirmen, und behalten Sie das Rasseln so lange bei, bis Sie klar Ihren Eingang in die Unterwelt vor sich sehen. (Nur Sie in der Rolle des Schamanen machen die Reise; Ihr Partner als der Patient hat keine Verpflichtung, irgend etwas zu sehen oder zu erfahren.)

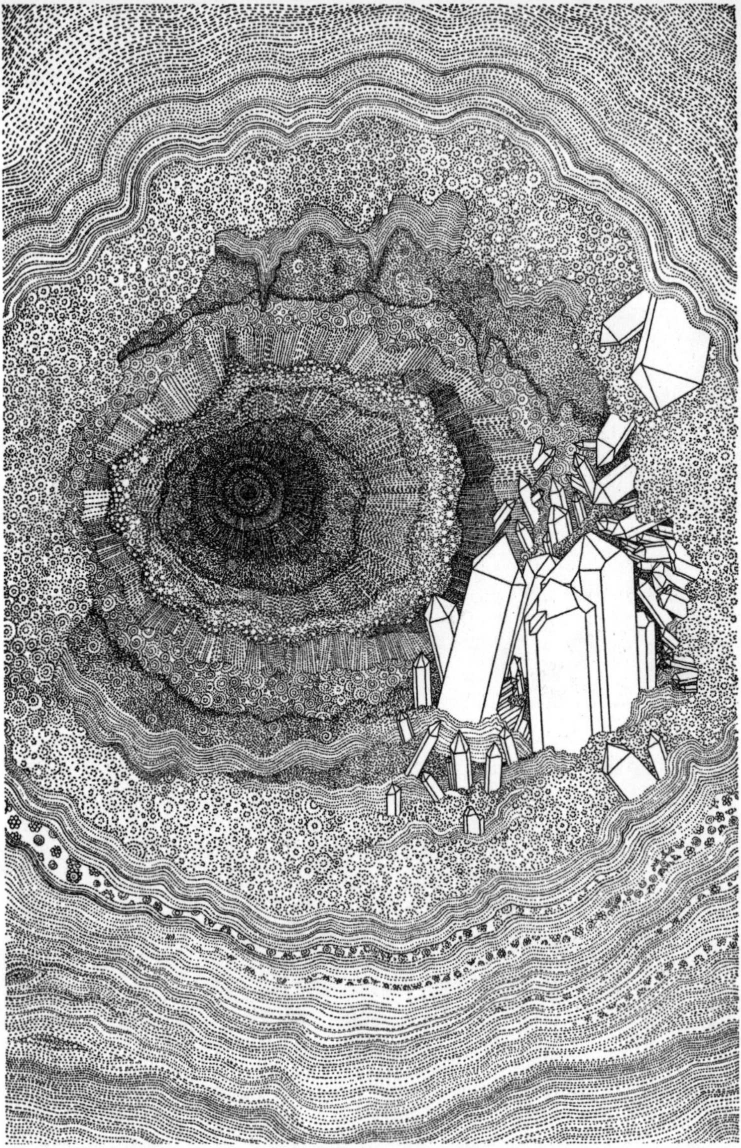

Abb. 7: Der Tunnel. Gezeichnet von Barbara Olsen.

Wenn Sie in den Eingang treten, hören Sie mit dem Rasseln auf; der Trommler aber sollte den Schlag kräftig in dem Tempo fortsetzen, das Sie vorgegeben haben. Er sollte dies während Ihrer ganzen Reise gleichmäßig fortsetzen, bis Sie ihm mit Ihrer Rassel viermal ein Zeichen geben (Stufe 14). Der Schlag der Trommel ist wesentlich für die Fortsetzung der Reise des Kanus. In einem gewissen Sinne ist die Trommel das Kanu, wie die Tschuktschen aus Sibirien sagen.[130]

10. Während der Trommler weiterschlägt, haben Sie weiter die Vision des Eingangs oder der Öffnung in die Erde, und gehen Sie dann hinein. Folgen Sie der Höhle oder dem Tunnel abwärts. Der Gang kann als eine lange, gerippte Röhre erscheinen; er kann als eine Reihe von Höhlen erscheinen; er kann ein fließender Strom sein (siehe Abb. 7). Gehen Sie weiter, wohin er auch führen mag. Gehen Sie um jedes Hindernis herum, das vor Ihnen erscheint.

11. *Umgehen Sie alle drohenden, gierigen Nichtsäugetiere, die Ihnen auf Ihrer Reise begegnen* (die schamanischen Gründe dafür werden in Kap. VII erklärt). Vor allem meiden und umgehen Sie alle Spinnen oder Insektenschwärme, ebenso mit Fängen versehene Schlagen und Reptilien sowie Fische, deren Zähne zu sehen sind. Wenn Sie nicht an Ihnen vorbeigehen können, kehren Sie einfach durch den Tunnel nach oben zurück, und versuchen Sie es noch einmal bei einer anderen Gelegenheit. Dies gilt für Ihre ganze Reise.

12. Wenn Sie aus dem Tunnel herauskommen, befinden Sie sich in der Unterwelt (siehe Abb. 8). In dieser ganz beliebigen Landschaft, die Sie sehen, suchen Sie nach einem Schutzgeist oder Krafttier für Ihren Partner. Suchen Sie weiter mit geschlossenen Augen, während der Klang der Trommel Sie auf Ihrer Reise trägt.

13. Das Geheimnis, wie man das Krafttier erkennt, ist ganz einfach: Es wird Ihnen wenigstens viermal in verschiedenen Aspekten oder verschiedenen Winkeln erscheinen (siehe Abb. 9). Es ist ein Säugetier oder ein Vogel (hier macht eine drohende Haltung oder Gebärde nichts aus), eine Schlange, ein anderes Reptil oder ein Fisch (vorausgesetzt, daß diese letztern nicht ihre Fänge oder

Abb. 8: Ausgang aus dem Tunnel in die Unterwelt.
Gezeichnet von Barbara Olsen.

Abb. 9: Ein Krafttier wird viermal gesehen.
Gezeichnet von Barbara Olsen.

Zähne zeigen). Es kann sogar als »mythisches« Tier oder in menschlicher Gestalt erscheinen. *Niemals* ist es ein Insekt.

Überanstrengen Sie sich nicht, um das Tier zu finden. Wenn es sich Ihnen zur Verfügung stellen will, damit Sie es Ihrem Partner zurückbringen können, wird es das tun. Seien Sie auch nicht besorgt, ob es sich Ihnen in einer lebendigen Form, als Skulptur in Holz, Stein oder anderem Material darstellt. Alle seine Erscheinungsformen sind gültig. Nochmals, bemühen Sie sich nicht zu sehr. Ihre Suche sollte relativ mühelos vonstatten gehen; denn Sie setzen ja Ihre Kraft außerhalb Ihres normalen Selbst ein.

14. Nachdem Sie das Tier viermal gesehen haben, drücken Sie es sofort mit einer Hand gegen Ihre Brust. Das Tier wird willig kommen; sonst hätte es sich nicht gezeigt. Während Sie auf diese Art das Tier festhalten, nehmen Sie Ihre Rassel und schütteln Sie viermal fest. Dies ist das Zeichen für den Trommler, sofort aufzuhören. Schütteln Sie dann die Rassel sehr schnell (in einer Geschwindigkeit von 210mal pro Minute), wodurch Sie dem Trommler das Tempo angeben. Kehren Sie schnell durch den Tunnel in das Zimmer zurück. Meistens dauert das weniger als dreißig Sekunden. Diese Rückkehr sollte schnell vor sich gehen, um zu verhindern, daß Sie versehentlich das Schutztier verlieren.

15. Legen Sie die Rassel zur Seite, behalten Sie das Tier fest an Ihre Brust gedrückt, und erheben Sie sich auf Ihre Knie, so daß Sie den ausgestreckten Partner vor sich haben. (Der Trommler sollte aufhören zu trommeln, sobald er sieht, daß Sie sich hinknien.) Sofort legen Sie Ihre Hände, die den Schutzgeist umschließen, auf das Brustbein Ihres Partners und blasen mit aller Kraft durch Ihre geschlossenen Hände, um ihn in die Brust Ihres Partners zu schicken. Dann heben Sie Ihren Partner mit Ihrer linken Hand in eine sitzende Position und legen Ihre gewölbten Hände auf sein Schädeldach (die Fontanelle). Blasen Sie wieder kräftig hindurch, um alle verbliebene Kraft in seinen Kopf hineinzublasen. Nun nehmen Sie die Rassel wieder auf. Indem Sie sie schnell und kräftig schütteln, führen Sie sie im Kreis viermal um den ganzen Körper Ihres Partners, wodurch Sie die Vereinigung der Kraft mit dessen Körper vervollständigen.

16. Ganz ruhig erzählen Sie nun Ihrem Partner, was für ein Tier Sie ihm gebracht haben. Wenn es ein Tier ist, dessen Namen Sie nicht kennen, dann beschreiben Sie ihm das Aussehen des Wesens. Beschreiben Sie auch alle Einzelheiten der Reise.

17. Helfen Sie nun Ihrem Partner, sein Tier zu tanzen, um dem Tier zu zeigen, daß es willkommen ist, indem ihm zur Belohnung die Erfahrung seiner Bewegungen in materieller Form gegeben wird. Beim Schütteln der Rassel erhöhen Sie langsam das Tempo entsprechend den Bewegungen Ihres Patienten. Der Trommler folgt der Tempoangabe des Schamanen. Nach einigen Minuten schütteln Sie Ihre Rassel viermal und beenden dadurch das Trommeln und den Tanz. Helfen Sie dann vorsichtig dem Tänzer, sich auf den Boden zu setzen. Schärfen Sie ihm ein, daß er sein Tier regelmäßig tanzen muß, damit es auch bei ihm bleiben will.

18. Jetzt können Sie mit Ihrem Partner den Platz wechseln, und dieselbe Reise kann dann zu Ihrem Nutzen unternommen werden. Wenn Ihr Tier zurückgebracht worden ist, tanzen auch Sie es.

Die meisten westlichen Menschen sind überrascht, wenn sie die Lebendigkeit und Wirklichkeit der Reise erfahren, durch die ein Krafttier zurückgeholt wird. Offensichtlich ist ihre Fähigkeit, die schamanische Reise zu erleben und Seher zu werden, viel größer, als sie es erwarten. Wenn etwa Sie oder Ihr Freund keinen Erfolg hatten, seien Sie deshalb nicht entmutigt. Versuchen Sie es später noch einmal. Manche von denen, die die größten Potentiale haben, sind langsame Starter.

Die durch Cloutier frei wiedergegebene Form eines Tsimshian-Liedes von der Westküste Nordamerikas zeigt die dramatische Reise, um einen Otter als Schutzgeist zurückzugewinnen:

Otter chases
swims straight toward me
Otter's coming
I float off with him

ye hey hyo
ye hey hey hee

Der Otter jagt
schwimmt auf mich zu
der Otter kommt
ich gleite mit ihm hinaus

ye hey hyo
ye hey hey hee

right beside me
I work my spirit
charm of the opening
beneath all things

ye hey hyo
ye hey hey
hee

Otter dives in
swims beneath me
there in the opening
beneath all things

ye hey
hyo
ye hey hey
hee

Otter's in me
deep within me
Spirit Otter swimming
in the place beneath me

ye hey hyo
ye hey hey hee

Genau neben mir
lasse ich durch meine Geisteskraft
den Durchlaß entstehen
zum Jenseits aller Dinge

ye hey hyo
ye hey hey
hee

Der Otter taucht hinein
schwimmt unter mir
durch den Tunnel
zum Jenseits aller Dinge

ye hey
hyo
ye hey hey
hee

Der Otter ist in mir
tief in mir drin
der Geist-Otter schwimmt
in meiner Innenwelt

ye hey hyo
ye hey hey hee[131]

Reisen

Sie könnten daran interessiert sein, Ihre Reiseerfahrungen beim Zurückholen Ihres Schutzgeistes mit denen anderer zu vergleichen, die mit einem Partner arbeiten. Hier folgen nun einige repräsentative Beispiele aus meinen Seminaren.

Im ersten Fall wartete der Betreffende genau, bis sich ein Tier zu vier verschiedenen Malen zeigte. Eine Großansicht von nur einem Teil des Tieres, zum Beispiel von einem Auge, genügt vollkommen, solange es eindeutig ein Teil dieses speziellen Tieres ist.

Ich ging in dasselbe Loch, das ich schon früher am Abend benutzt hatte. Zunächst war da Wasser. Dann schien das Wasser weniger zu werden, so wie in einer Schleuse. Ich sprang immer wieder auf die nächste und dann wieder auf die nächste. Schließlich verwandelte sich das Wasser in Schlamm. Ich lief daran entlang, immer noch in derselben Höhle, aber dann erschien eine hölzerne Brücke. Da rannte ich über die Brücke. Sie bog im Winkel ab, und dann waren da Stufen. Ich stieg die Stufen lange Zeit hinauf, bis ich schließlich an eine Stelle kam, die wie eine afrikanische Ebene aussah. Dort gab es viele verschiedene Tiere, die kamen und wieder verschwanden. Schließlich erkannte ich, daß da eine Antilope an einem Wasserloch stand. Sie wurde sofort lebendig, sehr lebendig und erschien vier verschiedene Male. Oh, einmal war sie sogar über mir. Beim letzten Mal sah ich eine sehr große Nahaufnahme eines Auges. Deshalb brachte ich sie hierher zurück zu meinem Partner.

Im nächsten Fall gab das Tier eine ungewöhnliche Vorstellung seiner Kraft, indem es die Person zweimal angriff; bei einer Gelegenheit lief es direkt durch sie hindurch. Das ist etwas, das ganz allgemein bei Visionssuchen sowohl der nordamerikanischen Prärie-Indianer als auch bei den Jívaro vorkommt, ebenso wie die Erfahrung eines kurzen Gedächtnisschwunds hinterher, was diese Person auch berichtete. Ihr war über diese Dinge vorher nichts erzählt worden. Die Tatsache, daß das Krafttier ein Pferd ist, muß besonders betont werden; denn es könnte dies eine Ausnahme der allgemeinen Regel sein, daß Haustiere nicht als Schutzgeister dienen können. Aber das hier erscheinende Pferd ist ein wildes, ohne Reiter und ungezähmt.

Ich ging hinunter in mein Loch, das an einer Seite des Kliffs auf einer Insel ist, die ich einmal an der Küste von Spanien besuchte. Es führt in eine Unterwasserhöhle von etwa zehn Meter Durchmesser, die man mit dem Körper nur durch Tauchen erreichen kann. Ich saß darin und wartete darauf, daß etwas passierte, als ein Pferd auf mich zugelaufen kam. Sie wissen, wenn Sie ein Pferd auf sich zurennen sehen, ist das sehr erschreckend; deshalb glaube ich, daß ich die Besinnung verlor. Jedenfalls, als ich wieder zu mir kam, was mir wie gleichzeitig erschien, sah ich einen weißen Widder, wo das Pferd gewesen war. Er bewegte seinen Kopf, als wollte er mir sagen, ich solle zur Seite sehen. Ich blickte mich um. Hinter mir sah ich dieses weiße Pferd mit einer braunen Mähne – es war dasselbe, das ich vorher gesehen hatte. Es kam wieder auf mich zugelaufen. Ich dachte, o Gott, hier kommt es schon wieder. Es kam auf mich zu und rannte durch mich hindurch. Dann sah ich wieder diesen Widder. Nun hatte ich also das Pferd zweimal und auch den Widder zweimal gesehen. Deshalb schaute ich herum und dachte: Gut, das ist zweimal; ich soll aber etwas viermal sehen.

Dann sah ich plötzlich Fische. Ich sah einen wie einen Riesenhai zweimal ins Wasser tauchen und herauskommen. Ich dachte: Gut, das ist zweimal. Es gab nun also drei Tiere, die ich zweimal gesehen hatte. Dann kam der Fisch wieder heraus. Das war nun also dreimal. Dann tauchte er noch einmal weg. Ich schaute dorthin, wo ich erwartete, daß er wieder herauskommen würde, und heraus kam dieser sehr häßliche getigerte Hai. Nun, das war er nicht.

Dann kam dieser Bär auf mich zugetorkelt, aber er drehte sich um. Es schien so, als ob ich ihn mit meiner Kraft wegbewegte. Danach kamen diese Wölfe auf mich zugelaufen, als plötzlich das Pferd wieder da war. Es bäumte sich hoch auf, um mich vor den Wölfen zu beschützen. Das war nun also dreimal mit dem Pferd. Doch es verschwand. Deshalb drehte ich mich zu meinem Rückweg um, und da stand genau, wo das Loch ist, das Pferd, weiß mit brauner Mähne. So brachte ich es zurück.

Manchmal gelingt es dem Schamanen auf seiner Reise nicht, das Krafttier für seinen Patienten zurückzuholen. Die Erfahrung der folgenden Person beschreibt dies. Dennoch erweitert jede Reise das Wissen des Schamanen und verlangt von ihm die schrittweise Integration mit dem übrigen Wissen, das er im schamanischen Bewußtseinszustand erwirbt.

Diese besondere Reise war für mich sehr merkwürdig. Es war eine Reise durch eine Welt, die absolut von nichts bewohnt war. Diese Welt war ganz und gar künstlich errichtet – eine Welt, vollständig von Menschen oder anderen intelligenten Wesen konstruiert, alles vollständige Räume und sehr geometrisch. Sie ähnelte einer Superraumstation, aber es gab überhaupt kein Zeichen von Leben dort. Es schien so, als ob irgendwo jemand versteckt sein könnte, aber so wie ein Roboter.

Im nächsten Fall – ähnlich wie in dem Bericht, wo ein Pferd das Krafttier war – demonstriert der Adler seine Kraft durch deutlich wildes Gehaben.

Ich ging in diese Höhle, die mir vertraut ist, und ging einfach immer weiter nach hinten. Dann stieß ich auf diesen Tunnel und ging schnell nach unten hindurch. Ich fühlte sozusagen, wohin ich ging. Als ich herauskam, war ich an derselben Stelle, die ich vorher schon besucht hatte. Ich sah einen Adler, aber er flog davon. Dann sah ich ein rotes Eichhörnchen auf dem Baum sitzen. Ich war mir nicht sicher, ob das rote Eichhörnchen oder der Adler das Schutztier sein würde. Ich wartete einige Zeit, und da plötzlich kehrte der Adler zurück und griff das Eichhörnchen an. Zuerst dachte ich, der Adler würde das Eichhörnchen töten und fressen, aber das tat er nicht. Er ließ es wieder los. Nachdem das Eichhörnchen verschwunden war, flog der Adler ringsumher. Ich sah ihn aus verschiedenen Winkeln, und ich brachte ihn zurück.

Wie ich schon berichtet habe, benutzen die Conibo die Wurzeln bestimmter Bäume, um in die Unterwelt hinabzusteigen. Die Person im folgenden Fall entdeckte unabhängig davon diese Technik für sich selbst. Es ist eine gute Schilderung, wie man schamanisches Wissen im schamanistischen Bewußtseinszustand sammeln kann, auch hinsichtlich der Methode. Um abzukürzen, wird nur der Anfang des Berichtes gebracht (der Tiger war das Krafttier für seinen Partner).

Ich ging durch das Loch hinunter und spazierte unterirdisch an den Wurzeln einer Kiefer entlang. Da der holperige Boden sehr unbequem war, kletterte ich auf eine Wurzel und ging daran hinunter. Die Wurzeln verzweigten sich immer weiter, wobei sie immer dünner wurden. Dann kam ich an die etwas hellerfarbige Wurzel, die ich auf meiner letzten Reise benutzt hatte, und ich folgte darauf dieser Abzweigung. Ich blieb auf dieser Wurzel, bis sie plötzlich aufhörte. Vor mir befand sich eine tiefe Quelle, deren Seitenwände vollkommen schwarz waren. Ich erkannte, daß ich dort hinunter mußte, also sprang ich direkt hinein. Ich fiel lange Zeit durch Dunkelheit, bis ich schließlich die Umrisse von etwas Schmalem und Geradem unten sah. Es war ein dickes Seil, das ein Teil der Hängebrücke war, die über die Quelle führte. Ich landete auf dem Seil und ließ mich auf die Brücke hinunter. Ich wanderte nach rechts. Als ich die Brücke verließ, sah ich einen prächtigen Tiger an der einen Seite stehen, der mich anschaute …

Synchronizitäten

Eines der interessantesten Merkmale einer erfolgreichen Schutzgeistreise ist die Synchronizität oder das auffällige Zusammentreffen von Ereignissen. Zum Beispiel kommt es vor, daß der Patient, nachdem er ein Tier erhalten hat, dem Schamanen erklärt, er habe bereits vorher eine ungewöhnliche Beziehung zu diesem speziellen Tier gehabt. Das kann eine tiefe Kindheitserinnerung, eine kürzliche merkwürdige Begegnung oder eine längere Vorliebe gewesen sein, Bilder und Zeichnungen gerade dieses Tieres zu sammeln.

Eine andere Art von Gleichlauf, der oft vorkommt, besteht darin, daß der Patient einige derselben Einzelheiten der Reise erfuhr wie der Schamane, obwohl nicht darüber gesprochen worden war. Diese Art der Ähnlichkeit von Erfahrungen wird sogar noch dramatischer, wenn eine große Gruppe von Personen die schamanische Reise gemeinsam als Mannschaft eines Geistbootes unternimmt. Nicht ungewöhnlich ist es dann, daß mehrere Personen der Mannschaft wiederholt demselben Tier begegnen und besondere Einzelheiten seiner Erscheinung in der Diskussion am Ende der Reise bekräftigen.

Bei der schamanischen Arbeit ist es wichtig, auf das Vorkommen positiver Synchronizitäten zu achten; denn sie sind ein Zeichen dafür, daß Energie wirkt, um Ergebnisse weit über die normalen Grenzen der Wahrscheinlichkeit hervorzubringen. Achten Sie unbedingt auf die Häufigkeit positiver Synchronizität als eine Art »Leitfeuer« entsprechend einem Richtungszeichen, das angibt, ob die richtigen Mittel und Methoden angewandt werden.

Wenn dieses »Glück« überraschend häufig ist, arbeitet der Schamane richtig und hat Nutzen von der Kraft. Es folgen einige typische Fälle, welche die Art positiver Synchronizität zeigen, die manchmal bei der Arbeit zur Rückholung von Schutzgeistern vorkommt.

Im ersten Fall sah die als Patient auftretende Person das Krafttier, sobald es in sie hineingeblasen war, ohne daß ihr von der als Schamane auftretenden Person etwas darüber erzählt worden war.

Der als Schamane auftretende Partner: *Ich ging hinunter in die Öffnung der Erde und weiter in einen Tunnel, durch den ich bereits viele Male gegangen war. Ich überquerte den kleinen Fluß, der hindurchfließt. Diesmal ging ich in einen dunklen Gang der Höhle, in dem ich vorher noch nicht gewesen war. Ich war immer daran vorbeigegangen und hatte einen anderen Weg genommen. Da kam ich in eine Art Wüste, in der es verschiedene Formen von Kakteen gab. Ich sah eine Reihe verschiedener Tiere, wie man sie in der Wüste sieht. Dann sah ich einen Berglöwen. Das ging alles sehr schnell vor sich. Der Berglöwe lief immer wieder davon, als ob er mich necken wollte; aber dabei lief er in verschiedene Richtungen, so daß ich ihn aus vier verschiedenen Winkeln sah. Da brachte ich ihn zurück.*

Der als Patient auftretende Partner: *Gleich nachdem er mich aufgerichtet und mir in den Kopf geblasen hatte, sah ich unmittelbar das lebendige Bild einer Katze mit Zähnen, das Maul weit offen und fauchend. Ich stellte mir vor, daß es eine Beziehung geben müsse, weil es so wirklich lebendig war. Und dann sagte er mir, daß er mir einen Berglöwen eingehaucht habe.*

Im nächsten Fall hatte Partner A vorher eine einleitende Forschungsreise unternommen, auf welcher er ein altes Bauernhaus und eine Bergziege auf einem Hügel in der Nähe entdeckt hatte. Er hatte niemandem davon erzählt. Als dann Partnerin B (ohne von A's Erfahrung zu wissen) die Reise machte, um ein Krafttier für ihn zurückzuholen, fand sie ein Bauernhaus und eine Bergziege daneben auf einem Abhang. Sie brachte sie für ihn zurück. Diese Art von Synchronizität bedeutet vom schamanischen Standpunkt aus, daß es keinen Zweifel über sein Krafttier und dessen Bereitschaft geben kann, zu ihm zurückgebracht zu werden.

Partner A: *Ich wurde direkt durch den Tunnel getrieben. Ich wußte, daß ich weit gehen mußte, und ging deshalb auch ziemlich schnell. Ich kam an einer Stelle heraus wie auf einem Bauernhof. Er schien sehr alt und weit weg zu sein. Ich ging um das Haus herum und beobachtete es eine Weile. Alles war aus Holz, nichts modern. Dann kletterte ich hoch hinauf auf diesen Hügel und sah dort die Ziege, eine Bergziege. Dann kam ich zurück.*

Partnerin B: *Ich ging zu meiner Höhle und hinunter durch das Loch. Ich hatte keine großen Hoffnungen, wirklich etwas zu finden. Dann sah ich plötzlich oben auf dem Felsen diese Bergziege – eine weiße und sehr hübsche Ziege. Sie schaute mich an. Dann rannte sie weg, hinaus auf eine Wiese. Ich folgte ihr dorthin. Auf dieser Wiese stand weit draußen ein großes Bauernhaus. Es war eine sehr schöne Wiese. Als ich zu dem Bauernhaus kam, sah ich die Ziege wieder auf dem Bergabhang. Ich sah die Ziege viermal. Als ich sie das fünfte Mal sah, wollte sie gerade in ein Loch hineingehen. Ich wollte ihr da hinunterfolgen, weil sie so ausgelassen war, aber ich tat es nicht. Ich nahm sie und brachte sie zurück.*

Partner A: *Ich hatte ihr nicht erzählt, daß ich die Ziege gesehen hatte. Immer wenn so etwas passiert, fragt mein Verstand: Ist das wirklich eine Erfahrung von außerhalb, oder hat unser Unterbewußtsein sie erzeugt? Aber in Wirklichkeit ist das eine illusorische Frage.*

Das Geistboot einer Gruppe

Die Methode des Geistbootes der Goast-Salish, die wir bereits beschrieben haben, kann so angepaßt werden, daß sie als eine wertvolle Gruppenerfahrung dient, bei der eine große Zahl Menschen sich zusammentun und das Boot formen, um jemandes Krafttier zurückzuholen.

Die Teilnehmer sollten alle erfolgreich die bisher beschriebene Arbeit erfüllt haben, und einer von ihnen sollte schon als Schamane anerkannt sein. Wenn Sie eine Gruppe bilden, die ein Geistboot aufbaut, sollten Sie im Idealfall jemanden als Patienten haben, der ernstlich depressiv, ent-geistigt oder sonstwie krank ist – jemanden, der wirklich Kraft braucht, so daß die Gruppenleistung voll eingesetzt werden kann.

Bei der Methode des Geistbootes legt sich der Schamane neben den Patienten, wie bei der üblichen Methode zur Rückholung des Schutzgeistes. Ein Unterschied zu der früher gelernten Technik besteht darin, daß die übrigen Mitglieder der Gruppe sich zusammentun, um ein Boot um das Paar zu bilden und während der Reise in die Unterwelt als Paddler, Staker, Ausschauhaltende und Beschützer zu fungieren.

Die Grundstufen bei dieser Methode sind die folgenden:

1. Alle Teilnehmer außer dem Patienten sollten durch die Stufen des *Eröffnungstanzes* und des *Tiertanzens* gehen, wie auf den Sei-

ten 101–103 beschrieben. Während dieser Tänze schlägt der Trommler im Gleichklang mit der Rassel des Schamanen. Haben die Teilnehmer Rasseln, dann schütteln sie sie während des Tanzens im selben Tempo wie der Schamane.

2. In einem ruhigen, verdunkelten Zimmer legt sich der Patient auf einer auf dem Boden ausgebreiteten Decke auf den Rücken. Die als die schamanische Mannschaft arbeitenden Personenbilden die Umrisse eines Bootes um den lang ausgestreckten Patienten, wobei der Bug in dieselbe Richtung zeigt wie die Füße des Patienten. Die Mitglieder der Mannschaft stellen die Seiten des Bootes dar und sind die Paddler. Jeder einzelne setzt sich auf den Boden und bleibt durch seine Beine in Berührung mit seinem Vordermann, so daß eine ununterbrochene menschliche Kette gebildet wird.

Im hinteren Teil des Bootes, in der Mitte des Hecks, sitzt der Trommler. Quer über seinen Knien liegt die Trommel, die für den Rhythmus der Paddler sorgt, sobald das Boot in die Unterwelt reist.

3. Wenn die Paddler das Boot gebildet haben, löscht der Schamane als Leiter der Gruppe alles Licht außer einer Kerze hinter dem Trommler und steigt in die Mitte des Bootes.

4. Der Schamane macht jetzt dieselbe Arbeit, die in den Stufen 4 und 5 in dem Abschnitt: *Die Reise machen, um ein Krafttier zurückzuholen* (Seite 115) beschrieben wird.

5. Die Gruppe begleitet den Schamanen beim Singen seines Kraftliedes. Die Methode mit dem Geistboot ist wirkungsvoller, wenn die ganze Gruppe gemeinsam die Worte singt.

6. Jetzt macht der Schamane dieselbe Verrichtung wie in den Stufen 6 bis 9 des Abschnittes: *Die Reise machen, um ein Krafttier zurückzuholen* (Seite 117–120) beschrieben.

7. Gleichzeitig mit dem Trommelschlag fängt die Mannschaft an zu paddeln. Die Mannschaft kann körperlich zum Schlag der Trommel paddeln, braucht aber dazu keine materiellen Stangen oder Paddel. In der Dunkelheit des Zimmers stellen sich alle

Teilnehmer – der Schamane, der Trommler und alle Mitglieder der Mannschaft – ihren Eingang in die Unterwelt vor.

Der Schamane in der Mitte des Bootes neben dem Patienten ist die einzige Person des Bootes, deren Aufgabe es ist, nach dem Schutzgeist zu suchen. Das ist allein seine Verantwortung. Die anderen Personen im Boot bemühen sich jedoch zu *sehen* und durchsuchen die Unterwelt, um irgendwelche entdeckten Gefahren sofort abzuwehren und Informationen zu sammeln, um sie nach der Reise mitzuteilen. Indem sie in das Kraftlied des Schamanenführers eingestimmt haben, um ihre Geister zu rufen, haben sie nun ihre eigenen Hüter bei sich. Mit Hilfe dieser Krafttiere werden sie zunächst den Tunnel und dann die Unterwelt durchsuchen. Wenn sie irgendein Reptil mit Fängen, irgendwelche gefräßigen Insekten oder Nichtsäugetiere sehen, deren Zähne sich zeigen, sollen sie ihre eigenen Krafttiere veranlassen, diese dem Boot fernzuhalten. Dazu können sie die Rufe ihres persönlichen Krafttieres nachahmen.

8. Nun verrichtet der Schamane die Aufgaben, wie sie in den Stufen 10 bis 14 des Abschnittes: *Die Reise machen, um ein Krafttier zurückzuholen* (Seite 120–122) beschrieben werden.

9. Wenn der Schamane seine Rassel viermal schnell schüttelt, um anzuzeigen, daß er den Schutzgeist des Patienten hat, ist das das Signal für den Trommler und die ganze Mannschaft, daß die Rückreise sofort angetreten werden muß. Alle stellen sich vor, daß das Kanu scharf wendet und durch den Tunnel zurückkehrt, wobei sie mit Höchstgeschwindigkeit paddeln. Sie alle und der Trommler halten ein, sobald der Schamane aufhört, seine Rassel zu schütteln; denn das bedeutet die Heimkehr des Bootes.

10. Der Schamane verrichtet die Aufgabe wie in den Stufen 15 und 16 des Abschnittes: *Die Reise machen, um ein Krafttier zurückzuholen* (Seite 123) beschrieben.

11. Um dem Patienten Raum zu geben, damit er sein Tier tanzen kann, bilden die Mitglieder der Bootsmannschaft einen Kreis und setzen sich mit dem Gesicht zur Mitte des Kreises auf den Boden. Wenn der Tanz beendet ist, hilft der Schamane dem Tänzer vor-

sichtig, sich wieder hinzulegen, um sich auszuruhen. Er legt seinen Arm um den Patienten, um ihm seine weitere Unterstützung anzudeuten, und beschreibt den anderen seine Erfahrungen auf der Reise. Dann können nacheinander die Mitglieder der Bootsmannschaft ihre eigenen Erfahrungen während der Reise beschreiben. Der Schamane fügt Erklärungen hinzu, indem er ihre persönlichen Erfahrungen durch sein eigenes Wissen untermauert.

Jetzt nimmt der Schamane die Gelegenheit wahr, soweit dies sein eigener Wissensstand erlaubt, auszudeuten, in welcher Beziehung die individuellen Erfahrungen zum Patienten wie auch zum allgemeinen Wissen über nichtnormale Wirklichkeit stehen. Bevor diese Diskussion beginnt, kann der Schamane den Patienten fragen, ob er irgend etwas sagen möchte. Nicht selten berichtet der Patient unaufgefordert, daß das spezielle Tier oder der durch den Schamanen zurückgebrachte Schutzgeist eine ganz bedeutende Rolle in seinem Leben gespielt hat, insbesondere während seiner Kindheit.

Das Geistboot kann nicht nur dazu benutzt werden, um Schutzgeister zurückzuholen; man kann damit auch Vitalseelen zurückholen (hier nicht behandelt) und es ferner für Forschungsreisen benutzen. Letztere erfordern nicht die Anwesenheit eines Patienten in der Mitte des Bootes. In solchen Fällen hat der Trommler die Schlüsselposition, die am besten von einem erfahrenen Schamanen eingenommen wird. Die Mannschaft teilt ihre Erfahrungen nach jeder Reise mit, um das schamanische Wissen jedes einzelnen zu vergrößern.

Durch Forschungsreisen erhält der Schamane Hilfsgeister (siehe Kapitel VII) und das Wissen darüber, wie verschiedene Arten von Krankheiten behandelt werden. Bei solchen schamanischen Reisen wird er oft von seinem Schutzgeist geführt und unterrichtet, der ihn auch an Orte mit besonderen Arten von Geistern bringt. Im folgenden Auszug aus einem Bericht eines Schamanen der Tavgi-Samo Sibiriens über seine erste Reise in die Unterwelt bringt der Schutzgeist den Betreffenden an einen Ort, an dem er lernen kann, wie Geisteskrankheit zu behandeln ist:

Wir sahen neun Zelte vor uns ... Dann schien es mir, als seien wir auf der Straße. Wir betraten das erste Zelt, wo wir sieben nackte

Männer und Frauen vorfanden, welche die ganze Zeit sangen, während sie ihre Körper mit ihren Zähnen zerbissen. Ich wurde sehr ängstlich.

»Jetzt werde ich dir das erklären, ich selbst, weil du es doch nicht erraten kannst«, sagte mein Begleiter (Schutzgeist). »Ursprünglich wurden sieben Erden geschaffen, und durch die Geister dieser sieben Erden verlieren (die Menschen) ihren Verstand. Einige fangen einfach an zu singen; andere, die ihren Verstand verlieren, gehen weg und sterben; wieder andere werden Schamanen. Unsere Erde hat sieben Vorgebirge, auf denen jeweils ein Verrückter lebt. Wenn du ein Schamane wirst, findest du sie selbst.«

»Wo kann ich sie finden – du hast mich an den falschen Ort geführt« – dachte ich.

»Wenn ich dich nicht führe, damit du (die Geister) siehst, wie könntest du Magie für die Geisteskranken machen? ... Dir müssen alle Arten von Krankheit gezeigt werden.«[132]

VI
Die Praxis der Kraftanwendung

Schamanen sind geteilter Meinung darüber, ob es ratsam ist, dan Menschen die Identität ihres Schutztieres mitzuteilen. Bei den Jívaro ist seine Natur eine ganz geheime Angelegenheit. Die Identität des Tieres preiszugeben, während man es noch besitzt, so meinen sie, könne es dazu bringen, den betreffenden Menschen zu verlassen. Bei den nordamerikanischen Präriestämmen jedoch ist es nicht ungewöhnlich, einzelne von ihnen öffentlich über ihre Schutzgeister sprechen zu hören. Deshalb überlasse ich Ihnen selbst das Problem. Vielleicht wegen meines Jívaro-Trainings bevorzuge ich für meine Person, die Identität von Krafttieren nicht zu diskutieren. In meinen Seminaren aber, wo Menschen ernsthaft zusammenarbeiten, um einander zu helfen, scheint die vertrauliche Mitteilung solcher Information zum Zwecke der Vertiefung des schamanischen Wissens und der Stärkung der Kraft normalerweise nicht zum Verlust des Schutzgeistes zu führen. Die Salish-Sinkaietk aus dem Staat Washington sollen eine ähnliche Einstellung haben.[133]

Benutzen Sie die Kraft Ihres Schutzgeistes im täglichen Leben, indem Sie sich bewußt machen, wie Sie sich fühlen. Wenn Sie sich voller Kraft fühlen, ist das der Zeitpunkt, um größere Schwierigkeiten in Ihrem Leben zu überwinden oder eine ernste Herausforderung anzunehmen. Wenn Sie sich ent-geistigt fühlen, bemühen Sie sich am besten, Krisen zu vermeiden – und versuchen Sie dann auch nicht, jemandem schamanisch zu helfen.

Ein Krafttier um Rat fragen

Bevor Sie sich an fortgeschrittenere Aufgaben wagen, sollten Sie eine Anzahl Reisen hinunter in den Tunnel machen, um Ihr Krafttier zu sehen und es um Rat zu fragen. Diese Art der Befragung wird im allgemeinen in der anthropologischen Literatur »Weissagung« genannt. Ein einfacher Grund, sein eigenes Krafttier zu befragen, wäre zum Beispiel, Auskunft über irgendein persönliches Problem zu erhalten. Ein anderer Grund, das Krafttier um Rat zu fragen, ist die ungewöhnliche Ursache und Behandlung der Krankheit eines Patienten.[134] Zur Befragung befolgen Sie einfach die üblichen Stufen, die Sie gelernt haben, sofern Sie die Reise allein für sich durchführen. Wenn Sie darin sicher geworden sind, kann es sein, daß Sie zum Eintritt in den schamanischen Bewußtseinszustand kein Trommeln mehr brauchen. Zunächst aber nehmen Sie weiter einen Partner, der als Trommler-Assistent mitwirkt, oder Sie benutzen eine Aufnahme mit schamanischem Trommeln (siehe Anhang A).

Auch wenn die Kraft des Schutzgeistes bei Ihnen ist, bewegt sich dieser Hüter nach seinem Willen umher, indem er ständig in Ihren Körper ein- und austritt. Wie die Jívaro und andere Völker wissen, kann die Kraft sogar bis zu zwei Wochen in Ihnen bleiben, ohne daß der Schutzgeist in Ihren Körper zurückkehrt.[135] Sie brauchen aber manchmal nicht weit zu reisen, bis Sie Ihr Tier sehen, weil es in den meisten Fällen in Ihrer Nähe bleibt. Oft ist das eigene Krafttier im Tunnel oder genau außerhalb der Öffnung am anderen Ende. Wenn Sie Ihren Schutzgeist sehen, grüßen Sie ihn schweigend und stellen Ihre Frage, wobei Sie ihn deutlich vor sich sehen. Im allgemeinen wird das Krafttier seine Antwort geben, indem es seinen Körper vor Ihnen auf ungewöhnliche Weise bewegt. In anderen Fällen kann es Sie auf einer Reise durch bestimmte Teile der Unterwelt führen, wobei die Erfahrungen der Reise eine Art Antwort auf Ihre Frage sind. Auf welche Weise der Schutzgeist Ihnen auch antwortet, Sie sollten jedenfalls versuchen, alle Einzelheiten klar im Gedächtnis zu behalten, und dann durch den Tunnel ins normale Bewußtsein zurückkehren.

Die ersten paar Male Ihres Einsatzes zu diesem Zweck ist es am besten, wenn Sie einfache Fragen stellen, die mit »ja« oder »nein« beantwortet werden können. Das macht es für Sie leichter, die Antwort zu verstehen, als wenn das Krafttier sich als Antwort vor Ihnen bewegt. Wenn Sie im Verstehen seiner »Sprache« erfahrener geworden sind, können die Fragen komplizierter werden. Als Hilfe für Sie, sich an die Einzelheiten der erhaltenen Informationen zu erinnern, schlage ich vor, Tagebuch zu führen oder hinterher einen Kassettenrecorder zu besprechen. Dies ist ganz allgemein eine gute Angewohnheit bei Ihrer schamanischen Arbeit.

Warten Sie jedoch nicht, bis Sie ein echtes Problem haben, um Ihr Krafttier durch die Reisemethode zu besuchen. Es nur zu sehen, ist schon wohltuend, auch ohne Fragen zu stellen. Positive Synchronizitäten im eigenen Leben ereignen sich oft nach solchen Besuchen. Oft ergeben sie Lösungen für Probleme, die der betreffende Mensch gerade in seinem Kopf wälzte.

Eine Vorausschau erlangen

Die schamanische Reise kann auch auf jemandes Ersuchen als eine Art Vorausschau unternommen werden, was dem Betreffenden auf einer geplanten Reise in der normalen Wirklichkeit passieren wird. Ein europäischer Besucher bei den Yurak-Samojeden Sibiriens berichtete folgendes:

Als ich zu meiner Sommerreise an die Tazorskaya-Bucht aufbrach, fragte ich einen Zauberer (Schamanen) in Obdorsk, ob ich Glück auf dieser Reise haben würde. Er begann zu trommeln und machte sich sozusagen auf den Weg nach diesem Ort, indem er auf den Wolken reiste. Als er an den Purfluß kam, hatte er Kopfschmerzen, und ich würde auch dort krank werden. Sein Boot kippte in einem Wirbel an der Mündung des Purflusses um. Dasselbe sollte mir passieren. Schließlich kam er weiter oben am Tazfluß zum numkympoi-Geist, der »Licht gab«. Also würde die Reise glücklich für mich enden, und ich würde sicher zurückkehren.[136]

Leider gab der Berichterstatter nicht die Genauigkeit der Voraussagen des Schamanen an. Diese Art Information lassen sogar positiv eingestellte Anthropologen aus ihren ethnographischen Berichten gern weg. Eine Ausnahme ist Kensinger, ein hochangesehener Anthropologe, der jahrelang bei den Cashinahua-Indianern in Peru lebte. Die Cashinahua unternehmen ähnlich wie die Conibo und die Jívaro häufig schamanische Reisen mit Unterstützung des *ayahuasca*-Gebräus. Kensinger liefert das folgende ungewöhnliche persönliche Zeugnis für die Richtigkeit der Information, die sie auf der Reise erhalten hatten:

Mehrere Informanten, die niemals in Pucalipa waren und keine Bilder von der großen Stadt und dem Endpunkt der Autobahn am Ucayalifluß gesehen hatten, konnten ihre Besuche in dieser Stadt unter dem Einfluß von ayahuasca mit so vielen Einzelheiten beschreiben, daß ich in der Lage war, bestimmte Geschäfte und Sehenswürdigkeiten zu erkennen. Am Tag nach einer ayahuasca-Veranstaltung sagten mir sechs der neun Leute, daß sie den Tod meines chai, des »Vaters meiner Mutter«, gesehen hätten. Das geschah zwei Tage, bevor ich über Funk von seinem Tod benachrichtigt wurde.[137]

Kraft speichern

Wenn jemandem ein Krafttier zurückgegeben wurde, fühlt der Betreffende sich meistens sofort besser und spürt dann, wie während der nächsten Tage zunehmend Kraft in seinen Körper fließt. Wenn Sie so etwas erleben, sollten Sie dadurch nicht übermütig werden. Sie sollten als wöchentlichen Brauch einführen, die Kraft zu speichern, indem Sie Ihr Krafttier befriedigen; denn der Schutzgeist ist nicht nur in Ihren Körper gekommen, um Ihnen zu helfen, sondern auch, um sich selbst zu helfen. Sie erhalten seine Kraft; er erhält dafür die Freude, wieder Leben in einer materiellen Gestalt zu erfahren. Deshalb sollten Sie jede Woche ein paar Minuten darauf verwenden, Ihr Tier zu tanzen – mit der Hilfe von Rasseln, wie Sie es bereits gelernt haben. Wer das wöchentliche Tanzen beibehält, ermutigt seinen Schutzgeist, bei ihm zu bleiben. Wer dies nicht aufrechterhält, wird dessen Kraft nicht lange behalten. Alle, die den Brauch beibehalten, ihr Tier wöchentlich einmal zu üben, berichten von ihrem Erfolg, ein Gefühl von Optimismus und Kraft zu besitzen. Meistens drückt sich es auch so aus, daß sie mit den Problemen des täglichen Lebens gut fertig werden, kaum krank sind und sich körperlich und geistig gesund fühlen.

Auch wenn Sie Ihr Krafttier tanzen und üben, müssen Sie damit rechnen, daß es zunehmend rastlos wird, weite Strecken zu reisen beginnt und die Nacht durch wandert, während Sie schlafen. Die Kraft bleibt bei Ihnen, auch wenn der Schutzgeist zeitweilig weg ist. Wie die Salish Sinkaietk sagen: »Kraft ist die ganze Zeit beim Menschen, aber der Schutzgeist kann weit weggehen.«[138]

Wenn Sie aber anfangen, mitten in der Nacht niedergeschlagen und ent-geistigt aufzuwachen, dann bedeutet es, daß Ihr Schutzgeist nicht nur umherwandert, sondern Sie verlassen hat.

Ein ruheloses Krafttier bedeutet eine ständig schwächer und seltener werdende Verbindung mit Ihnen. Vielleicht haben Sie darüber gelesen, daß die Menschen in vielen »primitiven« Kulturen glauben, man werde ernsthaft krank oder könne sogar sterben, wenn man plötzlich erschüttert oder erschreckt wird. Aus schamanischer Sicht kann das insbesondere dann geschehen, wenn Ihr Schutzgeist eine lose Verbindung zu Ihnen hat. Ein ruheloser Schutzgeist kann dabei ausgestoßen werden und kehrt dann nicht mehr zurück.

Da der eigene Schutzgeist oder sogar die eigene Seele unterwegs sein kann, während man schläft, wird in »primitiven« Kulturen große Sorgfalt darauf verwandt, Menschen sanft zu wecken. Es wird bei solch weit voneinander entfernten schamanischen Kulturen wie den Murgin Australiens und den Warao Südamerikas im allgemeinen als gefährlich angesehen, plötzlich geweckt zu werden.[139] Die Murngin halten das offensichtlich sowohl am Tage als auch bei Nacht für eine Gefahr: »Während des heißen Nachmittags schlafen die Menschen häufig im Schatten, und wenn es notwendig wird, einen von ihnen zu wecken, so geschieht das niemals hastig, sondern mit großer Sanftheit und Rücksichtnahme ...»[140] In Jívaro-Häusern werden die Menschen so sanft wie möglich geweckt, oftmals durch jemanden, der zarte, innige Flötenmusik spielt. Es braucht wohl nicht gesagt zu werden, daß die Benutzung eines Weckers schamanisch nicht gesund ist. Tatsächlich ist es mancherorts üblich, daß schlafende Schamanen überhaupt nicht geweckt werden.

Die schamanische Behandlung von Schock oder Schreck macht die Reise erforderlich, um die Kraft zurückzuholen. Wenn zum Beispiel ein Mensch bei einem Autounfall verletzt wurde, so würde ein Schamane ihn ohne Berücksichtigung der Verletzung behandeln. Ein solcher Einsatz ersetzt selbstverständlich nicht die orthodoxe ärztliche Behandlung, sondern ergänzt sie. Die spezielle Behandlung, sofern das Opfer nicht im Koma liegt, besteht darin, seinen Schutzgeist zurückzuholen beziehungsweise festzuhalten, damit dieser ihm wieder Energie gibt. Wenn das

Opfer im Koma liegt, erfordert die Behandlung zuerst die Genesung seines Lebensgeistes oder seiner Vitalseele (eine fortgeschrittene Technik, die hier nicht besprochen wird), damit er nicht stirbt. Die alte Redewendung, »sich zu Tode erschrecken«, ist möglicherweise noch ein Überbleibsel aus dem früheren schamanischen Wissen in Europa über solche Dinge.

Wenn man einen Schutzgeist verliert, bedeutet das nicht, daß seine Kraft auch sofort verlorengegangen ist. Wie die Jívaro sagen: »Seine Kraft gleicht einem Duftstoff«, der verweilt und sich erst nach mehreren Wochen auflöst. Während dieser Zeit sollte man sehr bald die Unterstützung eines Partners suchen, um ein anderes Krafttier zu erhalten. Wenn dies sofort geschieht, kann das Ersatztier die noch verweilende Kraft des vorherigen »einschließen«. Bei Anwendung dieser Technik kann ein Mensch über Jahre hinweg nach und nach etwas von der Kraft mehrerer Schutzgeister erwerben. Jedoch wird die gespeicherte Kraft nur so lange »eingeschlossen« bleiben, wie der Mensch wenigstens ein Krafttier in seinem Besitz hat.

Große Träume

Vom schamanischen Standpunkt sind Träume von zweierlei Art: alltägliche Träume und nicht-alltägliche oder Große Träume. Schamanen kümmern sich im allgemeinen nur um Große Träume. Es handelt sich um einen Großen Traum, wenn er mehrere Male in der Grundbedeutung während verschiedener Nächte wiederholt wird oder wenn er als einmaliger Traum so lebhaft ist, als ob man wach sei, also ein ungewöhnlich kraftvoller Traum ist. Große Träume sind meistens Mitteilungen von Ihrem Schutzgeist, Ihrem Krafttier. Manchmal erscheint der Schutzgeist selbst in dem großen Traum, manchmal auch nicht.

Große Träume müssen als wörtliche Botschaften angenommen werden, die nicht erst wegen irgendwelcher verborgener Symbolik entschlüsselt zu werden brauchen. Wenn Sie zum Beispiel einen Großen Traum haben, daß Sie bei einem Autounfall verletzt werden, dann ist das für Sie eine Warnung von Ihrem Schutzgeist, daß solch ein Unfall stattfinden wird. Sie werden ihn vielleicht nicht verhindern können, aber Sie können ihn symbolisch selbst oder mit einem Freund in einer viel leichteren Art inszenieren und dadurch seine ernsten Folgen verhindern. Mit anderen Worten ist nicht der Traum symbolisch, wohl aber Ihre Darstellung desselben. Sie können das leicht zu Hause durchführen, besonders wenn Sie einen Schamanenpartner haben, der Ihnen bei der Durchführung hilft, damit niemand verletzt wird. Formen Sie einfach den Traum in eine leichte, ungefährliche Art um, und bringen Sie es so hinter sich. Das ist eine Technik, die einst bestimmten Stämmen im nordöstlichen und westlichen Nordamerika bekannt war.[141]

Zum Thema Autounfälle folgt hier ein Bericht, den ich von einer Frau erhielt, kurz nachdem sie als Teilnehmerin an einem meiner Seminare etwas über Große Träume erfahren hatte:

Nicht lange nach Beendigung eines Workshops hatte ich eines Nachts einen äußerst starken Traum, der einen Autounfall mit mir im Wagen beschrieb. Nach Untersuchung des Bildes und all meiner Gefühle in jenem Traum stellte ich fest, daß ich nicht schwer verletzt war – in der Hauptsache nur schockiert durch die Erfahrung. Ein lebhaftes Geschehen bei dem Traumunfall bestand darin, daß ich zweimal auf Metall aufschlug. Ich war mir bewußt – zu jenem Zeitpunkt –, daß ich den Traum inszenieren mußte, um die Verwirklichung des Zusammenstoßes auf dieser Ebene des Bewußtseins zu verhindern. Da ich es aber genau wissen wollte, entschloß ich mich bewußt, nichts weiter mit Bezug auf den Traum zu unternehmen.

Etwa einen Monat später fuhr ich mit meinem Sohn im Wagen spazieren – ich war mir bewußt, wie zugetan, liebevoll und positiv wir beide uns zusammen fühlten –, da materialisierte sich ein Wagen vor uns einen Augenblick vor dem Unfall. Während ich darauf wartete, daß der Wagen seine 180-Grad-Drehung beendete, war ich mir bewußt, daß ich im Wagen durch das Drehmoment gegen meinen Sohn gepreßt wurde und mich außerhalb etwas über dem Wagen befand und den Ablauf des ganzen »Traumes« beobachtete – noch einmal. Während des Geschehens war ich mir eines Gefühls tiefen Friedens und der Gewißheit bewußt, daß mein Schutzgeist genau hier bei mir war und mich vor jeder »Gefahr« beschirmte.

Als der Wagen krachend zum Halt kam, war ich in der Lage, die notwendigen Anweisungen mit völlig kühlem Kopf zu geben – die Ver-

letzungen bei mir und meinem Sohn zu prüfen – ich war ganz sicher, daß der Rettungswagen schon gerufen worden war –, die entsetzten Zuschauer zu beruhigen, daß alles in Ordnung sei – einen zuverlässigen Mann zu fragen, meinen Sohn zu untersuchen, der in einem leichten Schockzustand zu sein schien. Dies alles wurde getan, während ich meinen eigenen Herzschlag prüfte – Schockzustand – und mein aufgeschlagenes Knie über die Rücklehne des Sitzes legte, bis ich aus dem Wagen getragen und in einem Krankenhaus versorgt werden konnte.

Es war nur ein einziger Aspekt des Traumunfalls anders als der wirkliche Unfall: Ich war auf einer anderen Straße. Auch war mir im Traum niemand anders gezeigt worden als nur ich.

Zuerst hatte ich gedacht, die Frau in dem anderen Wagen habe unseren Wagen gerammt. Bei weiterer Untersuchung entdeckte ich, daß mein Wagen gegen ihren Wagen geknallt war, als sie vor uns fuhr. Auch meine Drehung im Kreis kam zum Halt, als ich gegen das Heck ihres Wagens stieß. Da alles wörtlich zu nehmen ist, stieß ich gegen Metall und vollendete den Unfall durch weiteres Krachen gegen Metall.

Obwohl drei Menschen in den Unfall verwickelt waren, erlitt ich als einzige einen körperlichen Schaden – die tiefe Wunde am Knie.

Eine wichtige Erkenntnis hat sich aus diesem Unfall ergeben: Ich wurde nicht ernstlich verwundet und habe nur eine Narbe, die mich mahnt, irgendwelche weiteren Träume ernsthafter Natur sofort in Szene zu setzen! Es gibt noch etwas anderes in dieser ganzen Angelegenheit, das »paßt«. Als Sie damals meinen Schutzgeist zurückholten, zeigte er so etwas wie materiellen Wohlstand an. Die Narbe an meinem Knie – wenn auch überhaupt nicht schmerzhaft – wurde von den Versicherungsleuten für so »schlimm« erachtet, daß man mir eine ziemlich große Summe Schmerzensgeld gab … genug jedenfalls, daß ich mich heute »wohlhabend« fühle.

Sie können einen Großen Traum haben, der gut ist, also überhaupt nicht unheilvoll. Das kann als eine Aufforderung von seiten Ihres Schutzgeistes betrachtet werden, daß er das angenehme Vorkommnis des Traumes erleben möchte, indem Sie es tatsächlich ausführen. Wie bei einem »bösen« großen Traum sollte dies sobald wie möglich in Szene gesetzt werden. Natürlich brauchen Sie sich im Falle eines »guten« Großen Traumes nicht auf eine symbolische Durchführung zu beschränken.

Schutzgeister sind nur gut; aber wenn die Botschaften Ihres Krafttieres nicht beachtet werden oder wenn Sie es nicht durch Tanzen üben, könnte es mißvergnügt und entmutigt werden und Ihren Körper verlassen wollen. Seine Unzufriedenheit könnte unbeabsichtigt in Ihr eigenes Bewußtsein fließen und dadurch Spannung und Unruhe hervorrufen. Wenn Sie nichts tun, um die Situation zu bessern, wird es Sie bald verlassen, und Sie werden wieder »ent-geistigt« sein.

Kraftübertragung aus der Distanz

Die Jívaro sind der Meinung, daß jemand, der einen Schutzgeist besitzt, praktisch gegenüber dem Tod immun ist – ausgenommen der durch Epidemien hervorgerufene Tod. Auch kann der Betreffende nicht ernsthaft verletzt oder ernsthaft krank werden – ausgenommen wieder der Fall von Epidemien. Es ist nicht erforscht, wie viele »primitive« Völker eine ähnliche Ansicht vertreten, doch kann der Jívaro-Standpunkt über diese Fähigkeit des Schutzgeistes durch irgendwelche Regeln der normalen Wirklichkeit weder bewiesen noch widerlegt werden. Wenn jemand stirbt, ist das für die Jívaro der Beweis, daß er seinen Schutzgeist schon verloren hat. Da es im normalen Leben keine Möglichkeit gibt, tote Menschen zu befragen, ob sie tatsächlich ihre Schutzgeister vor dem Tod verloren hatten, kann man gegen den Jívaro-Standpunkt nur als eine Glaubenssache argumentieren.[142]

Wegen der beschirmenden Kraft des Schutzgeistes wird ein Mensch nicht ernstlich verletzt oder ernstlich krank, solange er ihn nicht verloren hat. Verständlicherweise besteht also die dringende Heilungsaufgabe des Schamanen in solchen Fällen darin, den verlorenen Schutzgeist der Person so bald wie möglich zurückzuholen. Da unsere Gesellschaft nicht schamanisch ist, dürfte es normalerweise nicht erlaubt werden, die notwendige Arbeit im Krankenhauszimmer der bettlägerigen Person zu verrichten. Ausnahmen sind manchmal in den USA geduldet, wenn sowohl der Schamane als auch der Patient amerikanische Indianer sind. Tatsächlich werden in einigen Krankenhäusern des Navaho-Reservats Besuche von eingeborenen Heilern in zunehmendem Maße ermutigt, da die westlichen Ärztekammern die Erfolge immer bewußter zur Kenntnis nehmen. Für Nicht-Indianer dürfte es jedoch noch einige Zeit dauern, bis schamanische zusätzliche Behandlung im Krankenhaus akzeptiert wird.[143] Inzwischen aber könnenSie die folgende fernwirkende Technik anwenden, um die Schutzkraft wiederherzustellen. Nehmen wir an, ein Freund oder Verwandter liege in einem Krankenhauszimmer viele Kilometer entfernt, und Sie möchten ihm gern schamanisch helfen. Wenn sich der Betreffende in einem gefährlichen Zustand befindet, hat er wahrscheinlich seinen Schutzgeist verloren. In einem ruhigen, dunklen Zimmer schließen Sie Ihre Augen, singen Ihr Kraftlied schweigend oder laut für sich selbst und benutzen Ihre Rassel, wenn Sie sie bei sich haben. Mental rufen Sie Ihr Krafttier, es möge aufwachen und aktiv werden, um Ihnen zu helfen.

In der Dunkelheit richten Sie sich nach der Stadt oder dem Ort aus, wo die betreffende Person sich befindet, bedecken Ihre Augen mit Ihren Händen und stellen sich den Patienten genau in seinem Bett liegend vor. Per Distanz zur Heilung oder zu einem anderen Zweck zu arbeiten erfordert beträchtliche Konzentration und Klarheit des »Sehens«, wie von den australischen Eingeborenen berichtet wird.[144] Sobald Sie sich die Person vorgestellt haben, gehen Sie auf die Reise in die Unterwelt, um ein Krafttier für diesen Menschen zurückzuholen. Sobald Sie sein Krafttier haben, schicken Sie es mental oder emotional zu dem Patienten, wie Sie ihn im Krankenhauszimmer gesehen haben.

Immer noch mit geschlossenen Augen rufen Sie nun Ihr eigenes Krafttier. Sobald Sie dessen Kraft stark um sich spüren, senden Sie etwas von seiner Kraft in den *Schutzgeist des Patienten,* um diesen zum Tanzen zu bewegen. Tun Sie dies so lange, bis Sie deutlich das Krafttier des Patienten aufstehen sehen und es anfängt zu springen, zu tanzen oder um und über den sich vorgestellten, ausgestreckt daliegenden Patienten zu laufen. Das kann aus jeder Entfernung getan werden. Natürlich klingt dies in Begriffen des täglichen Lebens verrückt und paßt gewiß nicht in irgendein Modell psychologischer Suggestion. Aber die positiven Synchronizitäten der Gesundung im Zusammenhang mit dieser Methode sind tatsächlich bemerkenswert. Wenn der Patient genesen ist, fragen Sie ihn, ob er Träume oder Visionen von irgendeinem besonderen Tier gehabt hat. Sie könnten über das, was er

Ihnen über seine eigenen Erfahrungen erzählt, überrascht sein, wie ich es oft gewesen bin.

Seien Sie vorsichtig, wenn Sie Kraft von Ihrem eigenen Krafttier aussenden, um einer anderen Person zu helfen, daß Sie diese Kraft nur an ihr Tier senden. Senden Sie sie nicht direkt an die Person, weil dies Zerstörungen verursachen könnte. Lassen Sie die Kraft zur Sicherheit durch den eigenen Hüter der Person ein, weil es das einzige Krafttier ist, das von direkter Hilfe sein kann. *Außerdem hüten Sie sich grundsätzlich davor, Ihre eigene Kraft auszusenden, um anderen zu helfen.* Sie würden sich selbst erschöpfen und – was wichtig für die Person ist, der Sie helfen wollen – würden es schwer haben, Ihre Arbeit fortzusetzen. Staat dessen sollten Sie immer die Kraft Ihres Schutztieres benutzen. Wenn Sie das beachten, werden Sie nach einer Heilungssitzung kraftgeladener sein denn je und keineswegs ermüdet oder erschöpft.

Solange der Patient in einer kritischen Verfassung ist, sollten Sie den Prozeß der Vorstellung seines Krafttieres über seinem ausgestreckten Körper alle paar Stunden wiederholen. Wenn Sie erkennen, daß das Tier einfach daliegt, sich nicht rührt, nichts tut, dann ist das eine gefährliche Situation für den Patienten. Sie müssen es mit der Kraft Ihres eigenen Schutztieres wieder beleben, wie Sie es zuvor getan haben, bis es wieder rennt, springt oder über und um den Patienten herum tanzt. Nicht selten muß man das mehrere Tage lang alle paar Stunden tun, bis der Patient endgültig außer Gefahr ist. Doch auch danach ist es wünschenswert, diese Aufgabe weiter einmal am Tag durchzuführen. Wenn Sie dann später der Meinung sind, daß die genesene Person für schamanische Arbeit empfänglich ist, besuchen Sie sie, erklären ihr, was Sie getan haben, und schlagen ihr vor, daß sie selbst sich das Tier vorstellen und es mental in ihrem Zimmer »tanzen« solle, während sie im Bett liegt. Ich bin immer wieder überrascht, festzustellen, wie viele westliche Menschen, die krank oder verletzt sind, sofort die Möglichkeit der Existenz ihres Krafttieres annehmen und ganz glücklich sind, daß sie mit ihm in Beziehung treten können.

Das Knochenspiel

Das Trainieren der Kraft umfaßt verschiedene Wettkämpfe und Spiele, davon einige schwieriger und fortgeschrittener als andere. Für Personen, die den Schamanismus noch nicht kennen, jedoch keineswegs auf diese beschränkt, gibt es ein besonders gutes Spiel, das von den Indianern Nordwestamerikas mit solchen Namen wie Knochenspiel, Stockspiel oder Handspiel bezeichnet wird. Es wird mindestens von zwei Personen gespielt, häufiger jedoch von zwei sich gegenüberstehenden Perteien aus jeweils mindestens einem halben Dutzend Teilnehmern. In dem Spiel versuchen die Parteien abwechselnd, den Ort eines bestimmten Knochens oder mehrerer Knochen zu sehen, die von der Gegenpartei versteckt wurden. Eine Person, die als der »Seher« oder »Zeiger« der Partei benannt wird, ist bemüht, den betreffenden Knochen oder die Knochen in den Händen der Gegenpartei herauszufinden, während die Gegenpartei zu verhindern sucht, daß der »Zeiger« die Knochen sieht, die versteckt wurden.

Schamanische Kraft und »Sehen« werden im Knochenspiel ernsthaft erprobt. Im Gebiet der Coast-Salish im westlichen Teil des Staates Washington, wo das Spiel noch sehr volkstümlich ist, sind beispielsweise Schamanen (örtlich als »indianische Heiler« bezeichnet) als die besten Seher anerkannt. Wegen der Kraft der Medizinmänner wird es als vermessen angesehen, gegen sie anzutreten. Wie es ein Salish ausdrückt:

Sie haben einen mächtigen Verstand; es hat keinen Zweck, zu spielen, wenn diese indianischen Medizinmänner das sind ... sie schauen dich einfach an und lesen, auf welcher Seite man ihn (den Knochen) gerade hat, und das ist alles ... Das ist nicht einfach Raten, das ist Wissen, verstehen Sie? Man kann sie nicht betrügen.[145]

Bei den Paviotso oder nördlichen Paiute von Nevada kann sogar jemand bei Nacht in einer Höhle eine Vision suchen, um Kraft zu erhalten, damit er im Spiel *sieht*. Ein Paviotso drückt das so aus: Wenn die Vision kommt, kann er hinterher »durch alles sehen«.[146]

Bevor das Spiel beginnt, ist es wichtig, daß sich die beiden Parteien über einen entsprechenden Wetteinsatz einigen, damit die

Teilnehmer auch sehr ernsthaft dabei sind, ihre »Kräfte« zu gebrauchen, um zu sehen oder Sehen zu verhindern. Bei den nordwestamerikanischen Indianervölkern wetteten in den alten Tagen ganze Bünde oder Dörfer, die gegeneinander spielten, und zwar sehr ernsthaft. Zum Beispiel konnte eine Gruppe ihren ganzen Wintervorrat an Lebensmitteln zum Einsatz bringen. Andere Gruppen verwetteten ihre Pferde oder sogar ihre Frauen.

Bei Spielen in meinen Seminaren sind die Wetten viel weniger übertrieben. Die sich gegenüberstehenden Parteien werden sehr häufig über die folgenden Einsatzarten einig: Zum Beispiel geben die Teilnehmer der Verliererpartei den Teilnehmern der Gewinnerpartei eine halbe Stunde Massage, oder die Verliererpartei bereitet den Gewinnern ein Fest. Es gibt viele Möglichkeiten, und man ist immer wieder über die neuen Einfälle überrascht, die von Teilnehmern vorgeschlagen werden.

Um den Wetteinsatz zu organisieren, tritt einer als Zeremonienmeister auf, der das Wetten koordiniert. Seine erste Aufgabe ist es, die Gruppe in zwei Hälften einzuteilen. Wenn die Teilnehmer im Kreis sitzen, kann dies einfach dadurch geschehen, daß die Personen auf der linken Hälfte des Kreises die eine Partei und die auf der rechten Seite die andere bilden. Ideal ist es, wenn jede Mannschaft die gleiche Anzahl Teilnehmer hat.

Der Zeremonienmeister ordnet dann an, daß jede Gruppe sich außer Hörweite der anderen zurückzieht, so daß ihre Besprechungen nicht mitgehört werden können. An diesen getrennten Orten überlegt jede Gruppe, welchen Einsatz sie bereit ist zu verlieren und welchen Einsatz sie annehmen würde, falls sie gewinnt. Die Einsätze brauchen nicht dieselben zu sein. Der Zeremonienmeister geht zwischen den beiden Gruppen hin und her und überbringt deren Gebote und Gegengebote. Er hat auch die Aufgabe, die Spielregeln zu erklären und im Falle von Mißverständnissen zwischen den Parteien als Schiedsrichter zu fungieren.

Die Verhandlungen können sehr langwierig sein, aber auch viel Spaß bereiten. Die hinausgezögerte Verhandlungszeit erhöht das Gefühl der Erwartung als Vorbereitung auf das Knochenwettspiel und ist ein wertvoller Bestandteil der Übung. Wenn durch die Vermittlung des Zeremonienmeisters die beiden Mannschaften über die Einsätze einig geworden sind, kann jeder anfangen, sich auf den Wettkampf vorzubereiten.

Allen Teilnehmern ist es verboten zu sprechen, sobald die endgültige Gegenüberstellung in zwei Reihen vollzogen ist, damit das Spiel beginnen kann. Deshalb ist es wichtig, daß die Mannschaften vorher ihre Taktik und Strategie diskutieren und ausarbeiten. Das heißt mit anderen Worten: Nachdem über den Einsatz entschieden ist, verbringt jede der Parteien einige Zeit damit, ihre Pläne auszuarbeiten. Darunter fällt die Auswahl ihres ersten *Zeigers* oder »Sehers« und möglichst auch unterstützender *Zeiger* für den Fall, daß der erste nicht erfolgreich ist. Einen *Zeiger* und unterstützende *Zeiger* herauszufinden, die wahrscheinlich zum Sehen gut geeignet sind, ist ein wichtiger Teil der Überlegungen.

An zweiter Stelle müssen ein erster *Verstecker* und unterstützende *Verstecker* ausgesucht werden. Eine Mannschaft könnte es auch vorziehen zu warten, bis das Spiel wirklich angefangen hat, bevor unterstützende *Zeiger* und *Verstecker* ausgesucht werden, da es sich möglicherweise erst dann herausstellt, daß bestimmte Personen ihre Fähigkeiten im Sehen und Verstecken spüren. Da aber die Teilnehmer der beiden Parteien nicht sprechen dürfen, nachdem das eigentliche Spiel begonnen hat, muß Verständigung ohne Worte vereinbart werden, um anzuzeigen, daß jemand gern ein neuer *Seher* oder *Verstecker* sein möchte.

Der Zeremonienmeister sollte den Gruppen erklären, daß die besten *Seher* meistens mit geschlossenen Augen arbeiten; denn sie setzen sich ja schamanisch ein. Einige *Seher* sind sogar am besten, wenn sie der gegnerischen Partei ihren Rücken kehren und auf diese Weise arbeiten. Andere *Seher* aber arbeiten tatsächlich mit offenen Augen. Jeder lernt durch Erfahrung, was für ihn persönlich am besten ist.

Die Mannschaften müssen auch festsetzen, wie sie beim Sehprozeß helfen wollen. Sie können zum Beispiel beschließen, daß alle Körper sich berühren und Kontakt zum *Seher* herstellen, indem sie einen Kraft-»Kegel« bilden. Die Gruppenteilnehmer sind auch angewiesen, die Konzentration des gegnerischen *Sehers* zu stören, wenn ihre eigene Seite die Knochen versteckt. Sie dürfen schreien, laut lachen, tanzen, die Geräusche ihrer Krafttiere

Abb. 10: Das Knochenspiel. Gezeichnet von Barbara Olsen.

nachmachen und was sie sonst noch wollen, um den *Zeiger* der gegnerischen Seite zu behindern.

Die Mannschaften können auch beschließen, vor Beginn des Spieles zur eigenen Unterstützung bei der Erweckung ihrer Geister Kraftlieder zu singen. Aber wenn das Spiel begonnen hat, sind keine Lieder mit Worten mehr erlaubt. Es ist aber nicht verboten, Lieder ohne menschliche Worte zu singen. Denn ein Teil der Praxis des Knochenspiels besteht ja in der Tat darin, daß Sie ihren Tieraspekt bewußt einsetzen.

Wenn beide Seiten bereit sind zu spielen, stellen sie sich einander gegenüber, etwa 1,20 m auseinander. Wird im Freien gespielt, zieht der Zeremonienmeister auf dem Boden zwischen den Parteien eine Linie; wenn im Raum gespielt wird, markiert der Zeremonienmeister diese Linie durch ein Seil oder eine Kerzenreihe (siehe Abb. 10). Es ist gegen die Regeln, mit irgendeinem Körperteil einschließlich der Hände über die Mittellinie zu kommen. Wenn solch eine Übertretung geschieht, gibt der Zeremonienmeister als Schiedsrichter der gegnerischen Partei eine *Spielmarke.*

Spielmarken können (drinnen) Truthahnfedern sein, die auf den Boden gelegt werden, oder (draußen) Stäbchen, die in den Boden gesteckt werden. Solche Spielstäbchen, meistens mit den Mannschaftsfarben bemalt, sind 20-25 cm lang, an einem Ende spitz und so dick wie Bleistifte. Etwa drei oder vier Spielmarken auf jeder Seite sind normalerweise ausreichend für ein kurzes Spiel. Jede Mannschaft legt ihre Spielmarken auf ihrer Seite der Mittellinie aus.

Das Ziel des Spieles ist es, alle Spielmarken zu gewinnen. Eine Mannschaft muß nicht nur die Spielmarken der anderen Mannschaft gewinnen, sondern auch ihre eigenen – eine Regel, die sich etwas von europäischen Spielen unterscheidet. Mit anderen Worten: Wenn zum Beispiel jede Mannschaft drei Spielmarken ausgibt, dann muß jede Mannschaft zunächst die drei Spielmarken der anderen Partei gewinnen und dann ihre eigenen drei Spielmarken, um Sieger zu sein. Es ist wichtig, daß der Schiedsrichter die Verantwortung dafür übernimmt, auf diese Spielmarken aufzupassen und sie über die Linie zwischen den beiden Mannschaften hinüberzubringen.

Bei dieser verhältnismäßig einfachen Form des Handspiels werden nur zwei *Knochen* benutzt. Die beiden Knochen oder Stöckchen sind wenig kürzer, als eine Menschenhand breit ist; es sind meistens Geflügelknochen oder Holzzapfen von 1,5 cm Durchmesser. Diese Knochen oder Stöckchen sollten einander so ähnlich wie möglich sein – mit einer Ausnahme: Um die Mitte des einen ist ein schwarzes Band geknüpft. Das Band dient zur Unterscheidung der beiden Knochen oder Stöckchen, die zusammengehören.

Die Art des Versteckens geht folgendermaßen vor sich: Der Verstecker steht mit dem Rücken zur gegnerischen Mannschaft und schüttelt die beiden Knochen in seinen Händen, um zu verhindern, daß die gegnerische Partei weiß, welche Hand den Knochen mit dem Band enthält; oder der Verstecker kann die Knochen in seinen Händen auch unter einer Wolldecke oder einem anderen Tuch auf seinem Schoß hin und her schütteln, wobei er die gegnerische Partei ansieht; oder der Verstecker kann die Knochen hinter seinem Rücken von einer Hand zur anderen wechseln, wobei er ebenfalls die gegnerische Partei ansieht.

Schließlich zeigt der Verstecker einfach seine beiden Fäuste vor, von denen jede einen Knochen enthält, und zwar genau geradeaus weg von seinem Körper und der gegnerischen Mannschaft entgegen. Das bedeutet, daß der Verstecker und seine Mannschaft bereit sind: Die andere Partei möge nun erraten, wo sich der Knochen mit dem Band befindet. Von diesem Augenblick an ist bei dieser Art des Spieles keine Bewegung der Knochen mehr erlaubt.

Wenn der Verstecker seine Fäuste ausgestreckt hat, beginnt seine Mannschaft alle möglichen Arten störender Schreie und Bewegungen auszuführen, während gleichzeitig der Zeremonienmeister eine Trommel in gleichbleibendem Tempo schlagen sollte. Sobald er zu trommeln beginnt, ist es das Zeichen dafür, daß das *Zeigen* beginnt. Wenn er aufhört zu trommeln, ist es das Zeichen dafür, daß der *Zeiger* angegeben hat, welche Hand den markierten Knochen enthält.

Die Mannschaft mit dem *Seher* bleibt ruhig und konzentriert sich darauf, einen Schild der Ruhe um den *Seher* zu errichten und ihm Kraft zu geben, um ihm bei der richtigen Anzeige zu helfen. Sobald der *Seher* auf eine der Hände des Versteckers zeigt, gebietet der Zeremonienmeiser dem Verstecker, diese Hand zu öffnen. Hat der Seher richtig auf die Hand gezeigt, die den markierten Knochen enthält, so gewinnt die Mannschaft des *Zeigers* eine Spielmarke der gegnerischen Mannschaft. Sie wird auf die Gewinnerseite der Linie gelegt. Wenn der *Seher* nicht erfolgreich war, muß seine Mannschaft zurücktreten, braucht aber keine Spielmarke an den Gegner abzugeben. Es können also nur durch erfolgreiches Zeigen Spielmarken die Seite wechseln, nicht durch Mißerfolg. Solange eine Mannschaft erfolgreich ist, bleibt sie ohne Unterbrechung an der Reihe. Die Mannschaft, die alle Spielmarken gewinnt, hat damit auch den Einsatz der gegnerischen Partei gewonnen, der vorher abgesprochen worden war.

Es gibt viele Varianten bei diesem Spiel der nordwestamerikanischen Indianer, die je nach Region und Stamm verschieden sind.[147] Die vorstehende Beschreibung ist eine vereinfachte Bearbeitung für Anfänger. Wenn Sie zu einem komplizierteren Knochenspiel fortschreiten möchten, das vier Knochen benutzt, lesen Sie Anhang B mit einer Version, wie sie von den Flathead-Indianern in Montana gespielt wird.

Kraftträger und der Quarzkristall

Wenn Sie in Wäldern oder anderen wildwachsenden Gegenden spazierengehen, achten Sie dort auf Gegenstände, die in Ihre Medizintasche gehören. Gegenstände, die Sie aus keinem bewußten Grund anziehen, können vom Standpunkt des Schamanen Kraftträger sein, deren geistiger Aspekt Ihnen durch eine Reise in der Unterwelt enthüllt werden kann. Tatsächlich kann es sein, daß Sie schon seit Jahren Kraftträger sammeln, ohne daß Sie es wissen. Was ist zum Beispiel mit jener Hasenpfote aus Ihrer Kindheit? Und was bedeutet der ungewöhnliche Kieselstein, den Sie an der Meeresküste fanden, die Feder, die Sie von einer Bergwiese mitnahmen? Das alles sind mögliche Kraftträger, Gegenstände mit kraftgeladenen Beziehungen und Erinnerungen.

Ein Schamane wird alle derartigen Gegenstände in einem Kraft- oder »Medizin«-Bündel aufbewahren. Er hat darin vor allem Gegenstände, die er während kraftgeladener persönlicher Erfahrungen im Zusammenhang mit schamanischen Aufgaben entdeckt hat. Wenn Sie an einem bestimmten Ort eine visionäre Erfahrung haben oder Kraft spüren, schauen Sie sich um, und sehen Sie nach, ob etwas für Sie Bedeutungsvolles dort liegt, das Sie in Ihr Bündel stecken könnten.

Viele Schamanen verwahren ihre Kraftträger, ihre »Medizin«, in einer Tasche aus dem Fell wilder Tiere. Manche tun sie in einen Stoffbeutel, eine Ledertasche oder sogar in einen alten Karton. Ein Medizinbündel ist etwas, das ein Schamane gewöhnlich eingewickelt aufbewahrt und öffentlich nur bei rituellen Anlässen auswickelt oder entrollt. Die Gegenstände darin sind äußerst persönlich, und es ist – wie auch bei anderen Kraftträgern – nicht gut, sie vorzuzeigen oder zuviel von ihnen zu reden; das grenzt an Prahlerei und könnte zu Kraftverlust führen. Wenn der Schamane sein Medizinbündel auspackt und die Kraftträger betrachtet, sind sie Gedächtnishilfen – sie beleben in seiner Erinnerung die schamanischen Erfahrungen, die mit ihnen verbunden sind.

Fast jeder kleine Gegenstand könnte in das Medizinbündel passen. Wie bei anderen Dingen im Schamanismus liegt die Entscheidung darüber bei Ihnen. Nur Sie wissen, was in Begriffen Ihrer eigenen persönlichen Kraft-Erfahrungen für Sie bedeutungsvoll ist. Sie sollten regelmäßig Ihr Bündel öffnen und anhand des Inhalts Ihre Erinnerungen an sich vorüberziehen lassen, besonders wenn Sie vor schamanischen Aufgaben stehen. Sollte ein bestimmter Gegenstand keine Kraft-volle Erinnerung und Emotion mehr bei Ihnen hervorrufen, dann legen Sie ihn an einen würdigen Ort in der Natur zurück. Er wird nicht mehr gebraucht.

Während es prinzipiell eine fast unendliche Mannigfaltigkeit von Kraftträgern gibt, wird doch eine besondere Art regelmäßig in der Hand von Schamanen gefunden. Das ist der Quarzkristall. In Nord- und Südamerika, Australien, Südostasien und sonstwo schreiben Schamanen diesen spitzen sechseckigen Steinen, die gewöhnlich durchscheinend bis milchigweiß sind, eine einzigartige Bedeutung zu. (Man kann sie in der Tunnelwand auf Abb. 7 erkennen.) Schamanen benutzen eine ganz unterschiedliche Größe, von der Länge eines Gelenks des kleinen Fingers bis zu selteneren Exemplaren von 30 cm Länge oder mehr.

Der Quarzkristall wird von so weit auseinanderliegenden Völkern wie den Jívaro in Südamerika und den Stämmen in Australien als der stärkste Kraftträger überhaupt angesehen.[148] Völker, die so entfernt voneinander sind wie die Ureinwohner im östlichen Australien und die Yuman-Indianer des südlichen Kalifornien und des angrenzenden Niederkalifornien, halten den Quarzkristall für »lebendigen Stein«.[149] Die weitverbreitete Verwendung von Quarzkristallen im Schamanismus reicht Tausende von Jahren zurück. In Kalifornien beispielsweise wurden Quarzkristalle an archäologischen Fundstätten und prähistorischen Grabstätten bis 8000 Jahre zurückreichend gefunden.[150]

Der Quarzkristall wird wie andere Kraftträger als ein Hilfsgeist angesehen, und zwar sowohl in Australien wie auch am oberen Amazonas.[151] Jívaro-Schamanen sind der Meinung, daß der Quarzkristall eine eigene Klasse unter den Hilfsgeistern bildet, nicht nur wegen seiner Kraft, sondern auch, weil er dem Schamanen immer als derselbe erscheint, ob er sich nun im schamanischen oder im normalen Bewußtseinszustand befindet. Mit anderen Worten: Seine materielle und seine geistige Natur sind gleich. Die westlichen Yuman-Schamanen treten in eine besondere Partnerschaft mit ihren Quarzkristallen und müssen sie »ernähren«; das erinnert an Jívaro-Schamanen, die ihre Hilfsgeister mit Tabakwasser versorgen, um sie bei sich zu halten.[152]

Quarzkristalle sind in gewissem Sinne »erstarrtes Licht« und haben mit »Erleuchtung« und *Sehen* zu tun. Zum Beispiel gab es bei den australischen Wiradjeri ein Phänomen nicht unähnlich der Vorstellung vom »dritten Auge«. Schamanen in Ausbildung wurde ein Stück Quarz in ihre Stirnen »gesungen«, damit sie »fähig würden, direkt in die Dinge hineinzusehen«.[153] Ebenfalls in Australien wurden häufig Quarzkristalle in die Haut von Auszubildenden gedrückt oder gekratzt oder über deren Körper gerieben, um ihnen Kraft zu geben, und bei den Wiradjeri wurde »verflüssigter Quarz« über ihre Körper gegossen.[154] Dort wurden auch Quarzkristalle ins Wasser getan, das Schamanenschüler trinken mußten, damit sie »Gespenster sehen könnten«.[155] In Südamerika sind die Steinchen in der Rassel eines Warao-Schamanen Quarzkristalle und somit Hilfsgeister, die ihm beistehen, wenn er schädliche Eindringlinge aus Patienten herausholen muß.[156] Beim Tode verschmilzt die Seele des Warao-Schamanen mit den Quarzkristallen in seiner Rassel und steigt in der Form von Licht zum Himmel auf.[157] Die Beziehung von Quarzkristallen zum Himmel und zu himmlischen Erscheinungen ist sehr bedeutungsvoll nicht nur mit Licht, sondern direkt mit der Sonne verbunden. Die Seele eines mexikanischen Huichol-Schamanen kann aus ihrem himmlischen Aufenthaltsort in der Form eines Quarzkristalls auf die Erde zurückkommen,[158] und ein Huichol-Schamane kann am Anfang seiner Praxis eine Reise in den Himmel unternehmen, um solch einen Kristall aus den Räumen hinter der Sonne zurückzuholen.[159]

Bei den Eingeborenen Australiens ist der Quarzkristall in ähnlicher Weise mit dem Himmel verbunden und kann von einem Schamanen am Fuß des Regenbogens gefunden werden, wo er in Wasser endet.[160]

Der australische Kabi- oder Wakka-Schamane »mit vielen Kristallen in seinem Körper« kann in die tiefsten Wasserlöcher hinunterreisen, wo der Regenbogengeist lebt, und weitere Quarzkristalle erhalten. Ein solcher Schamane würde dort herauskommen, heißt es, »voller Leben und ein Medizinmann des höchsten Grades ein«.[161]

Man könnte annehmen, daß der Quarzkristall einfach deswegen als so kraftvoll angesehen wird, weil er ein durchscheinender Stein ist, aber das ist auch der Glimmer, und letzter wird selten, wenn überhaupt, in der schamanischen Literatur erwähnt. Das deutet darauf hin, daß etwas mehr als Transparenz eine Rolle spielt. Es könnte die Tatsache sein, daß Quarzkristalle manchmal Licht brechen können und dann regenbogenähnliche Farben zeigen. Aber ist das eine ausreichende Erklärung für seine einzigartige Bedeutung als Gegenstand, der bei der schamanischen Betätigung von Kraft eine Rolle spielt? Die Antwort könnte in einem sehr merkwürdigen Zusammentreffen liegen. In der modernen Physik wird der Quarzkristall auch bei der Kraftübertragung benutzt. Seine bemerkenswerten elektronischen Eigenschaften machten ihn früh zu einem Basisbaustein in Radiosendern und -empfängern (Erinnern Sie sich an den Kristalldetektor?). Dünne Scheiben aus Quarzkristallen wurden später Basisbausteine für moderne elektronische Hardware wie Computer und Uhren. Während dies alles zufällig sein kann, ist es eine der vielen Synchronizitäten, welche das angesammelte Wissen des Schamanismus aufregend und häufig sogar erschreckend machen.

Schamanen benutzen seit langem ihre Quarzkristalle für Sehen und Zukunftsschau. Daher kann es nicht überraschen, daß Knochenspieler manchmal einen Quarzkristall bei sich haben, um das Glück anzuziehen.[162] Die Kristallkugel, die in den westlichen Kulturen wenigstens dem Namen nach bekannt ist[163], ist nur ein geschliffener Abkömmling des alten schamanischen Kristalls. Unter den Yualai (Euahlayi) Australiens benutzten die besten Schamanen Kristall-Sehen, um »Visionen der Vergangenheit, was gegenwärtig in der Ferne geschieht und die Zukunft zu sehen«.[164] Sowohl der Yualai als auch der ferne Tsimshian der amerikanischen Nordwestküste schickten den Quarzkristall oder dessen Geist aus, um das Bild einer bestimmten Person zu holen. Diese Technik wurde bei den Tsimshian sogar dazu benutzt, um Heilung in der Ferne zu bewirken. Der Schamane schickte den Kristall zur Nacht aus, um das Bild der kranken Person zu holen. Wenn das Bild angekommen war, tanzte der Schamane um den Kristall, indem er seine Rassel schüttelte (vermutlich beim Eintritt in den schamanischen Bewußtseinszustand), und befahl dann dem Kristall als seinem Hilfsgeist, einen schädlichen Krafteinfluß aus dem Bild herauszuziehen. Die Person in der Ferne, deren Bild dies war, wurde dadurch geheilt.[165]

Der Schamane verwahrt im allgemeinen seine Quarzkristalle verborgen vor anderen Personen und vor den Strahlen der Sonne. Bei den Jívaro trägt er sie in seiner Schultertasche aus Affenhaut, zusammen mit seinen anderen Kraftträgern, grünen Tabakblättern und einem kleinen Kürbisbecher, um die Blätter in kaltes Wasser einzutauchen. Der Schamane der australischen Eingeborenen verwahrt seine Quarzkristalle genauso in seinem Beutel, zusammen mit seinen anderen Kraftträgern.[166] Er kann sie auch in seinem Magen aufbewahren, wo der Jívaro oft seine Hilfsgeister verbirgt.[167] Der Tsimshian-Schamane trägt seinen Quarzkristall in einem Beutel, den er um seinen Hals hängen hat.[168] Der heutige Paipai- (westlicher Yuman-)Schamane bewahrt seinen Quarzkristall in einem kleinen Wildlederbeutel oder in seiner Hosentasche auf. Er verläßt sich bei der Tatsuche so sehr darauf, daß er in seinem Fall mehr als Schutzgeist denn als einfacher Hilfsgeist fungiert. So sagte ein Paipa-Schamane aus:

Wenn du ihn in deiner Tasche trägst, sagt er dir in deinen Träumen alles, dieser wii'pay (Quarzkristall). Er sagt dir, was du tun wirst, was du ihn fragst. Und er gibt dir alles. Du mußt ihn in deiner Tasche tragen. Ja, wenn du ein Schamane sein willst, dann mußt du das tun.[169]

Bei den Yuman Südwestkaliforniens und des angrenzenden mexikanischen Niederkalifornien werden besondere Techniken angewandt, um Quarzkristalle zu lokalisieren und aus ihren Gängen im Berg herauszulösen.[170] Castaneda verweist ebenso auf besondere Techniken in Mexiko zu diesem Zweck.[171]

Wenn Sie Ihr eigenes Medizinbündel zusammenstellen, ist es wünschenswert, wenigstens einen Quarzkristall hineinzutun. Solche Kristalle sind der Mittelpunkt der Kraft in vielen Medizintaschen oder -kästen der Schamanen. Ihre Kraft verbreiet sich durch das Bündel und trägt dazu bei, den lebendigen Aspekt der Kraftträger mit Energie zu versorgen und diese zu speichern. Am einfachsten machen Sie es so, daß Sie verschiedene Läden mit Mineralien aufsuchen, bis Sie einen kleinen Quarzkristall finden, der Sie besonders anzieht. Tun Sie den ausgesuchten Kristall nicht sofort in Ihre Tasche oder zu Ihren anderen Kraftträgern. Zunächst müssen Sie ihn reinigen, da Ihnen seine Vergangenheit unbekannt ist. Dazu waschen Sie den Kristall im Wasser einer natürlichen Quelle oder im Ozean. Dann bewahren Sie ihn bis zu einer Winter- oder Sommersonnwende getrennt von Ihrem Medizinbündel auf. Bringen Sie ihn an einen hochgelegenen, einsamen Ort, beispielsweise auf eine Bergspitze. Dort spalten Sie einen Zweig an einem Ende, stecken das nichtgespaltene Ende in die Erde und den Quarzkristall mit der Spitze nach oben in den gespaltenen Zweig. Lassen Sie ihn dort acht Tage in der Sonne zur »Wieder-Aufladung«, bevor Sie ihn in Ihren Medizinbeutel stecken.

Regelmäßig zwischen den Sonnwenden sollten Sie den Kristall aus dem Bündel nehmen und seine Kraft »aufwecken«. Das geschieht dadurch, daß Sie mit seinem nicht spitzen Ende leicht auf einen Felsen schlagen, der an einer Quelle oder am Meer vorspringt.

Einige indianische Schamanen aus Mittelkalifornien besaßen sehr große Quarzkristalle, die als besonders kraftgeladen angesehen wurden. Vor vielen Jahren hatte ich bei den Coast-Miwok Kaliforniens Gelegenheit zu beobachten, wie ein sehr großer Kristall in ähnlicher Weise »aufgeweckt« wurde, wie ich es oben beschrieben habe; nur wurde er so hart wie möglich auf einen Felsen einige Schritte vom Ufer des Pazifischen Ozeans entfernt aufgeschlagen.[172]

Bei einem solch großen Quarzkristall war das kräftige Aufschlagen eine gefährliche Sache; nach dem Glauben des Stammes würde die Welt enden, wenn der Kristall zersplitterte. Das mag für westliche Menschen sehr weit hergeholter Glaube sein, aber das »Enden der Welt« (dies ist nicht dasselbe wie das »Anhalten der Welt« bei Castaneda[173]) könnte eine sehr genaue Beschreibung dessen sein, was bei einem einzelnen Menschen geschehen würde. Der Schamane würde in der Gefahr schweben, die Welt für sich selbst zu endigen, was schließlich von seinemStandpunkt aus auf dasselbe herauskommt. Aber wie? Ein bekannter Physiker, David Finkelstein, erklärte, als er davon erfuhr, daß der Tod des Schamanen sehr wohl möglich sein könnte. Er gab an, daß das Zerschmettern eines solch großen Quarzkristalls Hunderttausende von Volt freisetzen würde oder genügend Energie, um den Medizinmann durch Elektrizität zu töten.[174] Die abendländische Wissenschaft ist offensichtlich an dem Punkt angekommen, daß sie den Quarzkristall als Kraftträger anerkennt, was Schamanen seit Jahrtausenden gewußt haben.

VII
Extrahieren schädlicher Eindringlinge

Der Schamane benutzt nicht nur die ihm von den Tieren dargebotene Kraft, sondern auch diejenige der Pflanzen des Gartens Erde. Alle erhalten natürlich ihre Kraft von der Sonne.[175] Während die Tiere im allgemeinen als Schutzgeister auftreten, dienen die Pflanzen mehr als Hilfsgeister. Im Gegensatz zu Schutzgeistern sind Hilfsgeister ausschließlich der Besitz von Schamanen. Normalerweise steht Nichtschamanen die Pflanzenkraft nicht zur Verfügung.

Ebenso wie die mächtigen Schutzgeisttiere gewöhnlich wilde, ungezähmte Tierarten sind, so besteht der größte Teil der Hilfsgeister aus wilden, freiwachsenden Pflanzenarten. Es scheint so, als ob die meisten Haustiere und Gartenpflanzen einfach nicht die geistige Kraft hätten, um für Schamanismus von Bedeutung zu sein. Vom schamanischen Standpunkt ist allein die Tatsache, daß bestimmte Tiere und Pflanzen gezähmt und für Nahrung und andere Forschungszwecke benutzt werden, schon kennzeichnend für ihren Kraftmangel.

Pflanzenhelfer

Die einzelnen Pflanzenhelfer haben nicht annähernd soviel Kraft wie die Schutztiere, aber ein Schamane kann in den Besitz von Hunderten von Hilfsgeistern kommen, so daß ihre gesammelte Kraft in vieler Hinsicht derjenigen eines Schutzgeistes entsprechen kann. Doch die besondere Bedeutung der wilden Pflanzen liegt in der Verschiedenheit ihrer individuellen Fähigkeiten. Diese Pflanzenhelfer haben zwei Wirklichkeiten: ihre alltäglichen und ihre nichtalltäglichen Aspekte. Die nichtalltägliche Natur einer Pflanze kann eine Insektenart sein, zum Beispiel ein Riesenschmetterling oder eine andere symbolhafte Art in tierischer oder sogar unbelebter Form.

Die meisten Menschen unserer westlichen »Zivilisation« sind im Gegensatz zu unseren frühen Vorfahren beklagenswert unwissend über die Eigenschaften wilder Pflanzen. Demgemäß erfordert die Ansammlung von Hilfsgeistern für viele von uns zunächst ein gewisses Studium der Eigenschaften bestimmter wilder Pflanzen – ein Wissen, das bei den Naturvölkern selbstverständlich ist. Im folgenden mache ich Ihnen einen Vorschlag, wie Sie Ihren ersten Hilfsgeist erhalten können. Die Technik bleibt dieselbe bei weiteren Hilfsgeistern.

Gehen Sie ziellos durch ein Waldgebiet, eine Steppe, Wüste oder durch irgendeine andere unberührte Landschaft. Wenn Sie so durch die Wildnis schlendern, denken Sie ständig an Ihre Aufgabe: einer Pflanze zu begegnen, die Ihr Helfer sein kann. Wenn eine Pflanze Sie besonders anzuziehen scheint, setzen Sie sich zu ihr und machen sich mit ihren Merkmalen vertraut. Erklären Sie ihr, daß Sie sie ganz oder teilweise für Ihre Aufgabe brauchen, und entschuldigen Sie sich bei ihr, bevor Sie einen Teil pflücken oder sie ganz herausziehen. Wenn es sich um einen Strauch oder einen Baum handelt, brauchen Sie nur einen Zweig abzubrechen, der ausreicht, um eine botanische Bestimmung zu ermöglichen. Bei einer kleineren Pflanze kann es erforderlich sein, daß Sie eine ganze blühende Art herausziehen müssen. *Bringen Sie das Exemplar zu einem Fachmann, der seine Art bestimmen und Ihnen sagen kann, ob die Pflanze giftig ist oder nicht.* Ein erfahrener Bauer oder Landarbeiter kann Ihnen vielleicht schon Auskunft geben; oder Sie wenden sich an das örtliche Museum oder Herbarium.

Sobald Sie wissen, daß die Art ungiftig ist, kehren Sie an denselben Fundort zurück, suchen ein lebendes Exemplar derselben Art, entschuldigen sich bei ihm und essen, ohne die Pflanze zu zerstören, vier kleine Bissen davon, zum Beispiel Stückchen von ihren Blättern. Dann wickeln Sie zwei weitere Stückchen davon ein und stecken sie in Ihren Medizinbeutel für die spätere Verwendung, die noch erklärt wird.

Jetzt sind Sie bereit, den verborgenen, nichtalltäglichen Aspekt Ihrer Pflanze zu erforschen. Am Abend desselben Tages und unterstützt durch das Schlagen der Trommel machen Sie die schamanische Reise in die Erde und suchen so lange, bis Sie zwei oder mehr Exemplare jener Pflanzenart sehen. Machen Sie Ihren Besuch bei den Pflanzen genauso, wie Sie es vorher im normalen Bewußtseinszustand gemacht haben. Studieren Sie die Pflanzen so lange, bis diese sich in eine nichtpflanzliche Geisterform verändern. Fast jede Form ist möglich, aber meistens sind es Insekten, Schlangen, Vögel oder auch Steine. Sobald Sie die Veränderung sehen, essen Sie sie in ihrer nichtmateriellen Form im schamanischen Bewußtseinszustand genauso, wie Sie am Tage vorher ihren normalen materiellen Aspekt gegessen haben; doch diesmal nehmen Sie die ganze Wesenheit von beiden Formen zu sich. Dann kehren Sie von der Reise zurück. Wiederholen Sie den ganzen Vorgang, um immer neue Paare von Hilfsgeistern zu erwerben.

Während diese Arbeitsweise eine Beschreibung meiner eigenen Jívaro-Ausbildung ist, wird die Grundmethode auch aus anderen Teilen der schamanischen Welt berichtet. Das folgende Beispiel eines Weges, wie Pflanzen ihre verborgene Natur enthüllten und sich dem Schamanen zur Verfügung stellen, beschreibt eine Reise in die Unterwelt durch einen Schamanen der sibirischen Tavgi-Samojeden.

Als ich entlang der Küste ging, sah ich zwei Gipfel: Einer davon war mit leuchtend-farbiger Vegetation bedeckt, der andere bestand nur aus schwarzer Erde. Zwischen ihnen schien ein kleines Inselchen zu sein, darauf irgendwelche sehr schöne rote Pflanzen in Blüte. Sie schienen den blühenden Sumpfbrombeeren zu ähneln. »Was ist das?« dachte ich. Es war niemand in der Nähe, ich hatte dies selbst entdeckt. Wenn ein Mensch stirbt, wird sein Gesicht blau und verändert sich: Dann kann der Schamane nichts mehr tun. Wie ich feststellte, wuchs das rote Gras aufwärts, das schwarze abwärts. Plötzlich hörte ich einen Ruf: »Nimm einen Stein von hier!« Die Steine waren rötlich. Da ich ausersehen war zu überleben, nahm ich mir einen roten Stein. Was ich für Blumen gehalten hatte, waren Steine.[176]

Um Hilfsgeister zum Heilen zu verwenden, sollten Sie wenigstens ein Dutzend Pflanzen zusammenbringen. Sie sollten mindestens eine der folgenden Arten als Helfer in ihren nichtalltäglichen Aspekten darunter haben: Spinne, Biene, Wespe, Hornisse, Schlange. Je vielfältiger und größer die Zahl der Hilfsgeister eines Schamanen ist, desto besser kann er Krankheiten behandeln.

Der Schamane braucht Hilfsgeister, um Personen zu heilen, die durch schädliche Krafteindringlinge leiden. Das Extrahieren dieser Eindringlinge ist eine fortgeschrittenere und schwierigere Art der schamanischen Heilung als die Herbeischaffung des Schutzgeistes. *Ich empfehle, daß Sie solche Aufgaben nur dann angehen, wenn Sie schon die schamanische Reise und das Arbeiten mit dem Schutzgeist beherrschen, Ihre Pflanzenhelfer erworben haben und es Ihnen sehr ernst mit dem Schamanismus ist.* Wie Eliade richtig feststellt, »um die bösen Geister aus dem Patienten herauszuziehen, muß der Schamane sie oft in seinen eigenen Körper aufnehmen; um das zu erreichen, kämpft und leidet er mehr als der Patient selbst«.[177]

Entfernung von Eindringlingen

Krankheit aufgrund von Kraft-Eindringlingen wird durch solche Symptome gekennzeichnet wie örtlicher Schmerz oder Unbehagen, oft zusammen mit erhöhter Temperatur, welche (vom schamanischen Standpunkt gesehen) mit der Energie des schädlichen Kraft-Eindringlings zusammenhängt. In gewisser Weise ist der Begriff des Kraft-Eindringlings nicht sehr verschieden von der westlichen Vorstellung einer Infektion. Deshalb sollte der Patient wegen des normalen Aspektes eines Eindringlings (das heißt der Infektion) durch die Schulmedizin und wegen des nichtnormalen Aspektes durch schamanische Methoden behandelt werden.

Kraft-Eindringlinge – wie ansteckende Krankheiten – scheinen am häufigsten in städtischen Gebieten vorzukommen, wo die menschliche Besiedlung am dichtesten ist. Vom schamanischen Standpunkt geschieht dies, weil viele Menschen, ohne es zu wissen, die latente Kraft besitzen, andere durch die Ausbrüche ihrer persönlichen Kraft zu verletzen, wenn sie in ein gefühlsmäßiges Ungleichgewicht geraten, wie z. B. Zorn. Wenn wir von einer Person sagen, daß sie »Feindseligkeit ausstrahlt«, ist das fast ein latenter Ausdruck für den schamanischen Standpunkt.

Ein Schamane würde sagen, daß es gefährlich sei, nichts über Schamanismus zu wissen. Aus Unwissenheit über die schamanischen Prinzipien haben die Menschen keine Ahnung, wie sie sich gegen feindliche Kraft-Einströmungen abschirmen können, indem sie sich eine Schutzgeistkraft besorgen. Auch wissen sie nicht, daß sie selbst andere Menschen unbeabsichtigt verletzen. Schamanen sind der Meinung, daß Menschen, auch wenn sie nciht wissen, daß ihre feindseligen Kräfte in andere eindringen können, sehr häufig unbewußt ihren Mitmenschen Schaden zufügen.

Die schamanische Beseitigung der schädlichen Kraft-Eindringlinge ist eine schwierige Arbeit, weil der Schamane sie aus einem Patienten sowohl physisch als auch mental und emotional heraussaugt. Diese Technik wird in so weit auseinanderliegenden schamanischen Kulturen wie Australien, Nord- und Südamerika und Sibirien angewandt.

Wenn Sie jemals den Film *Sucking Doctor* (= Sauge-Heilerin) gesehen haben, der die Heilerfolge der berühmten kalifornischen Indianerschamanin Essie Parrish zeigt, haben Sie eine Schamanin gesehen, der eingedrungene fremde Kraft absaugt.[178] Westliche Skeptiker jedoch sagen, daß der Schamane nur so tut, als ob er etwas aus der Person heraussauge: einen Gegenstand, den der Schamane bereits in seinem Mund eingespeichelt hatte. Solche Skeptiker haben sich anscheinend selbst noch nicht mit Schamanismus beschäftigt, um festzustellen, was da wirklich geschieht.

Denn was tatsächlich geschieht, geht zurück auf die Tatsache, daß sich der Schamane zweier Wirklichkeiten bewußt ist. Wie bei den Jívaro zieht der Schamane eine eingedrungene Kraft heraus, die im schamanischen Bewußtseinszustand die Erscheinung eines bestimmten Wesens hat, wie z. B. einer Spinne, und von der er weiß, daß sie auch die verborgene Natur einer bestimmten Pflanze ist. Wenn ein Schamane diese Kraft heraussaugt, fängt er ihre geistige Essenz in einem Teil derselben Pflanzenart ein, die sie in normaler materieller Form darstellt. Dieses Stück Pflanze ist also ein Kraftträger. So kann beispielsweise der Schamane in seinem Mund zwei anderthalb Zentimeter große Stückchen derjenigen Pflanze aufbewahren, von der er weiß, daß sie das materielle »Heim« der gefährlichen Kraft ist, die herausgesaugt wird. Er fängt die Kraft in dem einen der beiden Stückchen ein, während er das andere als Helfer benutzt. Die Tatsache, daß der Schamane dann den Pflanzen-Kraftträger aus seinem Mund herausholt und ihn dem Patienten und den Zuhörern als Beweis im normalen

Bewußtseinszustand zeigt, sagt nichts aus gegen die nichtnormale Wirklichkeit dessen, was für ihn im schamanischen Bewußtseinszustand vor sich geht.

In der folgenden Abänderung der Saugetechnik verwahrt oder benutzt der Schamane keine Pflanzenstückchen in seinem Mund. Ich habe herausgefunden, daß diese besondere Verwendung von materiellen Kraftträgern für westliche Menschen mehr hinderlich als hilfreich bei ihrer schamanischen Saugetechnik zu sein scheint. So seltsam es klingt, sind westliche Menschen oftmals eher als ihre »primitiven« Kollegen bereit, Energie als immateriell aufzufassen. Vielleicht ist das darauf zurückzuführen, daß westliche Menschen um die Unsichtbarkeit der elektrischen Energie und Strahlung wissen. Jedenfalls scheint der westliche Schamane bei dieser Art Einsatz höchst wirkungsvoll nur den schamanischen oder Geist-Aspekt seiner Pflanzenhelfer zu benutzen.

Um die Saugetechnik erfolgreich durchzuführen, muß der Schamane seine Hilfsgeister wecken und sie anweisen, ihm bei dem Herausholen von Kraft-Eindringlingen aus dem Patienten zu helfen. Dazu benutzt der Schamane eines seiner Kraftlieder. Wir haben sie bereits besprochen, und in Kap. V gab ich Ihnen den Text eines Liedes, der auch für diese Art Einsatz benutzt werden kann. Es folgt der Text eines anderen Liedes von einem Schamanen der Samojeden aus Sibirien, der seine Geister zur Arbeit ruft:

Come, come,	*Kommt, kommt herbei,*
Spirits of magic,	*Ihr magischen Geister;*
if ye come not,	*Wenn ihr nicht kommt,*
I shall go to you.	*Werde ich zu euch gehen.*
Awake, awake,	*Erwacht, erwacht,*
Spirits of magic	*Ihr magischen Geister.*
I am come to you,	*Ich bin zu euch gekommen,*
Arise from sleep.[180]	*Hört auf zu schlafen.*[179]

Das Verfahren beim Extrahieren oder Entfernen eines Kraft-Eindringlings ist dasselbe wie bei der Durchführung einer Reise für einen Patienten – bis auf einen Punkt. Dieser Punkt wird auf der Reise schon sehr früh erreicht, bevor sich der Schamane sehr weit vom Eingang in die Erde entfernt hat und während er sich noch im Tunnel zur Unterwelt befindet. Wenn der Patient einen schädlichen Kraft-Eindringling hat, sieht der Schamane plötzlich gierige oder gefährliche Insekten, scharfzähnige Schlangen oder andere Reptilien und Fische mit sichtbaren Hauern oder Zähnen. Er unterbricht seine Reise, um mit diesen eingedrungenen Kräften fertig zu werden. Allein der Anblick einer dieser Kräfte im Tunnel ist ein Zeichen dafür, daß sie sofort durch Saugen entfernt werden sollte. Dies sollte jedoch nur von einem Schamanen ausgeführt werden, der zwei Hilfsgeister identisch mit dem Geist des Kraft-Eindringlings hat. Wenn ein Schamane nicht vorbereitet ist, kehrt er entweder aus dem Tunnel zurück oder geht an dem eingedrungenen Kraftgeist vorbei, um einen Schutzgeist für den kranken Patienten zu holen, bis die Extraktion des Eindringlings durchgeführt werden kann.

Der Anblick eines dieser Wesen im Tunnel bewirkt beim Schamanen die Gewißheit, daß dieses einen Teil des Körpers des Patienten auffrißt oder zerstört. In diesem Augenblick kann man eine unglaubliche Umstimmung erfahren und gewahr werden, daß das Insekt oder ein anderes Wesen böse und der Feind sowohl des Schamanen als auch des Patienten ist. Sogar ein Sioux-Medizinmann wie Lame Deer mit großer Ehrfurcht vor Pflanzen und Tieren zeigt diese Erkenntnis, wenn er sagt, »die Spinne hat auch eine eigene Kraft, aber die ist schlecht«.[180] (Siehe Abb. 11)

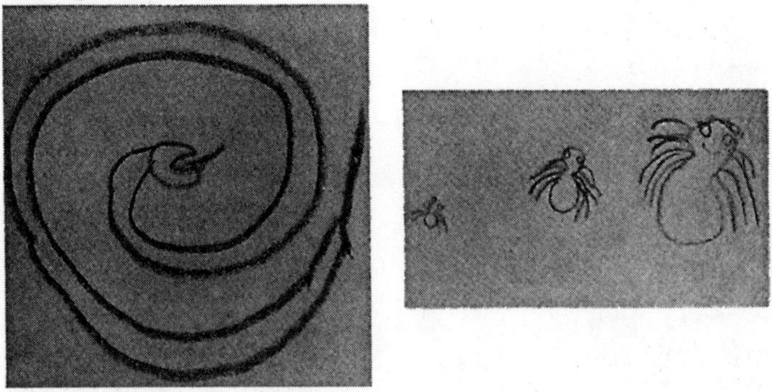

Abb. 11: Schädliche eingedrungene Kräfte in der Gestalt von Spinnen und einer Schlange. In Körpern von Patienten durch einen Jívaro-Schamanen gesehen, während er im schamanischen Bewußtseinszustand war. Von diesem selbst entsprechend den Erfahrungen sofort gezeichnet.

Dieses Sehen und Vorüberziehen von gierigen oder gefährlichen Insekten oder anderen Wesen wird durch Cloutiers poetische Wiedergabe der Erfahrung einer Heilreise durch einen Tsimshian-Schamanen angedeutet:

Far away
huge bee-hives
I walk around
huge bee-hives

Spirit Bee
sees me
flies up high
shoots me

I'm bleeding all over
many arrows all over
I'm going to die
I'm going to die

Far away
huge bee-hives
I walk around
huge bee-hives

Grandmother
sees me
her small boy
she heals me

She makes me grow
feeds me
small boy
inside

Far away
huge bee-hives
I walk around
huge bee-hives[181]

Weit weg von hier
riesige Bienenstöcke
ich wandere herum
um riesige Bienenstöcke

Die Geist-Biene
sieht mich
fliegt in die Höhe
und sticht mich

Ich blute am ganzen Körper
viele Stacheln überall
ich werde sterben
ich werde sterben

Weit weg von hier
riesige Bienenstöcke
ich wandere herum
um riesige Bienenstöcke

Großmutter
sieht mich
ihren kleinen Jungen
sie heilt mich

Sie läßt mich wachsen
sie nährt mich
den kleinen Jungen
innerlich

Weit weg von hier
riesige Bienenstöcke
ich wandere herum
um riesige Bienenstöcke[181]

Wenn ein qualifizierter Sauge-Schamane die genannten Wesen im Tunnel trifft und zwei Hilfsgeister der Art besitzt, die er gerade gesehen hat, muß er seine Reise sofort unterbrechen und sich aus seiner liegenden Position auf seine Knie erheben. Wenn die Methode der Fahrt mit dem Geistboot benutzt wird, weiß der Trommler, sobald er den Schamanen aufstehen sieht, daß die Reise abgebrochen wurde, und hört sofort auf zu trommeln, wodurch er das Boot »tot im Wasser« liegen läßt. Das Aufhören des Trommelns ist auch das Signal an die ganze Mannschaft, mit dem Staken oder Paddeln aufzuhören, da die Reise unterbrochen wurde.

Auf seinen Knien beginnt der Schamane sein Kraftlied zu singen, mit dem er seine Hilfsgeister ruft, damit sie ihm beim Saugen helfen, das er nun beginnt. Er zieht auch einen Korb oder eine Schale mit Sand zu sich heran, meistens einen Behälter, den er viele Male benutzt hat, um das hineinzuspucken, was er aus dem Patienten herauszieht. Indem der Schamane seine Rassel über dem Patienten schüttelt und kraftvoll singt, konzentriert er sich darauf, seine Hilfsgeister aufzurufen, damit sie ihm beim Saugen helfen. Die Anwesenden oder die Bootsbesatzung, die nun in einem Kreis mit dem Gesicht zum Patienten und dem Schamanen sitzen, unterstützen diese Bemühung, indem sie das Kraftlied mitsingen.

Der Schamane muß zunächst die schädlichen eingedrungenen Kräfte im Patienten lokalisieren. Zu diesem Zweck wendet er eine Weissagetechnik an. Beim Fehlen von *ayahuasca,* das ihm helfen würde, in den Patienten zu sehen, kann der Schamane eine Technik benutzen, die der Verwendung einer Wünschelrute gleicht. Im schamanischen Bewußtseinszustand führt er mit geschlossenen Augen seine freie Hand vor und zurück über Kopf und Körper des Patienten und untersucht ganz bedächtig, wo eine bestimmte Stelle im Körper des Patienten irgendeine besondere Hitze, Energie oder Vibration abstrahlt. Wenn ein erfahrener Schamane seine Hand etwa zehn Zentimeter über dem Körper langsam hin und her bewegt, nimmt er eine bestimmte Reaktion in seiner Hand wahr, sobald diese über der Stelle ist, wo sich die eingedrungene Kraft befindet. Eine andere Technik besteht darin, eine Feder über dem Patienten hin und her zu bewegen, bis sie die Vibration aufnimmt.

Sobald der Schamane diese besondere Stelle spürt, ruft er die beiden Hilfsgeister entweder schweigend oder durch seinen Gesang, während er gleichzeitig weiter seine Rassel über dem Patienten schüttelt. Sobald er deutlich in der Dunkelheit mit geschlossenen Augen die Helfer herankommen sieht, zwingt er sie in seinen Mund. Dort werden sie den Kraft-Eindringling fangen und absorbieren, sobald der Schamane ihn aus dem Patienten herausgesaugt hat. Wenn er die beiden Hilfsgeister endgültig in seinem Mund *sieht,* zwingt er alle seine übrigen Hilfsgeister mit seinem Willen, ihm beim Saugen zu helfen. Jetzt ist er bereit, die Arbeit der Extraktion zu beginnen.

An der betreffenden Stelle im Körper des Patienten, an der er den schädlichen Eindringling gespürt hat, saugt nun der Schamane mit seiner ganzen Kraft. Dies kann durch die Kleidung hindurch geschehen, aber es ist meistens wirksamer, wenn er die Kleidung über jener Stelle öffnet und physisch an der Haut saugt, wo sich die eingedrungene Kraft befindet. Dies ist eine Handlung, die nicht nur körperlichen Einsatz, sondern auch seinen Geist und seine Gefühle erfordert, die im schamanischen Bewußtseinszustand kräftig erweckt und gänzlich für diese Aufgabe eingesetzt werden.

Der Schamane muß bei diesem Vorgehen sehr gut aufpassen, daß er dem von ihm gesehenen gierigen Geschöpf nicht erlaubt, durch seinen Mund und Hals in seinen Magen zu gelangen. Dieses Wesen ist jedoch gefühlsmäßig so abstoßend, daß es kaum von dem Schamanen hinuntergeschluckt wird. Wenn er es dennoch tut, sollte er sofort die Hilfe eines anderen Sauge-Schamanen in Anspruch nehmen, damit dieser es wieder herauszieht. (Dies ist ein weiterer Grund, warum es wünschenswert ist, daß die Schamanen mit Partnern arbeiten.)

Der Schamane saugt immer wieder und »erbricht trocken« so viele Male wie notwendig. *Es ist wichtig, daß die herausgesaugte Kraft nicht hinuntergeschluckt, sondern nach jedem Saugen in den Behälter auf der Erde oder auf dem Boden ausgespuckt wird.* Dies geschieht mit kraftvollem, manchmal unfreiwilligem, heftigem Würgen, welches dem Schamanen ein echtes Gefühl der Reinigung gibt, von der gefühlsmäßig ekelhaften Kraft, die er herausgezogen hat, befreit zu sein. Während er den Kraft-Eindringling aus dem Patienten entfernt, kann sich der Schamane in Wellen ausgesogener Kraft eingehüllt fühlen, die ihn fast betäuben und seinen Körper erzittern lassen. Nach jedem trockenen Erbrechen stellt er seine Konzentration wieder her, indem er sein Kraftlied singt und sich darauf ausrichtet, seine Hilfsgeister wieder zu stärken, bis er selbst fähig ist, den Prozeß zu wiederholen. Er setzt dieses zyklische Saugen so lange fort, bis er schließlich beim Hin- und Herführen seiner Hand über den Patienten keinerlei örtliche Ausstrahlung von Hitze, Energie oder Vibration mehr spürt.

Dann kann er noch einmal zusätzlich an den Stellen saugen, wo er schon gearbeitet hat oder noch etwas restlichen Schmutz von der eingedrungenen Kraft spürt, die er wieder trocken in den Behälter erbricht. Wenn er keine weitere Stelle mit Verseuchung oder Schmutz mehr erfühlen kann, beendet er den Saugeprozeß. Er kann aber noch etwas länger singen, um die beschützende Kraft seines Tieres und seiner Hilfsgeister um sich zu behalten.

Wenn er schließlich überzeugt ist, daß der Patient geistig rein ist, schüttelt er seine Rassel viermal kreisförmig über dem Körper des Patienten, wodurch er deutlich das gereinigte Gebiet kennzeichnet, um seine Grenzen für die geistige Welt festzulegen. Der Patient kann noch länger liegenbleiben oder sich aufsetzen.

An diesem Punkt ist es wichtig, daß der Schamane den Behälter mit der erbrochenen oder ausgestoßenen Kraft des Eindringlings in sichere Entfernung von dem Patienten und der Gruppe hinausträgt. Dort gießt er den Inhalt aus. Er bringt den Behälter zurück, damit er später wieder mit reinem Sand oder Wasser gefüllt werden kann, sobald er gebraucht wird. Je nachdem, wie stark sich der Schamane fühlt und was er für das Beste hält, kann die Reise sofort noch einmal unternommen oder auf später verschoben werden. Ideal wäre es, wenn die Reise sofort gemacht werden könnte, damit der Patient gleich ein Krafttier erhält, energiegeladen wird und dadurch widerstandsfähig gegen weitere schädliche Eindringlinge ist.

Ein Beispiel

Wie ich angedeutet habe, sollte man die Saugeart des Schamanismus nur dann ausführen, wenn man völlig vorbereitet ist, wie ich es oben beschrieben habe. Doch in dem folgenden Fall entdeckte ein junger Schamane mit nur geringer Kenntnis von der Saugemethode, daß er genau wußte, was er zu tun hatte, als diese Erfahrung sich entwickelte. Dies ist nicht überraschend, weil ein fähiger Lehrling, der einmal die Grundprinzipien der schamanischen Kraft und Heilung begriffen hat, meistens logisch aus diesen Prinzipien heraus operieren kann und neue Probleme schöpferisch löst. Seine Beschreibung macht deutlich, wie sich der Schamane manchmal zwischen schamanischem und normalem Bewußtseinszustand hin und her bewegt, wenn er eine Heilung vollbringt.

Der junge Mann entschloß sich, eine Reise zu unternehmen, weil er der Ansicht war, er brauche nur ein Krafttier zurückzuholen, und zwar aus tiefer menschlicher Anteilnahme »an einer jungen Frau in Wien, die in schweren Konflikt mit ihren Eltern geraten und an jenem Tag in einem erbärmlichen Zustand war«. Er war weder geübt noch darauf vorbereitet, eingedrungene Wesen herauszusaugen, sondern vollbrachte eine schöpferische Leistung, indem er den »Schmutz« entfernte.

Ich ging hinunter wie gewöhnlich, aber gleich hinter dem Eingang gab es eine Biegung nach links, und plötzlich war alles schwarz. Keines der Merkmale, die ich früher gesehen hatte, war einfach schwarz. Rechts genau vor der Schwärze befand sich eine unglaublich ekelhafte Art schleimiger Laokoon-Masse[182]*, ineinander verschlungene Schlangen und Spinnen, deren Beine schwarz, blau und rot waren. Nachdem ich versucht hatte, in die Schwärze nach links zu gehen – was aber nicht möglich war –, ging ich auf die Masse zu, um zu prüfen, was ich da machen könnte. Sie war etwa zwei Meter hoch – wie ich schätzte. Sie wollte nicht weichen; also begann ich nach einer Weile hinaufzuklettern – eine schmierige Angelegenheit, glauben Sie mir! Oben war ein kaminähnlicher Schacht mit Stufen an einer Seite, also kletterte ich einfach weiter. Der Schacht stand senkrecht und war zuerst dunkel, wurde aber heller, als ich höher kam. Nachdem ich einige Zeit geklettert war, konnte ich immer noch kein Ende sehen. Deshalb ließ ich einfach die Sprossen los und flog den Rest des Weges. Der Schacht war sehr hoch und oben sehr hell. Ich kam in einer sonnenbestrahlten Landschaft heraus und befand mich auf einem flachen Dach.*

Ich untersuchte das Dach. Da war ein Eingang mit einer Treppe, dreieckig konstruiert, die an einer Seite hinaufführte, während an der anderen eine Tür war. Ich kletterte die Steigung hinauf, um von oben hineinzusehen. Gerade als ich mich hinunterbeugte, um hineinzusehen, wurde ich von einem Bären ergriffen und hineingezogen. Wir gingen abwärts. Der Bär trug mich unter seinem Arm und ging immer weiter. Nach einem Augenblick der Überlegung beschloß ich, mich aus seinem Griff herauszuwinden. Ich tat es. Er merkte es nicht und ging seines Weges. Ich befand mich dann in einer langen Höhle, ziemlich breit und oval, die ich später als das Innere meines eigenen Rumpfes identifizierte. Zu meiner Linken (nämlich an der Seite, wo seine Patientin in der normalen Wirklichkeit lag) stellte ich einige Spalten in der sonst stabilen Höhlenwand fest. Schwarzer Schleim triefte aus einigen der Spalten. Ich brach einige Steine heraus, und mehr schwarzer Schleim ergoß sich. Schließlich hatte ich eine Öffnung, die groß genug war, daß ich hindurchkam, und ich ging hinein.

Ich befand mich in einer Höhle ähnlich der ersten, nur war diese knietief (an einigen Stellen auch tiefer) mit diesem schwarzen Schleim angefüllt. Zum hinteren Ende hin war eine Öffnung, die fast vollständig mit schwarzen Steinen und dem dort aufgestauten Schleim verbaut war. Ich watete knietief hindurch. Hinter der Öffnung konnte ich Licht sehen, wie von einer warmen Sonne, die aber fast ganz hinter der Absperrung verborgen war. Zunächst wußte ich nicht, was ich tun sollte. Deshalb richtete ich mich auf meinen Knien auf (in normaler Wirklichkeit) und begann, den Körper der Patientin von außen mit meinen Händen zu prüfen. Ich konnte zunächst keinen klaren Eindruck gewinnen. Er fühlte sich an, als sei er mit Spinnweben bedeckt. Ich kratzte sie mit meinen Fingern weg und spürte dann deutlich einen Brennpunkt von Energie – weder heiß noch kalt und doch beides – in der Gegend von Magen/Eierstock/Blase. Ich saugte heraus, was ich konnte, und spülte es im Waschbecken hinunter. Es war ganz widerlich. Nachdem ich meinen Mund von jeder Spur, was immer es war, rein gespült hatte, ging ich in die liegende Position neben der Patientin zurück und begab mich wieder in die Höhle. Der Pegel der schwarzen Flüssigkeit war jetzt viel niedriger, und sie schien auch etwas trockener zu sein. Ich stand da eine Weile und schaute mich um, weil ich nicht wußte, was ich nun tun sollte.

Dann hatte ich eine Inspiration. Ich zog meinen Pullover aus und zündete ihn an. Mit dieser Fackel entflammte ich überall in der Höhle den Schleim. Nach einer Weile war er zu einer Substanz heruntergebrannt, die wie Holzkohle und schwarze Asche aussah. Sie war nicht mehr schleimig. Ich weiß nicht, wie ich darin überlebt habe, während alles brannte; aber das schien kein Problem zu sein. Als das Feuer aufgehört hatte, durchsuchte ich die Höhle etwas genauer und entdeckte – am oberen Ende – einen Tunnel, der horizontal hinausführte, groß genug, daß ein Mensch bequem hindurchkriechen konnte. Ich ging hinein. Nach scheinbar fünf oder sechs Metern fiel er plötzlich etwa ein bis zwei Meter ab und bog dann zurück in die Richtung auf die Höhle. Ich ging hinein und entdeckte, daß sie nach zwei Metern endete, sich leicht verbreiternd. Ich begann im Boden am Ende des Tunnels zu graben. Bald kam Wasser herausgeflossen. Ich vergrößerte das Loch und verließ schnell den Tunnel, da das Wasser stärker floß und mich zu überschwemmen drohte.

Das Wasser floß mit großer Kraft in die Höhle und schwemmte die vom Feuer übriggebliebenen Reste zum anderen Ende der Höhle hinaus, wo das warme Licht schwach durch ein kleines Loch zu sehen war. Ich ging dort hinunter, da der Wasserdruck sich hinter den Steinblöcken aufstaute, welche die Öffnung versperrten. Ich trat einige Male dagegen. Die Öffnung wurde größer, und schließlich war sie weit offen. Es gab tatsächlich dort eine warme Sonne. Das schmutzige Wasser ergoß sich in ihre Richtung und verschwand. Licht und Luft fluteten wieder von diesem Ende in die Höhle. Es war nicht mehr so dunkel darin. Ich hatte gute Reinigungsarbeit geleistet, stellte ich fest. Wände und Boden der Höhle waren hellfarbig außer an einigen Stellen, wo Fetzen der schwarzen Materie hängengeblieben waren. Das Wasser bildete einen Bach, der durch die Mitte der Höhle zum unteren Ende floß, wo es gegen die Sonne verschwand, die draußen schien. (Eine sehr große Sonne! Und auch ziemlich nahe!) Mit der frischen Luft, die von dort hereinblies, kamen Schwalben. Sie flogen in der Höhle umher, wodurch sie wieder voll Leben zu sein schien. Ich nahm eine mit, als ich die Höhle verließ, und gab sie (als Krafttier) der Patientin.

An kritischen Punkten meiner Reise begann die Patientin schwer zu atmen, als ob sie spüren konnte, was vor sich ging. Sie erklärte später, daß sich der Druck in ihrem Unterleib ganz allmählich gelockert habe. Als ich ihr berichtete, was ich gefunden hatte, bestätigte sie, daß sie Verdauungs- und Eierstockprobleme hatte. In einem Brief sechs Wochen später berichtete sie von Veränderungen zum Besseren. Das Gefühl, festgefahren zu sein, war verschwunden, und massive Konflikte wurden jetzt in der äußeren Welt ausgetragen. Ich hoffe, daß ich sie bald wiedersehen werde. Vielleicht können wir dann eine Verbindung zum oberen Teil ihres Körpers herstellen.

Das ist die Geschichte. Vielleicht können Sie sie irgendwie verwenden. Ich fand sie besonders interessant, weil ich so oft nicht wußte, was ich tun sollte, und schließlich doch eine Menge Dinge getan habe, von denen mir niemand jemals erzählt hatte.

Eine der berühmtesten nordamerikanischen Indianer-Schamaninnen, welche die Saugemethode in den letzten Jahrzehnten angewandt hat, war die inzwischen verstorbene Essie Parrish. Sie war nicht nur eine Seherin von Kraft-Eindringlingen, sondern sie konnte sie auch hören. Sie sagte aus, daß, wenn sie in Trance war, »... man etwas im dort liegenden Patienten hören kann ... man kann hören, daß die Krankheit Geräusche macht. Die Krankheit im Körper der Menschen ist etwas wie Verrücktheit, und sie (= die Krankheiten) leben; sehr oft machen sie Lärm, ähnlich wie Insekten; sie leben dort wie Insekten ...»[183]

Patienten, Indianer ebenso wie andere, kamen von weither, um von Essie Parrish geheilt zu werden, und sie reiste auf Bitten von Kranken oft nach Nevada und Oregon. Sie hatte eine Vision gehabt, daß sie ihre schamanischen Methoden Nicht-Indianern genauso offenbaren solle wie Indianern, so daß schließlich jeder von dem Wissen Nutzen haben könnte. Wegen der Vision erklärte sie sich bereit, den bereits erwähnten Film *Sucking Doctor* (= Sauge-Heilerin) zu drehen, und erklärte den Zuschauern nach den Heilungs-Sitzungen ihre Arbeitsweise. Da sie eine Spezialistin im Extrahieren von Kraft-Eindringlingen war, könnte der folgende von Robert L. Oswalt aufgenommene Bericht eine wertvolle ergänzende Erklärung der Saugemethode zur Entfernung von Kraft-Eindringlingen sein.

Die Arbeitsweise einer Sauge-Heilerin

von Essie Parrish

Ich werde über die Behandlung von Menschen erzählen, weil Sie diese Dinge von mir wissen wollen. Ich bin eine Heilerin und werde mein ganzes Leben auf Erden eine sein – dafür wurde ich erschaffen. Ich wurde hier auf dieser Erde geboren, um Menschen zu heilen.

Als ich klein war, wußte ich nichts darüber – wann immer ich etwa träumte (= Visionen hatte) –, weil ich nur auf diese einzige Art träumte.[184] *Ich dachte, jeder sei so; ich dachte, alle Kinder seien so. Das waren die Dinge, über die ich zu erzählen pflegte – Dinge, die ich wußte und sah.*

Eines Tages wurde meine jüngere Schwester krank. Sie war so krank, mit vielen wunden Stellen im Mund, daß jeder dachte, sie müsse sterben. Mein Großonkel, der sie aufzog, muß etwas geplant haben, wovon ich nichts wußte – ich spielte draußen herum. Plötzlich wurde ich ins Haus gerufen. Ich erinnere mich genau; es war gegen vier Uhr nachmittags.

Als ich ins Haus gekommen war, sagte er: »Könntest du nicht etwas für deine kleine Schwester tun? Ich sage dir, daß du wie ein Prophet aussiehst.[185] *Du mit deinen prophetischen Fähigkeiten könntest sie vielleicht heilen. Du könntest etwas tun.«*

»Wer weiß, was ich jetzt wohl tun soll«, dachte ich bei mir, weil ich noch klein war und es nicht wußte. Aber ich sagte: »In Ordnung.« Das war zu mir gesagt worden. Meine Kraft hatte gesagt: »Wenn jemand dich um etwas bittet, sollst du niemals sagen: Nein! Dazu bist du nicht hier. Du bist jemand, der den Menschen hilft. Du bist jemand, der die Menschen heilt.« Deshalb sagte ich: »In Ordnung.«

Nachdem ich eingewilligt hatte, betete ich zum Himmel. Meine rechte Hand legte ich auf ihren Kopf. Als ich das getan hatte, kam ein Lied, das ich nicht kannte, in mich hinein. Erstaunlicherweise kam dieses Lied heraus aus mir. Aber ich sang es nicht laut heraus; es sang tief in mir. »Wie werde ich sie wohl heilen?« dachte ich bei mir selbst. Zu meiner Überraschung war sie ein paar Tage später gesund. Das war der erste Mensch, den ich heilte …

Unerwartet wurde ein anderer Mensch krank. Man sagte, er würde bald sterben an dem, was die weißen Menschen »doppelte Lungenentzündung« nennen. Er lag da wie tot. Der Weg zu einem (weißen) Arzt war weit. Seine ältere Schwester hatte nach mir geschickt. Sie sagte: »Ich bin gekommen, um dich um einen sehr großen Gefallen zu bitten. Ich möchte, daß du ihn besuchst. Sieh ihn dir an! Wenn ich auch sehe, daß er im Sterben liegt, so möchte ich doch, daß du nach ihm siehst.«

Als ich dann hingegangen war, legte ich meine Hand hier und dort auf ihn. Und ich saugte die Krankheit heraus. Erstaunlicherweise heilte ihn das. Während ich heile, werde ich immer tüchtiger. So wie die weißen Menschen lernen, so lerne ich auch. Jedesmal, wenn ich Menschen behandle, mache ich Fortschritte (in der Erfahrung).

Nach einer langen Zeit – mehrere Jahre – wahrscheinlich waren es zwölf oder dreizehn Jahre – machte ich noch größere Fortschritte. Da entdeckte ich, daß ich etwas in meinem Hals hatte, womit ich Schmerzen heraussaugen konnte. Und die heilende Kraft meiner Hände – ich entdeckte die heilende Kraft meiner Hände. Diese Kraft ist immer bei mir. Doch andere Leute können sie nicht sehen; nur ich allein kann sie sehen.

Wenn ich so neben einem Menschen sitze, rufe ich Unseren Vater an.[186]

Das ist meine Kraft – diejenige, die ich Unseren Vater nenne. Dann steigt sie herab, meine Kraft kommt herunter in mich. Und wenn jener kranke Mensch da liegt, sehe ich sie gewöhnlich (die Kraft). Diese Dinge scheinen unglaubhaft, aber ich, ich selbst, weiß es, weil sie in mir ist. Ich weiß, was ich sehe. Meine Kraft ist so. Sie können das bezweifeln, wenn Sie es nicht glauben wollen; Sie brauchen es nicht zu glauben; aber so ist meine Arbeit.

Tief im Innern des dort liegenden kranken Menschen ist etwas. Es ist, als wenn man durch etwas sieht – wenn Sie ein feines Gewebe über etwas legen, können Sie hindurchsehen. Genauso sehe ich etwas im Innern. Ich sehe, was dort geschieht, und kann es mit meiner Hand fühlen – mein Mittelfinger ist der mit der Kraft.

Wenn ich mit der Kraft meiner Hand arbeite, ist das fast genauso, als wenn Sie angeln und der Fisch an Ihrem Köder reißt – es fühlt sich so an wie beim Fisch, der an der Angelrute zerrt – so ähnlich ist das. Der Schmerz, der irgendwo im Innern des Menschen sitzt, scheint meine Hand anzuziehen –, man kann ihn nicht verfehlen. Er läßt zu, daß man ihn berührt. Ich lege meine Hand nicht selbst dahin; es fühlt sich so an, als ob jemand – die Krankheit – mit einer Leine zieht. Es ist das, was die weißen Menschen einen »Magneten« nennen. In dieser Art ist die Krankheit in einem Menschen – wie ein Magnet.

Und dann berührt sie ihn. Und wenn die Kraft den Schmerz berührt, wird Ihr Atem angehalten – es geschieht etwas, so daß Sie nicht atmen können. Aber es entsteht keine Angst. Es ist, als wenn Ihre Brust gelähmt sei – Ihr Atem ist unterbrochen. Wenn Sie atmen würden, während jener Schmerz festgehalten wird, könnte die Krankheit sich verbergen. Da der Schmerz Ihre Atmung aussetzt, können Sie den Schmerz dort spüren – mit dem Ergebnis, daß Ihre Hand ihn herausnehmen kann. Wenn jedoch die Atmung nicht stillgelegt wäre, könnte ich den Schmerz nicht herausheben.

Wenn Sie ihn herausnehmen, können Sie ihn nicht sehen. Sie können ihn nicht mit Ihren bloßen Augen sehen, aber ich sehe ihn. Wenn ich ihn wegschicke, sehe ich, was für eine Krankheit es ist. Wenn die Krankheit in einen Menschen hineingeht, sprechen die weißen Menschen darüber ganz anders; auch wir indianischen Schamanen sprechen ganz anders darüber. Jene Krankheit, die in einen Menschen hineingeht, ist unrein. Ich nehme an, daß die Weißen es »Krankheitskeime« nennen, aber wir indianischen Heiler nennen es »unrein«.

Ich werde noch etwas mehr über die heilende Kraft meiner Hände sagen. Die Handfläche hat Kraft, und der Mittelfinger der Hand hat Kraft. Sie ist nicht immer da, sondern nur, wenn ich sie rufe.

Wenn irgendwo eine kranke Person herausgefunden werden soll, so kann die Kraft in meinen Händen sie finden. Wenn jemand von irgendwoher daran denkt, an mich denkt, arbeitet es dort an der Spitze des Mittelfingers, als ob er angeschossen würde – was die Weißen »Stromschlag« nennen. Wenn Sie etwas wie Elektrizität berühren, werden Sie wissen, wie dieser Schlag ist; so wirkt das hier am Mittelfinger. Wenn man von irgendwoher daran denkt, dann findet die Kraft es heraus und gibt eine Warnung. So weiß ich, daß mich jemand verlangt. Und es erweist sich immer als richtig. Das ist die Kraft in meinen Händen.

Es steckt noch viel mehr dahinter (hinter dem Thema der Heilung). Es steckt eine Heilkraft in meinem Hals. Hier irgendwo in meinem Hals sitzt die Kraft. Als diese Heilkraft das erste Mal in mich hinunterstieg, wuchs dort seit vier Jahren schon etwas. Es hatte mich wie Diphtherie befallen. Ich wäre fast durch die Einengung (des Halses) am Anfang gestorben, aber ich wußte die ganze Zeit, daß es sie (die Kraft) werden würde.

Aber die bei mir wohnten, wußten nichts davon; ich habe ihnen nie davon erzählt. Meine Kraft aber hatte mir gesagt: »Das ist, weil Kraft dort in dich eingetreten ist.« Als das eintrat (das Wachstum), riefen sie einen weißen Arzt, der mich untersuchen sollte. Der weiße Doktor hat es nicht erkannt; er sagte mir, daß es wahrscheinlich Diphtherie sei. Aber ich wußte, was es war. Als das Ding darinnen aufgehört hatte zu wachsen, genas ich.

Es fühlte sich an wie eine Zunge, was dort lag und sich zunächst auch bewegte, wenn ich sang. Es dauerte etwa vier Jahre, daß dieses Ding dort lag. Nachdem es in mir wuchs, verbesserte sich meine Stimme. Es sagte mir, zu welchem Zweck es sich dort entwickele. Es sagte mir: »Kraft entwickelt sich.« Ohne sie könne ich keine Krankheiten heraussaugen. Nur wenn es sich entwickelt habe, könne ich Schmerzen heraussaugen.

Dann gab sie mir diesen Stab mit Zeichen und sagte: »Dies ist deine Kraft. Diese Zeichen darauf sind Symbole. Sie sind Krankheitsbezeichnungen.« Und sie sprach weiter: »Es gibt viele Regeln zu beachten: Du kannst keine menstruierende Frau behandeln und kannst nicht in einem Haus heilen, wo jemand menstruiert. (In diesen Situationen) wird die Kraft nicht deine Freundin sein; die Kraft wird sich nicht für dich erheben.« Das stellte sich später als wahr heraus.

Als ich das erste Mal mit meinem Hals heilte, tat ich das für eine junge Frau. Als ich sie behandelte und die Krankheit heraussaugte, kam etwas wie eine Blase aus meinem Hals; gerade so, als ob man einen großen Luftballon aufblasen würde, kam es aus meinem Mund. Jeder dort sah es. Es war ziemlich aufgebläht, als es von meinem Mund wegflog. Jeder sah es. Wie Seifenblasen könnte man sagen; so sah es am Anfang aus.

Seit das passiert war, habe ich weitere Krankheiten herausgesaugt. Die Krankheit, die ich aussauge, arbeitet innen auch wie ein Magnet (als wenn die Kraft meiner Hände benutzt wird). An der Stelle hier, wo die Kraft, wie ich berichtete, in meinen Hals eindrang, arbeitet die Krankheit so schnell wie Elektrizität – es wirkt wie (ein) Blitz, wie ein Magnet. Und es verschließt den Atem. Wenn es das tut, wenn es den Atem abschneidet, kommt es wie ein Magnet äußerst langsam vorwärts.

Man merkt aber nicht, wie lange man seinen Atem anhält. Es ist so, als ob man in einer »Trance« wäre, wie es die Weißen nennen. Während die Krankheit zu mir kommt, bin ich in Trance. Es spricht immer zu mir und sagt: »So ist es. Es ist diese oder jene Art von Krankheit. Deshalb ist es so.«

Jene Krankheit fliegt und haftet an einer bestimmten Stelle im Mund. Unsere (Schamanen-)Zähne haben die Kraft; unseren Zähnen ist etwas hinzugefügt. Dort steckt nämlich die Kraft, auf einem bestimmten Zahn. Dort haftet die Krankheit. Manchmal fliegt sie unter die Zunge. Wenn sie dort haftet, ist sie sehr schwer loszubekommen – sie ist, wie ich sagte, wie ein Magnet. Dann stirbt sie dort.

Ich spucke die tote Krankheit aus. Ich lasse sie auf meine Hand fallen, so daß viele Menschen sie sehen können. Sie sehen immer die Krankheit, die ich heraussauge. Aber sie dürfen sie nicht berühren – sie ist ansteckend. Wer immer die Krankheit anfaßt, in den würde sie eintreten. Wann immer sie auf meiner Hand liegt, haftet sie daran wie ein Magnet. Sie wird nicht hinunterfallen – auch wenn Sie Ihre Hand schütteln, wird sie nicht hinunterfallen. Auch wenn Sie sie abschütteln wollen, wird sie sich nicht lösen.

Sie können sie in etwas wie ein Stück Papier einwickeln oder in einen Korb legen. Wenn Sie das tun, sollten Sie zu diesem Zweck singen, Sie sollten zu diesem Zweck rufen. Einige Krankheiten bleiben dort eine Weile – bleiben einige Minuten –, aber andere sind schnell. Einige »schnelle« Krankheiten bleiben gerade ein paar Minuten, nachdem sie hingelegt wurden, und verschwinden dann.

Es gibt noch sehr viel mehr (über das Heilen zu erzählen). In diesen vielen Jahren, in denen ich Menschen behandelt habe, habe ich viele verschiedene Arten von Krankheit gesehen.[187]

Tabak-Fallen

Schädliche Kraft-Eindringlinge herauszusaugen ist, wie wir gesehen haben, eine fortgeschrittene schamanische Technik, die beträchtliche Vorbereitungen erfordert. Eine viel einfachere Technik sind »Tabak-Fallen«, wie sie von mir genannt werden; sie sind die Umarbeitung einer Methode, die ich von einem Medizinmann der Lakota-Sioux aus South-Dakota erlernte. Diese Methode basiert auf dem Prinzip, daß die eingedrungenen Geister Tabak lieben und davon angezogen werden. Das stimmt überein mit der Jívaro-Ansicht, wie Sie sich erinnern werden, daß der Schamane *tsentsak*, die für Krafteindringungen verantwortlichen Geister, ständig mit Tabakwasser tränkt. Die Sioux-Methode benutzt Tabakstränge oder Miniatur-Stoffsäckchen, die Tabak enthalten.

Für Tabak-Fallen werden die Stränge als Köder benutzt, um die eingedrungenen Geister, die im Körper einer kranken Person sein können, anzulocken und zu fangen. Eine Art, wie dies gemacht wird, besteht darin, daß man einen Kranz von Tabaksträngen um den Patienten legt, der auf dem Erd- oder Fußboden liegt. Wenn dann der Schamane damit beschäftigt ist, schädliche Kraft-Eindringlinge aus dem Patienten zu entfernen, hat er als Hilfe auch die Tabakstränge, um die Geister herauszuziehen. Wenn seine Extraktionsarbeit getan ist, rollt er die Tabakstränge sorgfältig zu einem Ball zusammen und bringt diesen sofort an einen entfernten Ort. Dort wird der Ball auseinandergenommen, und die Tabakstränge werden so über die Zweige eines Baumes gehängt, wie das mit Lametta auf einem Weihnachtsbaum gemacht wird. Das geschieht, damit sich die Geister weit entfernt von den Menschen, denen sie schaden könnten, verteilen.

Eine andere von mir manchmal angewandte Technik besteht darin, die Tabakstränge zu benutzen, um eine ganze Gruppe von Personen zu reinigen, die in einem Kreis zusammensitzen. Bei dieser Methode wird der Strang an dem einen Ende des Kreises von der Person links vom Schamanen gehalten. Der Schamane entrollt den Strang dann im Uhrzeigersinn ganz um den Kreis, wobei er bei jeder Person genügend freies Spiel läßt, daß sie ein Tabakband daran befestigen kann. Als nächstes wird ein großes Stück roten Stoffes in derselben Richtung im Kreis herumgereicht, von dem jeder mit einer Schere ein kleines Viereck für sich abschneidet und Stoff und Schere weiterreicht. Ein Päckchen reinen Tabaks (gewöhnlich Bull Durham) wird herumgereicht, aus dem jeder eine Prise auf sein kleines Stoffviereck gibt und die Seiten zu einem Beutel zusammenfaltet. Konzentriert nimmt dann jeder Teilnehmer ruhig seinen schlimmsten persönlichen Schmerz und projiziert ihn in seinen Tabakbeutel. Dann bindet jeder im Kreis den Beutel an das Band. Wenn das geschehen ist, steht der Schamane auf und geht außerhalb des Kreises um die Gruppe herum, wobei er seine Rassel schüttelt. Dies geschieht zur Unterstützung, um den Schmerz, die Verletzung, die Krankheit, das Unglück aus den Betreffenden in ihr Tabakband zu schütteln, das sie vor sich halten. Der Schamane umkreist weiter die Gruppe und schüttelt seine Rassel, bis er spürt, daß er in den schamanischen Bewußtseinszustand eintritt.

Sobald der Schamane an seinen Platz zurückkehrt und seine Rassel hinstellt, beginnt für ihn der schwierigste Teil der Arbeit. *Dazu muß er sicher sein, daß er mit Kraft gefüllt ist, so daß keiner der schmerzhaften, krankheitsverursachenden Geister, die in den Tabakstrang projiziert wurden, in ihn eindringen kann.*

Indem er sein Kraftlied singt, ergreift er ein Ende des Tabakstranges und schreitet langsam in die Mitte des Kreises. Er legt dieses Ende sorgfältig auf den Boden und singt weiter. Dann beginnt er langsam und mit großer Sorgfalt, den Strang aus den Händen der Personen im Kreis zu ziehen, indem er ihn auf den Boden innerhalb des Kreises im Uhrzeigersinn in einer immer weiter werdenden Spirale niederlegt. Bei dieser Prozedur kann der Schamane die Erfahrung machen, daß Wellen von Verzweiflung, Unglücklichsein und Schmerz über ihn hinwegspülen, während er langsam die miteinander verbundenen Tabakbänder niederlegt. Er spürt den Schmerz, den er von den Menschen im Kreis nimmt. Das kann eine fast überwältigende emotionale Erfahrung sein. Wenn schließlich das letzte Ende des Tabakstranges auf dem Boden liegt, singt er weiter sein Kraftlied, um sich selbst zu beschirmen. Dann wickelt er, auf dem Boden kniend, langsam und sorgfältig die Spirale zu einem Ball auf, indem er mit dem äußeren Ende beginnt. Während er das tut, kann er weiter intensiv die Gefühle von Schmerzen, Kränkung und Unglück der Teilnehmer spüren.

Sobald der Schamane damit fertig ist, nimmt er den Ball vom Boden auf und trägt ihn mit ausgestreckten Armen schnell aus dem Kreis an einen mindestens 400 Meter entfernten Ort. Dort entrollt er den Ball und drapiert die Bänder auf einem Baum. Er schließt seine Augen, stößt die den Baum umgebende Kraft von sich und geht sofort wieder weg. Die anderen können ihn aus der Ferne beobachten. Dann kehren alle wieder an ihren ursprünglichen Platz zurück, setzen sich im Kreis zusammen und geben sich die Hände, während sie das Kraftlied singen.

Patient werden

Eine verwandte Technik des schamanischen Heilens heißt: »Der Patient werden«. Diese Methode wurde mir vor einigen Jahren von einem Schamanen im Staat Washington der Coast-Salish beigebracht. *Wie bei den anderen Methoden der Entfernung schädlicher Geist-Eindringlinge sollte der Schamane auch diese Methode nur dann anwenden, wenn er voll Kraft ist;* denn bei dieser Technik nimmt er die Kraft (Kräfte) an Bord oder auf sich, die dem Patienten Leid zufügt. Der unsichtbare Mantel der Macht, der den Coast-Salish-Schamanen umgibt, verhindert, daß die Gesiter in ihn eindringen.[188]

Diese Methode wendet man wie folgt an. Zunächst bespricht der Schamane mit dem Patienten die Art des Schmerzes oder der Krankheit. Er findet alles nur Mögliche darüber heraus, wie man die Krankheit oder den Schmerz spürt, und entwickelt dann in sich ein Gefühl dafür, wie es ist, in dieser Situation zu sein. Er fragt den Patienten nach dem Beginn des Leidens und erfährt alle Einzelheiten, die der Patient zu jener Zeit spürte. Dann setzt er seine Befragung fort, um zu lernen, wie es ist, der Patient zu sein, was der Patient vom Leben erwartet, welches seine Probleme und Hoffnungen sind. Mit anderen Worten tut der Schamane sein Bestes, um zu lernen, wie es ist, dieser Patient zu sein. Im Gegensatz zur Psychoanalyse erfordert diese Arbeit normalerweise nur ein paar Tage, abhängig von den Fähigkeiten des Schamanen und seinem Verhältnis zum Patienten.

Wenn der Schamane überzeugt ist, daß er sich emotional mit dem Patienten identifizieren kann, ist er bereit, in die kritische Phase des Heilungswerkes einzutreten.

An diesem Punkt angekommen, begeben sich der Schamane und der Patient an einen Ort in der Wildnis, wo es keine menschliche Siedlung gibt. Der Schamane erweckt mit seiner Rassel und seinem Kraftlied seinen Schutzgeist, damit dieser ihm hilft. Der Patient sitzt während dieser Phase ruhig neben ihm.

Sobald sich der Schamane voller Kraft fühlt, ziehen der Patient und er langsam ihre Kleider aus und vertauschen sie miteinander. Wenn der Schamane nun jedes einzelne Stück der Kleidung des Patienten anzieht, konzentriert er sich darauf, die Schmerzen und

Beschwerden des Patienten zu übernehmen und die Persönlichkeit des Patienten anzulegen. Sobald der Schamane das letzte Kleidungsstück überzieht, sollte er zu spüren beginnen, daß er der Patient ist.

Nun fangen der Schamane und der Patient an zu tanzen, begleitet von der Rassel des Schamanen. Der Schamane ahmt jede Bewegung und Geste des Patienten nach, um der Patient zu werden. Wenn dann der Schamane spürt, daß sich sein Bewußtsein ändert, hält er seine Hände gegen den Körper des Patienten, bis er spürt, daß er alles Notwendige übernommen hat, um der Patient zu sein – und alles, was er sicher von dem Leiden des Patienten tragen kann. Wenn dies richtig gemacht wird, wird der Schamane spüren, wie Wellen von Krankheit oder Schmerz über ihn hinwegspülen.

In diesem Augenblick läuft der Schamane etwa hundert Meter in die unbewohnte Wildnis hinein, bleibt stehen und streckt seine Arme von sich. Er konzentriert sich mit aller Kraft auf das »Wegwerfen« der schmerzhaften eingedrungenen Kraft, die dem Patienten Leid verursachte und nun auf ihm ruht. Mit echten physischen Armbewegungen und mit irgendwelchen Schreien, die in ihm aufsteigen, wirft der Schamane die leidverursachende Kraft in den fernen Himmel, gegen den Horizont, mit all seiner Kraft.

Dieser Wegwerfprozeß kann einige Minuten oder länger dauern. Der Schamane wird wissen, wann er beendet ist: sobald er spürt, wie sich das ganze Elend des Patienten und auch die Persönlichkeit des Patienten von ihm entfernen. Dann wird sich der Schamane gereinigt und entspannt fühlen.

Nun kehrt er zu dem Patienten zurück, und sie tauschen ihre Kleider wieder aus. Der Schamane beendet das Werk, indem er ein Kraftlied singt und mit dem Patienten zusammen im Rauch eines Feuers steht, das aus wildem Salbei oder Zweigen von Zedern entzündet wird, um die Reinigung zu vervollständigen.

Eine Abänderung dieser Technik, besonders für Demonstrationszwecke, kann von Gruppen in Seminaren angewandt werden. Zunächst begibt sich die Gruppe in eine Wildnis, die von Menschen unbewohnt ist. Ein Freiwilliger sitzt in der Mitte des Kreises der Teilnehmer und wird kurze Zeit von der ganzen Gruppe befragt. Jeder Teilnehmer stellt eine Frage, wie der Patient den

Schmerz oder die Krankheit erfährt, über die Verhältnisse zu Beginn der Krankheit, die positiven und negativen Zustände des Patienten und alles andere, was dazu beiträgt, daß jeder Teilnehmer lernt, sich wie der Patient zu fühlen. Bei dieser Übung ist es nicht wünschenswert, daß Nicht-Schamanen individuell viel von der Kraft auf sich nehmen, die das Leiden des Patienten verursacht. Das hier beschriebene Verfahren ermöglicht es, daß jeder nur einen kleinen Teil der eingedrungenen schädlichen Kraft auf sich nimmt, damit sich keiner in Gefahr bringt. Es ist dabei wichtig, daß der Führer der Gruppe allen Teilnehmern, die sich nicht voller Kraft fühlen, anrät, lieber nicht mitzumachen, sondern einfach Zuschauer zu sein.

Dann wird der Patient aufgefordert, so, wie es ihm gefällt zu tanzen, Teilnehmer der Gruppe schütteln Rasseln und schlagen eine Trommel, wobei sie ständig ihr Tempo dem des Tänzers anpassen. Freiwillige werden gebeten, das Tanzen des Patienten in jeder möglichen Weise nachzuahmen, indem sie neben ihm tanzen. Jede Bewegung des Patienten sollte nachgeahmt werden.

Wenn einer der Tänzer den Punkt erreicht hat, wo er emotional spürt, daß er bis zu einem gewissen Grad der Patient geworden ist, sollte er den Patienten kurz berühren, ihm dabei etwas von der eingedrungenen Kraft abnehmen und etwa hundert Meter weit weglaufen – in die Wildnis hinein – und die Kraft weit von sich schleudern, wie bereits beschrieben.

Sobald alle Tänzer dies getan haben und sich gereinigt fühlen, kehren sie zur Gruppe zurück und umarmen den Patienten. Alle stehen zusammen und bilden einen Kraftkreis, indem sie sich an den Händen halten, den Patienten einbeziehen und ein Kraftlied singen (danach kann eine Reise unternommen werden, um das Krafttier des Patienten wieder einzusetzen).

Offensichtlich hat diese Technik eine interessante Ähnlichkeit mit der Psychoanalyse, einschließlich des Prinzips der Gegen-Übertragung, und ist eine Bestätigung dafür, daß schamanische Techniken oft Aspekte der Heilmethoden vorwegnehmen, die erst jüngst im Westen entwickelt wurden. Die Methode »Der Patient werden« der Coast-Salish hat auch eine Entsprechung bei den !Kung-Buschmännern Südafrikas, deren Schamanen.

… ihre flatternden Hände an beide Seiten der Brust des Menschen legen oder wo immer sich die Krankheit befindet. Sie berühren den Menschen leicht, oder häufiger noch lassen sie ihre Hände nahe der Oberfläche der Haut vibrieren. Manchmal legt der Heiler seinen Körper um die Person, wobei er seinen Schweiß – von dem geglaubt wird, er trage heilende Eigenschaften – auf die kranke Person reibt. Die Krankheit wird in den Heiler gesogen. Dann verreibt der Heiler die Krankheit aus seinem eigenen Körper, indem er sie von seiner Hand weg in die Welt hinausschüttelt, wobei sein Körper vor Schmerz erschauert.[189]

Bei der !Kung-Heilung zieht der Schamane »die Krankheit mit unheimlichen, welterschütternden Schreien und Klagen heraus, welche den Schmerz und die Schwierigkeit seiner Heilung anzeigen«. Die Behandlung dauert mehrere Stunden.[190]

Nachwort

Albert Schweitzer (1875–1965) soll einmal gesagt haben: »Der Medizinmann hat aus dem gleichen Grund Erfolg wie wir auch. Alle Patienten tragen ihren eigenen Arzt in sich. Sie kommen zu uns, ohne diese Wahrheit zu kennen. Wir sind dann am erfolgreichsten, wenn wir dem Arzt, der in jedem Patienten steckt, die Chance geben, in Funktion zu treten.«[191]

Vielleicht ist der Schamane uner den Praktikern der Heilkunst besonders geeignet, »dem Arzt in uns die Chance zu geben, in Funktion zu treten«. Während das Fehlen der modernen medizinischen Technik die Urvölker gezwungen haben könnte, ihre latenten schamanischen Kräfte zur Heilung zu entwickeln, wird gerade heute immer mehr anerkannt, daß physische Gesundheit und Heilung macnhmal mehr erfordern als technologische Behandlung. Es gibt eine neue Einsicht, daß physische und geistige Gesundheit eng miteinander verbunden sind und emotionale Faktoren am Anfang, beim Fortschreiten und bei der Heilung einer Krankheit eine bedeutende Rolle spielen können. Die neuerliche Anhäufung experimentellen Beweismaterials, daß Yoga-Praktiken und Biofeedback-Verfahren[192] Basiskörperfunktionen manipulieren können, welche die westliche Medizin bis vor kurzem als nicht willkürlich beeinflußbar angesehen hatte, ist nur einTeil der neuen Erkenntnis über die Bedeutung psychisch-geistiger Praktiken für die Gesundheit.

Besonders aufregend und die schamanische Einstellung zu Gesundheit und Heilung unbedingt unterstützend ist der neue medizinische Beweis, daß man im veränderten Bewußtseinszustand willkürlich das körpereigene Immunsystem durch den Hypothalamus[193] in Aktion zwingen kann. Möglicherweise wird die Wissenschaft einmal herausfinden, daß der Patient eines Schamanen unter dem Einfluß von Schallunterstützung durch das Ritual »programmiert« wird, das Immunsystem des Körpers gegen Krankheit zu aktivieren.

Das aufkeimende Feld der Ganzheitsmedizin zeigt eine ungeheure Menge von Experimenten, die viele bereits lange im Schamanismus praktizierte Techniken wiedererfindet, wie beispielsweise Visualisierung[194], veränderte Bewußtseinszustände, Aspekte der Psychoanalyse, Hypnotherapie, Meditation, positive Einstellung, Streß-Abbau und mentalen und emotionalen Ausdruck des persönlichen Willens zur Gesundung und Heilwerdung. In gewissem Sinne wird Schamanismus im Westen wiederentdeckt, weil er gebraucht wird.

Verbunden mit der wachsenden Einsicht in die Unzulänglichkeiten rein technologischer Behandlung von Krankheiten ist die Unzufriedenheit mit der Unpersönlichkeit der modernen auf Verdienst ausgerichteten und gesetzlich festgelegten Medizin.[195] In der Eingeborenenwelt sind Schamanen häufig Angehörige derselben weitverzweigtern Familie wie der Patient, mit einer emotionalen Verpflichtung der Sorge für das persönliche Wohlbefinden des Patienten, nicht vergleichbar mit dem Fünfzehn-Minuten-Arztbesuch in der heutigen Gesellschaft. Der Schamane arbeitet auch die ganze Nacht oder mehrere Nächte an der Wiederherstellung eines einzelnen Patienten, wobei er selbst und der Patient als eine Zwei-Einheit beteiligt sind, die das Unbewußte beider in einer heroischen Partnerschaft gegen Krankheit und Tod verflechtet. Aber dieser Zweierbund ist mehr; denn er ist gleichzeitig ein Bund mit den verborgenen Kräften der Natur, unsichtbar bei Tage, wo die materiellen Einflüsse des täglichen Lebens das Bewußtsein vollstopfen. Statt dessen wagt sich das Paar – der Schamane zusammen mit seinem Patienten – in die Klarheit der Dunkelheit hinein, wo der Schamane ohne Unterbrechung durch äußere und oberflächliche Ablenkungen die verborgenen Kräfte sieht, die in den Tiefen des Unbewußten arbeiten, und sie nutzbar macht oder bekämpft zum Wohl und Überleben des Patienten. Einige Schamanen sind natürlich keine Angehörigen der Familien ihrer Patienten und nehmen tatsächlich in gewissen Gruppen auch Bezahlung für ihre Arbeit an. Aber wie bei den Tsimshian Gitksan der Nordwestküste Nordamerikas ist es nicht ungewöhnlich, daß der Schamane die Bezahlung zurückgibt, falls der Patient stirbt.[196]

Die Errungenschaften der westlichen wissenschaftlichen und technologischen Medizin sind natürlich in ihrem eigenen Bereich wunderbar. Aber ich hoffe, daß einstmals schamanische Kenntnisse und Methoden vom Westen anerkannt werden, so wie Schamanen die westliche Schulmedizin anerkennen. Bei gegenseitiger Achtung können beide Wege dazu beitragen, die ganzheitliche Einstellung zu Heilung und Gesundheit zu verwirklichen, die so viele Menschen suchen. Um Schamanismus anzuwenden, brauchen wir nicht in wissenschaftlichen Begriffen zu verstehen, warum er wirkt, so wie wir auch nicht zu wissen brauchen, warum Akupunktur wirkt, damit sie heilsam ist.

Es gibt keinen Kampf zwischen schamanischer Praxis und moderner ärztlicher Behandlung. Jeder indianische Schamane aus Nord- oder Südamerika, den ich jemals in dieser Sache befragt habe, stimmte mir zu, daß es keine irgendwie geartete Rivalität gibt. Jívaro-Schamanen sind beispielsweise vollkommen einverstanden, wenn ihre Patienten einen Missionsarzt aufsuchen. Tatsächlich drängen sie ihre Patienten, sich jede technologische Behandlung zu verschaffen, die möglich ist. Der Schamane will an erster Stelle, daß sein Patient gesund wird. Jede Art von technologischer Behandlung oder Medikation, die zur Erstarkung des Patienten beiträgt und jede mögliche Krankheit zu bekämpfen hilft, ist willkommen.

Das beste Beispiel einer sich gegenseitig unterstützenden Kombination aus Schamanismus und westlicher technologischer Medizin ist die bekannte Arbeitsweise von Dr. O. Carl Simonton und Stephanie Matthews-Simonton bei der Behandlung von Krebskranken. Obwohl die Simontons schamanische Methoden nicht bewußt nachmachten, sind einige ihrer Techniken zur Unterstützung der Chemotherapie denjenigen der Schamanen unglaublich ähnlich. Die Patienten der Simontons sind manchmal, wie berichtet wird, überraschend erfolgreich, eine Linderung ihrer Schmerzen und das Abklingen ihrer krebsartigen Zustände zu erreichen.[197]

Als Teil ihrer Behandlung entspannen sich die Patienten in einem ruhigen Zimmer und sehen sich auf einer Fußreise, bis sie einen »inneren Führer« treffen, der ein Mensch oder ein Tier sein kann. Der Patient bittet dann diesen »Führer« um Hilfe bei der Genesung.[198] Diese Ähnlichkeit mit der schamanischen Reise, die Wiedergewinnung eines Krafttieres und dessen schamanischer Einsatz, ist ebenso offensichtlich, wie sie bemerkenswert ist.

Ferner veranlaßten die Simontons ihre Patienten, ohne ihnen den Inhalt nahezulegen, sich ihre Krebsarten vorzustellen und Zeichnungen davon anzufertigen.[199] Die Patienten zeichneten spontan Schlangen und andere überraschend ähnliche Wesen wie diejenigen, die von Schamanen als schädliche, in den Körper ihrer Patienten eingedrungene Kräfte gesehen wurden. (Siehe zum Beispiel die Jívaro-Zeichnungen auf Abb. 11.) Die Simontons ermutigen dann ihre Patienten, sich ihre Krebsarten als »Schmerzwesen« vorzustellen und sich in dieser Vision davon zu befreien.[200]

Doch die Ähnlichkeit mit dem Schamanismus hört da nicht auf. Die Simontons fanden heraus, daß sie ihre Patienten darin üben konnten, sich die Aussendung ihrer weißen Blutkörperchen vorzustellen, welche die Krebszellen verschlingen und sie aus ihrem Körper ganz so hinauswerfen, wie ein Schamane sich die Aktion seiner Hilfsgeister vorstellt und ihnen befiehlt, die schädlichen Kraft-Eindringlinge aufzusaugen und sie aus dem Körper seines Patienten zu entfernen. Einer der Hauptunterschiede besteht darin, daß die Patienten der Simontons als ihre eigenen Heiler auftreten, was selbst dem besten Schamanen schwierig erscheint. Vielleicht könnte den Krebspatienten noch mehr geholfen werden, wenn ein Schamane mit ihnen arbeiten würde. Von einem Patienten sollte nicht gefordert werden, sein eigener Schamane zu sein, genausowenig wie von ihm verlangt werden kann, seine technologische Behandlung auf die Eigenverordnung von Patent-Medizinen zu begrenzen, die er in der Apotheke kauft.

Eines Tages – und ich hoffe, es wird bald sein – wird eine moderne Art des Schamanen Seite an Seite mit orthodoxen westlichen Ärzten arbeiten. Tatsächlich beginnt sich dies schon durchzusetzen, wo eingeborene Schamanen existieren, wie in einigen nordamerikanischen Indianerreservaten und an einigen Stellen in Australien. Ebenso aufregend ist die Aussicht, daß Ärzte in schamanischen Methoden der Heilung und Gesundheitsvorsorge ausgebildet werden, damit sie beide Methoden in ihrer Praxis kombinieren können. Ich bin froh über die Tatsache, daß eine kleine Zahl junger Ärzte schon an meinen Seminaren teilgenommen hat und begeistert zu sein scheint von dem, was sie dort gelernt haben. Nur die Zeit wird erweisen, wie erfolgreich sie bei der Anwendung schamanischer Methoden in ihrem Beruf sein werden.

Was auch immer Ihre eigenen Interessen und Hoffnungen hinsichtlich des Schamanenweges sind, eine grundlegende Frage besteht: Wohin gehen Sie von hier aus? Sie brauchen kein Schamane zu werden, um die Arbeit fortzusetzen, die in diesem Buch beschrieben wurde. Ein Schamane zu sein schließt den ernsthaften Versuch ein, den Menschen zu helfen, die Probleme mit ihrer Kraft und ihrer Gesundheit haben. Vielleicht fühlen Sie sich nicht wohl dabei, eine solche Verantwortung zu übernehmen. Auch den meisten Menschen in den Gemeinschaften der Naturvölker geht das so. Aber in jedem Fall können Sie daran arbeiten, sich selbst zu helfen, indem Sie ernsthaft und regelmäßig die Methoden anwenden, die Sie hier gelernt haben. Sie können allein arbeiten, auch ohne einen Trommler, indem Sie eine Aufnahme mit schamanischen Trommeln benutzen, wie in Anhang A beschrieben. Das ist die Technologie des 20. Jahrhunderts, verbunden mit Schamanismus!

Diejenigen von Ihnen, die Berufsschamanen werden wollen, muß ich darauf hinweisen, daß es mehr zu erfahren und zu lernen gibt, als in diesem Buch behandelt werden konnte: Wildnis-Wanderung, Visionssuche, die schamanische Erfahrung von Tod und Auferstehung, die Orphische Reise in die Unterwelt, Schamanismus und das Leben nach dem Tode, Himmelsreise.[201] Inzwischen jedoch ist das wichtigste für Sie, regelmäßig das zu üben, was sie gelernt haben. Sie können dabei von einem Freund oder Verwandten unterstützt werden, der bereit ist, mit Ihnen als Partner zu arbeiten, indem Sie an schamanischen Seminaren teilnehmen und einen Kreis für schamanisch interessierte Personen einrichten, die sich regelmäßig treffen, um sich gegenseitig und anderen zu helfen.

Wie ich schon sagte, können Sie einfach arbeiten, um sich selbst zu helfen, aber es könnte auch sein, daß Ihnen das nicht genügt und Sie anderen ebenfalls schamanisch helfen möchten. Ihre größten Widerstände dabei werden kulturelle und gesellschaftliche sein, nicht schamanische; denn wir leben in derselben Zivilisation, die diejenigen verfolgte und vernichtete, die das alte

Wissen besaßen. Sie werden nicht auf einem Scheiterhaufen verbrannt werden, aber Sie werden dafür auch nicht den Nobelpreis für Medizin erhalten.

Bei den Koryak in Sibirien gab es eine nützliche Unterscheidung zwischen Familien-Schamanismus und Berufs-Schamanismus.[202] Familien-Schamanismus war die Hilfe bei direkten Verwandten durch diejenigen, die weniger fortgeschritten und weniger kraftvoll im schamanischen Wissen waren. Berufs-Schamanismus wurde von den fortgeschritteneren und kraftvolleren Heilern ausgeübt und bedeutete die Behandlung aller möglichen Klienten. Wenn Sie anderen schamanisch helfen wollen, schlage ich vor, Sie folgen dem Modell des Familien-Schamanismus, indem Sie arbeiten, um nahestehenden Freunden und Familienangehörigen zu helfen, die Ihnen sympathisch sind. Und denken Sie immer daran: Sie arbeiten, um die westliche orthodoxe medizinische Behandlung zu *ergänzen,* nicht um mit ihr zu konkurrieren. Es geht nicht darum, ein Purist zu sein, sondern anderen zu helfen, Gesundheit und Glück zu erlangen und in Harmonie mit der Natur zu leben, auf jede mögliche Weise.

Im Schamanismus macht es letztlich keinen Unterschied, ob Sie anderen helfen oder sich selbst. Indem Sie anderen schamanisch helfen, werden Sie selbst kraftvoller, erfüllter und fröhlicher. Schamanismus geht weit hinaus über eine vordergründige, selbstsüchtige Transzendenz der normalen Wirklichkeit. Er ist Transzendenz für einen breiteren Zweck, für die Hilfe an der Menschheit. Die Hellsichtigkeit im Schamanismus ist die Fähigkeit, das zu beleuchten, was andere als Dunkelheit wahrnehmen, und dadurch zu *sehen* und zu reisen für eine Menschheit, die dem Verlust ihrer geistigen Verbundenheit mit all ihren Verwandten gefährlich nahe ist: den Pflanzen und Tieren dieser guten Erde.

Ich verabschiede mich jetzt von Ihnen mit einem Gedicht von Josie Tamarin; sie ist eine aus der kleinen, aber wachsenden Zahl junger Leute, die den Weg des Schamanen erforschen.[203] Dieses Gedicht dient uns als Erinnerung, daß wir nur in der Praxis der schamanischen Methoden den Weg finden, den kein anderer für uns finden kann. Wie ein Geist einem sibirischen Samojeden-Schamanen sagte: »Schamanisierend wirst du deinen Weg finden, durch dich selbst.«[204]

Song for the journey

the eagle soars into turquoise
and indigo
catching gold on white tipped
feathers
in cadence of wind and stillnesses
singing and swooping with
currents and storms
alone, the far-seer, sky dancer.
sun fire dips down to serpentine
underworld
and eagle descends on rose and
mauve and amber light
to an eyrie for night's long dream

head curved unter wings
eagle encircled in sleep
reflecting early kinship
with those scaled and coiled
beings
who swallow the sun in their
tangled trap
while the lost world waits in
darkness and dream;
and in dreamworlds gods and
goddesses
beat the pulse of prayer
dancing near smaller fires
drumming toward greater light
creating song from cries of loss
lancing the glowing ember of the
heart
praising color:
green of growth, gold of maize
soft rich browns of deer and earth
rainbow prisms of mist and sun
and riotous spring anemonies

Lied für die Reise

Der Adler schwingt sich empor
in Türkis und Indigo
Gold einfangend auf weißen
Federspitzen
im Rhythmus von Wind und
Stille
singend und herabstoßend mit
Strömungen und Stürmen
allein, der Weitschauende,
Himmelstänzer.
Sonnenfeuer taucht hinunter ins
Labyrinth der Unterwelt
und Adler steigt herab auf
Rosen- und Malven- und
Bernsteinlicht
zu einem Horst für den langen
Traum der Nacht

Kopf unter Flügel gebogen
Adler eingekreist in Schlaf
widerspiegelnd frühe Sippschaft
mit jenen geschuppten und
geringelten Wesen
welche die Sonne verschlucken in
ihrer Schlingenfalle
während die verlorene Welt war-
tet in Dunkelheit und Traum;
und Götter und Göttinnen in
Traumwelten
schlagen den Puls des Gebetes
tanzen neben kleineren Feuern
trommeln nach größerem Licht
Gesang erschaffend aus verlore-
nen Schreien
entfachend die glühende Asche
des Herzens

tangerine and sienna of autumn's
burnt lemon death
after summer's blue heat
and the white quiet in the center
of winter's stillness

and as hope begins to flicker
in the endless dark tunnel of night
eagle dreams stir
and in sleep awaken shadow-
winged predator spirits
who dive for us all
into alien elements
fathomless seas of cobalt and black
dive through the surface
along watery crescents of moon's
mirrored image
downward liquid spiral journey
and now is our need for eagle's
sharp vision:
glimpse of turbulence below
dark shapes massing and twi-
sting
in volcanic force the sun is caught
by serpents jealous and frenzied
in battle
surrounding the light;
beak and talons curve
wings pull egamat the tidal vortex
moving with but not surrende-
ring
to that power
and they strike

for an endless moment hearts stop
in their sleep
drums do not beat
as feathers, coils, silver fangs and
claws

lobpreisend Farbe:
Grün des Wachstums, Gold vom
Mais
weiche reiche Brauntöne von
Hirsch und Erde
Regenbogenprismen aus Nebel
und Sonne
und übermütige Frühlings-
anemonen
Orange und Ocker aus herbstlich
verbranntem Zitronentod
nach des Sommers blauer Hitze
und der weißen Ruhe im
Mittelpunkt
der Stille des Winters

und als Hoffnung zu flackern
beginnt
in dem endlosen dunklen Tunnel
der Nacht
regen sich des Adlers Träume
und im Schlaf erwecken sie schat-
tenflügelige Räubergeister
die für uns alle tauchen
in andersartige Elemente
unergründliche Meere aus Kobalt
und Schwarz
tauchen durch die Oberfläche
entlang wässeriger Umrisse
gespiegelten Mondbildes
Abwärtsreise im Wasserstrudel
und jetzt brauchen wir des
Adlers scharfe Augen:
Schimmer der Turbulenz unten
dunkle Gestalten in Massen und
verschlungen
in vulkanischer Gewalt ist die
Sonne gefangen

embrace in the death of our
dreams;
and in that moment the sun is
freed
and begins to float luminous
toward that thin membrane
where sea and sky meet
leaving an image of frozen fury
far below
and finally, bursting through
with the fragile sound of silence
and color
dawn is borne up on wings of
light
life stirs
light stirs us all
and an eagle soars toward the
sun
on the sighs of our awakening.[205]

durch Schlangen eifersüchtig und
rasend im Kampf
umrundend das Licht;
Schnabel und Krallen krümmen
sich
Flügel ziehen gegen der Gezeiten
Wirbel
sich mitbewegend ohne sich zu
ergeben
jener Macht
und sie hören auf
für einen endlosen Augenblick
stehen Herzen still im Schlaf
Trommeln schlagen nicht
als Federn, Schlangen, silbrige
Fänge und Krallen
einander umschlingen im Tod
unserer Träume;
und in diesem Augenblick ist die
Sonne befreit
und beginnt leuchtend zu
schweben
zu jener dünnen Membran, wo
Meer und Himmel sich treffen
verlassend ein Abbild erfrorener
Raserei weit unten
und schließlich durchbrechend
mit dem zarten Klang aus
Schweigen und Farbe
Dämmerung wird heraufgetra-
gen auf Flügeln von Licht

Leben regt sich
Licht erregt uns alle
und ein Adler schwingt sich
empor zur Sonne
auf den Seufzern unseres
Erwachens.[205]

Anhang A
Trommeln, Rasseln, Tonbänder, CDs und MCs, Seminare

Trommeln, Schlegel, Rasseln

Als dieses Buch 1980 erstmals erschien, war es schwierig, Trommeln und andere Hilfsmittel für die schamanische Arbeit zu erhalten. Einer der wenigen empfehlenswerten Trommeltypen von damals war die zweiseitig bespannte indianische Taostrommel aus New Mexiko: Ein ausgehöhltes Stück Pappelholz wird auf beiden Seiten mit Leder bespannt. Diese Trommel ist auf den Illustrationen dieses Buches zu sehen. Obwohl sie schwer und unhandlich ist, verwende ich sie auch heute noch gelegentlich wegen ihres tiefen, vollen Tones.

In der Zwischenzeit sind Trommeln für die schamanische Arbeit viel leichter verfügbar geworden.

Am besten geeignet sind einseitig bespannte Rahmentrommeln – nach dem Vorbild der klassischen sibirischen Schamanentrommeln und denen von der Nordwestküste der Vereinigten Staaten. Diese empfehle ich und verwende sie auch für meine eigene Arbeit – beidseitig bespannte Trommeln haben oft zuwenig Klang.

Rückseitig sollten sie zwei oder drei quergespannte Riemen haben, so daß ein Griff entsteht. Daran kann man sie auch längere Zeit halten, wenn man stehend für eine schamanische Reise trommelt.

Trommeln mit Kunststoffbespannung haben den Vorteil, gegen Feuchtigkeit nahezu unempfindlich zu sein.

Mein Rat: Suchen Sie Ihr nächstgelegenes Musikgeschäft auf, und sehen Sie dort nach, ob Sie etwas Passendes für sich finden.

Ähnliches gilt auch für Rasseln, von denen die von den Hopi-, Zuñi- oder Navaho-Indianern die kunstvollsten sind.

Manche Leute wollen Trommeln und Rasseln selber bauen. Das ist nicht schwer, und über entsprechende Bücher erhalten Sie in Ihrer Buchhandlung Auskunft.

Je größer Ihre schamanische Praxis wird, desto mehr möchten Sie wahrscheinlich eine professionell gebaute Trommel haben. Die Foundation und FSS Österreich (Adressen untenstehend) informieren Sie auf Anfrage gerne über Trommelbauer.

Trommelschlegel bekommen Sie ebenfalls in Musikgeschäften. Ein handelsüblicher Paukenschlegel tut meist gute Dienste.

Tonbänder

Für die schamanische Arbeit in den eigenen vier Wänden haben sich Tonbänder bewährt, die man beispielsweise mit einem Walkman abhört, während man liegend reist. Meiner Erfahrung nach sind Kopfhörer erheblich wirkungsvoller als Lautsprecher.
Diese Methode hat den weiteren Vorteil, daß der Raum selbst frei von Trommelgeräusch ist, so daß man seine Reise laut herauserzählen und sie mit einem weiteren Tonbandgerät aufnehmen kann. Diese von mir entwickelte Technik der »simultanen Erzählung« lehnt sich an sibirische Vorbilder an; ihre Vorteile sind klare, deutliche Reiseeindrücke und die lückenlose Tonbanddokumentation der schamanischen Reise.
Das klassische, hierfür empfohlene Tonband ist *Drumming for the Shamanic Journey*, zu beziehen über die Foundation (siehe unten). Dieses Tonband ist auch als CD lieferbar.

Seminare

Wenn Sie Schamanismus aus erster Hand, von erstklassigen Fachleuten, lernen wollen: Meine Mitarbeiter und ich geben weltweit Schamanismus-Seminare. Auskünfte erhalten Sie über die Foundation, siehe nächste Seite.

CDs und MCs

CDs:
Michael Harner: Shamanic Journey Solo and Double Drumming.
Michael Harner: Shamanic Journey Tibetan Bowl Sound.
Michael Harner: Shamanic Journey Rattle.
Michael Harner: Shamanic Journey Multiple Drumming.
Michael Harner: Shamanic Journey Didjeridu.
Michael Harner: Shamanic Journey Singing Chorus.
Michael Harner: Shamanic Journey Double Drumming.

MCs:
Michael Harner: Shamanic Journey Didjeridu Vol 2.
Michael Harner: Shamanic Journey Singing Vol 3.
Michael Harner: Shamanic Journey Tibetan Bowl Sound for Shamanic Journey.
Michael Harner: Shamanic Journey Double Drumming for Shamanic Journey.
Michael Harner: Shamanic Journey Solo & Double Drumming.
Michael Harner: Shamanic Journey Journey Rattle.
Michael Harner: Shamanic Journey Multiple Drumming.

Alle CDs und MCs können über die Foundation bezogen werden:

The Foundation for Shamanic Studies
PO Box 1939, Mill Valley
California 94942
USA
Tel.: 0 01/415/3 80 82 82
Fax: 0 01/415/3 80 84 16

In den deutschsprachigen Ländern gibt es Informationen bei:

Foundation for Shamanic Studies Europe

Zuständig für Österreich und Deutschland:

Paul und Roswitha Uccusić
Neuwaldeggerstraße 38/4/6
A-1170 Wien
Tel. und Fax: 00 43/1/4 80 17 53

Zuständig für die Schweiz:

FSS Schweiz
Dr. Carlo Zumstein
Kasernenstraße 2
CH-8180 Bülach
Tel.: 00 41/1/8 86 22 60
Fax: 00 41/1/8 86 22 64

Die Foundation for Shamanic Studies ist eine nicht gewinnorientierte Organisation, deren Arbeit darin besteht, schamanisches Wissen für die Lösung der gegenwärtigen Probleme zu erarbeiten, zu vermitteln und anzuwenden.

Anhang B
Das Handspiel der Flathead-Indianer

beschrieben von Alan P. Merriam[206]

Die folgende ausgezeichnete Beschreibung der Regeln und Methoden des Handspiels der Flathead-Indianer basiert auf persönlicher Feldforschung, die von Merriam im Sommer 1950 in Montana durchgeführt wurde. Die Regeln und Praktiken gleichen in etwa denen der Salish und anderer Stämme im Nordwesten der USA. Es gibt auch eine Aufzeichnung von Flathead-*Stockspiel-Liedern,* die Ihnen helfen können, das Spiel besser zu verstehen.[207]

Die Vorbereitungen zum Spiel sind zwanglos: Jeder einzelne, der den Wunsch und die Stimmung verspürt, kann mit dem Spiel beginnen. Er regelt auch die äußeren Bedingungen für das Spiel, zu dem zwei Stangen oder Bretter gehören, von handlicher Größe und nicht zu schwer, etwa drei bis fünf Meter lang. Diese Bretter oder Stangen werden etwa anderthalb Meter auseinander parallel auf den Boden gelegt [...]. Der erste Mann auf jeder Seite wird meistens der Mannschaftskapitän seiner Seite, obwohl diese Regel nicht zwingend ist; jedenfalls nimmt der normalerweise die Wetten für seine Seite entgegen und schreibt die Namen und die Wetteinsätze auf ein Stück Papier.

Wenn genügend Wetten abgeschlossen sind oder wenn keine weiteren Wetten kommen, nehmen die Spieler einschließlich aller, die gewettet haben und mitspielen wollen, Stöcke in die Hand: irgendein Stück Holz von passender Länge, um damit den Rhythmus auf der Stange oder dem Brett vor sich zu schlagen. Sie setzen sich hinter die parallelen Bretter, so daß sich die beiden Parteien ansehen. Im allgemeinen beträgt die Zahl der Spieler auf jeder Seite acht bis zehn. Das Spiel könnte theoretisch mit beliebig vielen Spielern durchgeführt werden, obwohl man selten mehr als ein Dutzend oder weniger als fünf Spieler auf jeder Seite sieht.

Der Kapitän verwaltet fünf hölzerne Stöckchen, jedes etwa 20 bis 25 cm lang, an einem Ende spitz und 2 cm im Durchmesser.

Diese Stöckchen sind gewöhnlich in leuchtenden Farben bemalt, so daß sie vom Zuschauer leicht identifiziert werden können. Zu der Zeit, als der Verfasser das Stockspiel beobachtete, schienen zwei Arten von Stöckchen am meisten benutzt zu werden. Entweder waren alle zehn Stöckchen hellblau angestrichen oder hatten abwechselnd rote und gelbe Streifen; im letzteren Fall waren die Farbstreifen bei den beiden Sätzen zu je fünf Stöckchen umgekehrt, das heißt, im einen Fall rot-gelb und im anderen gelb-rot. Diese fünf Stöckchen werden auf jeder Seite in den Boden vor die parallelen Stangen gesteckt, gewöhnlich von den Spielern weg geneigt.

Wenn die Stöckchen eingesteckt sind, werden zwei Sätze zu je zwei Knochen vorgezeigt. Diese Knochen unterscheiden sich in Größe und Form, je nachdem, ob es Knochen für Männer oder für Frauen sind. Knochen, die von Männern benutzt werden, nimmt man im allgemeinen vom Schenkelknochen eines Pferdes; sie sind etwa 6 cm lang und 2,5 cm im Durchmesser. Die Knochen waren glänzend poliert und hatten bei dem am häufigsten benutzten Satz zur Zeit der Beobachtung an den Enden einen Anstrich von hellblauer Farbe in einer Breite von ungefähr 7 mm. Dieser besondere Satz von Männerknochen gehörte zu der Spielausrüstung mit den blauen Zählstöckchen, die ich oben erwähnt habe; sie gehörten einem der ausdauerndsten Stockspieler im Reservat. Während der markierte Knochen früher in der Mitte durch Bänder aus Sehnen oder Fellstreifen gekennzeichnet war, werden bei der heute üblichen Markierung drei Streifen von 1 cm breitem schwarzem Isolierband genommen, mit einem Zwischenraum von etwa 3 mm.

Von Frauen benutzte Knochen sind dagegen beträchtlich kleiner, um zu zeigen – wie dazu erklärt wird –, daß Frauenhände kleiner sind als die der Männer. Oft sind sie aus dem Schenkelknochen eines Hirsches hergestellt, etwa 5,5 cm lang und 1,5 bis 2 cm im Durchmesser. Der markierte Knochen wird wieder durch Isolierband gezeichnet, aber meistens nur durch zwei statt drei Streifen [...].

Es gibt mindestens zwei Möglichkeiten für den Beginn des Spieles, von denen die erste vielleicht »korrekter« ist als die zweite. Der Kapitän jeder Seite nimmt ein Paar Knochen, das heißt einen markierten und einen unmarkierten Knochen, verbirgt sie in seinen Fäusten in der unten beschriebenen Weise und zeigt dann seine Fäuste geradeaus und nach den Seiten. Jeder Kapitän errät dann beim anderen die Lage des unmarkierten Knochen; wenn jeder richtig rät oder wenn jeder falsch rät, gilt das als Fehlstart, und das Verfahren wird wiederholt. Wenn aber einer richtig und der andere falsch rät, muß letzterer seine Knochen und einen Zählstock abgeben. Dann beginnt das eigentliche Spiel. Bei der zweiten Möglichkeit des Eröffnungsspiels nimmt ein Kapitän – meistens derjenige, der die Vorbereitungen begonnen hat, indem er seine Wette zuerst abgab – einen Satz Knochen und versteckt sie. Indem er einen in jeder geschlossenen Faust hält, fordert er sein Gegenüber auf, die Inhalte zu bestimmen; wenn richtig geraten wird, wandern die Knochen und ein Zählstab auf dessen Seite. Wenn er falsch rät, wird das Spiel umgekehrt. Diese zweite Art, das Spiel zu beginnen, die der Seite, die die Knochen besitzt, einen gewissen psychologischen Vorteil verschafft, wird selten angewandt.

Sobald die erste Position der Knochen durch eine der oben beschriebenen Methoden bestimmt worden ist, bricht die Seite, die in ihren Besitz gelangt ist, in Gesang aus, wobei gleichzeitig mit den kurzen Stöckchen, die vor dem Spiel verteilt wurden, auf das parallele Brett oder die Stange geschlagen wird. Der Kapitän besitzt beide Knochenpaare, und nach einiger Zeit des Singens und Pantomimenmachens wirft er einen Satz einer Person zu und behält den anderen Satz für sich oder gibt ihn auch einer anderen Person. Wer die Knochen erhält, läßt seinen Stock sofort fallen und beginnt die sorgfältige Pantomime, die den Versteckvorgang begleitet. Die Wahl derjenigen, die die Knochen verstecken sollen, ist augenscheinlich ganz willkürlich, obwohl diejenigen, die sie am besten handhaben können oder dafür bekannt sind, daß sie beim Stockspiel viel Glück haben, offensichtlich am häufigsten gewählt werden.

Die das Spiel begleitende Pantomime hat verschiedene Formen, und die Fähigkeit eines Spielers wird häufig an seiner Geschicklichkeit gemessen, die Knochen zu verbergen. Informanten sagten oft: »Sie müssen die Bewegungen kennen, um ein guter Stockspieler zu sein.« Gleichzeitig scheint aber hinter keiner der

Bewegungen eine besondere Bedeutung zu stecken. Männer knien dabei meistens, während Frauen mit untergeschlagenen Beinen dasitzen. Männer werfen die Knochen als Vorbereitungsgeste meistens erst in die Luft, fangen sie wieder auf und beugen sich vor, bis das Gesicht tatsächlich den Boden berührt, wobei sie die Knochen vor der Brust verstecken. Manche richten sich dann wieder auf und zeigen ihren Gegnern, wie sie die Knochen verteilt haben; dann wiederholen sie den Vorgang auf andere Weise. Sie können die Knochen hinter ihrem Rücken oder ganz charakteristisch mit gekreuzten Armen und Händen in den entgegengesetzten Achselhöhlen halten. Nach den vorbereitenden Bewegungen findet das endgültige Verstecken oft unter einem Hut oder einem Tuch statt, welches vor den Spielern auf den Boden gelegt wurde. Frauen manipulieren gern die Knochen in ihrer Bluse, unter einem Schal oder Tuch oder hinter dem Rücken; sie leihen sich auch oft von einem Mann einen Hut, unter dem die Knochen aus einer Hand in die andere vertauscht werden. Während dieses Vorbereitungsspiels singt die Partei mit den Knochen ständig, schreit und beschimpft die Spieler der gegnerischen Seite. Die Knochen werden immer wieder versteckt, den gegnerischen Spielern gezeigt und erneut versteckt; das Vorbereitungsspiel kann in Extremfällen volle zehn Minuten dauern.

Inzwischen ist die Mannschaft, die raten muß, meistens ganz still. Der wirkliche Rater ist sehr häufig der Kapitän, obwohl er die Verantwortung auch einer anderen Person übertragen kann [...]. Typisch ist, daß er auf einen der Spieler mit einer besonderen Geste zeigt, wobei er die linke Hand scharf zur rechten Schulter führt; sobald er die Schulter berührt, schießt der rechte Arm aus der Beuge am Ellbogen vor. Das erweckt den Anschein, als würde der Schlag mit der linken Hand den rechten Arm vorwärts treiben. Wenn der Arm ausgestreckt ist, zeigt nur der Zeigefinger auf eine der Personen, welche die Knochen hat. Das wird dann beim Zeigen auf den anderen Spieler wiederholt und kann während der ganzen Manipulation der Knochen so gemacht werden; solche Bewegungen bedeuten jedoch noch kein wirkliches Raten.

Die beiden Spieler mit den Knochen arbeiten unabhängig; wenn einer von ihnen zum Raten bereit ist, gibt er seine Absicht zu erkennen, indem er beide Arme ausstreckt, die Knöchel gegen die Rater, während er die Knochen in seinen geballten Fäusten versteckt; der andere Spieler folgt ihm bald. Beim Hinhalter der Knochen zum Raten ist manchmal eine Hand ausgestreckt, während die andere über der Brust gekreuzt und in der entgegengesetzten Achselhöhle versteckt ist. Das Raten muß schnell geschehen, oder die Knochen werden weggezogen, und die Manipulation beginnt von vorn. Der Rater zeigt seine Wahl mit der oben beschriebenen Bewegung an. Im Falle der endgültigen Entscheidung wird die Armbewegung von einem hörbaren Grunzen begleitet, welches bedeutet, daß die Entscheidung gefallen ist. Vier mögliche Arten des Ratens gibt es, die sich alle auf beide Sätze von Knochen beziehen: 1. Wenn der Rater mit dem Zeigefinger nach rechts zeigt, will er sagen, daß beide nicht markierten Knochen in den beiden linken Händen seiner Gegner sind. 2. Wenn er nach links zeigt, bedeutet seine Entscheidung, daß die beiden nicht markierten Knochen in den rechten Händen der Spieler sind. 3. Wenn er geradeaus zeigt und der Arm schräg zum Boden geneigt ist, deutet er seine Meinung an, daß die beiden nicht markierten Knochen in der Mitte sind; das heißt, in der rechten Hand des Spielers zur Rechten und in der linken Hand des Spielers zur Linken. 4. Wenn er Daumen und Zeigefinger ausstreckt mit der Handfläche nach oben und die drei übrigen Finger geschlossen hat, gibt er seine Entscheidung zu erkennen, daß die nicht markierten Knochen an der Außenseite sind; das heißt, in der linken Hand des Spielers zur Rechten und in der rechten Hand des Spielers zur Linken.

Sollte der Rater bei beiden Knochen eine falsche Wahl treffen, muß er der gegnerischen Seite zwei Zählstöckchen geben; sollte er bei beiden richtig raten, erhält er beide Paare Knochen, aber keine Stöckchen. Wenn er bei einem Satz richtig rät, werden ihm diese Knochen zugeworfen, aber der andere Satz bleibt auf der ursprünglichen Seite, und der Rater muß ein Stöckchen abgeben. Mit anderen Worten: Die Knochen bleiben so lange im Besitz, wie der Rater getäuscht wird; ein falsches Raten kostet ihn ein Stöckchen. Das Spiel kann also gewonnen werden, wenn eineSeite nur einen Satz Knochen hat; denn bevor das Spiel von einer Seite gewonnen werden kann, muß sie in den Besitz beider Sätze kommen. Wenn beide Sätze Knochen in ihren Besitz gekommen sind, beginnt die zweite Partei zu singen, auf das Brett zu schlagen und die Knochen zu verstecken.

Um ein Spiel zu beenden, muß eine Seite alle zehn Stöckchen gewinnen, obwohl jede Seite das Spiel mit fünf beginnt. Wie vorher angegeben, werden alle Stöckchen so in den Boden gesteckt, daß sie von den Spielern weggeneigt sind und sich vor dem parallelen Brett vor ihnen befinden. Wenn Stöckchen gewonnen werden, legt man sie hinter das Brett, bis alle zehn im Spiel sind; dabei werden sie entweder wieder in den Boden gesteckt oder sauber aufeinandergelegt. Erst wenn alle zehn Stöckchen hinter die parallelen Stäbe gelegt worden sind, befindet sich das Spiel in vollem Gange. Wenn man also annimmt, daß die Seite A beim Spielbeginn im Besitz der Knochen ist und A sechs direkte Gewinne macht, so bedeutet das natürlich, daß sie mehr Stöckchen gewonnen hat, als Seite B besitzt. In diesem Fall wirft Seite B ihre fünf Stöckchen hinüber, aber beim sechsten erfolgreichen Gewinn wird Seite A ein Stöckchen von vor dem Brett nehmen und es hinter das Brett legen, wodurch ein sechstes Stöckchen ins Spiel gebracht wird. Wenn dann Seite A die Knochen verliert und eine falsche Wahl trifft, muß sie mit einem neuen Stöckchen bezahlen, nicht einem Stöckchen, das sie von Seite B gewonnen hat.

Das Spiel wird so lange fortgesetzt, bis eine Seite alle zehn Stöckchen gewonnen hat […].

Einfühlungsvermögen und eine Art »Ahnung« spielen eine Rolle im Spiel. Wenn zum Beispiel eine Seite nur noch ein Stöckchen übrig hat, wird es fast immer vor das Brett gesteckt und kräftig vom Kapitän in den Boden geschlagen; das macht es selbstverständlich schwerer für die andere Seite, davon Besitz zu ergreifen. Wenn eine Seite einen Satz Knochen erraten und gewonnen hat, werden diese Knochen sofort hinübergeworfen. Oft wird der Kapitän dieser Seite sie dann manipulieren, obwohl er natürlich noch den anderen Satz erhalten muß; er kann auf die Knochen in seiner Hand schauen, sie der Zuschauermenge zeigen und dann seine Wahl entsprechend der Lage treffen, wie sein Paar gefallen ist.

Das Stockspiel wird heutzutage von reinen Männergruppen, Frauengruppen oder von gemischten Parteien gespielt. Kleine

Kinder werden ermutigt mitzuspielen, und bei vielen Gelegenheiten wird der Kapitän den Kindern die Knochen zum Verstecken zuwerfen, manchmal so kleinen Kindern, daß ihre Fäuste kaum die Knochen verbergen. In solch einem Fall wird dem Kind viel Mut zugesprochen.

Anmerkungen

Vorbemerkung: Von der Übersetzerin ergänzte Hinweise auf deutsche Literatur bzw. Begriffserklärungen sind in Schrägschrift gesetzt. Buchangaben finden sich in der nachfolgenden Bibliographie

1 *Die Bücher von Carlos Castaneda sind als Fischer Taschenbücher erschienen (siehe Bibliographie). Die Begriffe der alltäglichen und nicht alltäglichen Wirklichkeit schlüsselt er in: Die Lehren des Don Juan - ein Yaqui-Weg des Wissens, S. 173 ff. auf.*

2 Darüber berichtet zum Beispiel Mandell, S. 73.

3 Elkin 1945, S. 66-67 und 72-73. *Über diese Fähigkeit bei den tibetanischen Lamas berichtet Alexandra David-Neel: Heilige und Hexer, Kap. 6: Mystik und Sport, S. 169ff.*

4 *Bonin erklärt im »Lexikon der Parapsychologie psychedelisch« abgeleitet von dem griechischen Wort »delosis« = »Enthüllung« als die charakteristische Eigenschaft eines tranceartigen Zustands gesteigerter Sensibilität; auch für die Stimulanzien wird dieser Begriff gebraucht (Pharmaka, Musik usw.) Über psychedelische Erfahrungen »nach Weisungen des Tibetanischen Totenbuches« berichten Timothy Leary, Ralph Metzner und Richard Alpert. (Siehe Bibliographie)*

5 *Laut Brockhaus Enzyklopädie sind die Jívaro ein südamerikanischer Indianerstamm in Ecuador, der eine gesonderte Sprachgruppe bildet. Bekannt sind die eigenartigen Kopftrophäen, von denen Seler in Bd. IV der »Gesammelten Abhandlungen zur amerikanischen Sprach- und Altertumskunde«, S. 184-185, einige Beispiele zeigt: die Lippen der Kopftrophäen sind mit Dornen zugesteckt; denn es handelt sich um abgeschnittene und präparierte Feindesköpfe.*

6 *Eines dieser kritischen Bücher über Castaneda schrieb Richard de Mille: »Die Reisen des Carlos Castaneda«, das 1976 in Santa Barbara, Kalifornien, erschien. Aber auch Hans Peter Duerr: »Traumzeit« setzte sich kritisch mit Castaneda auseinander, S. 127-138, ebenso in seinen zweibändigen »Beiträgen aus Ethnologie und Anthropologie: Der Wissenschaftler und das Irrationale«, jeweils Stichwort Castaneda.*

7 *So bezeichnet von Hans Peter Duerr: »Traumzeit«, S. 42 und Anmerkung 76 (S. 216)*

8 Rückblickend könnte man sagen, daß sie fast wie die DNS waren, obwohl ich (Harner) zu jener Zeit, 1961, noch nichts von DNS wußte. DNS (= Desoxyribonucleinsäuren) sind die stofflichen Träger der genetischen Information der Zellen und Bakteriophagen, die sich aus vier Bestandteilen zu zwei Ketten verdrillen und schlangenförmig umeinanderwinden: Doppelhelix nach Watson und Crick, 1953.

9 *Wir erinnern in diesem Zusammenhang an Michael als Drachentöter in Offb. 12, aber auch St. Georg als Drachentöter. Diesem Thema hat Walter Kettler sein Buch gewidmet: »Narren, Drachentöter und andere Heilige. Alte Legenden und neue Einsichten«, der auf die hier angesprochene Symbolik eingeht.*

10 *Die Stellen aus der Offenbarung wurden nach der Einheitsübersetzung der Heiligen Schrift von 1980 zitiert. Dort stehen auch Hinweise auf entsprechende Stellen im Alten Testament: Dan 10, 13. 20; Dan 2,35; Gen 3,1.14; Sach 3,1; Hiob 1,6.*

11 *Den Bericht über die conquistadores hat Las Casas geschrieben: »Kurzgefaßter Bericht von der Verwüstung der Westindischen Länder«. Sevilla del Oro - das goldene Sevilla - wurde in der Mitte des 15. Jh. von dem spanischen Hauptmann José Villanueva Maldonado am Ostabhang der Anden in Ecuador gegründet, da es dort angeschwemmte Golddepots gab, wodurch die Stadt ihren Namen bekam. Sie wurde 1599 bei einem Jívaro-Aufstand vollkommen zerstört und von der restlichen weißen Bevölkerung als Macas wiedergegründet, errang aber nie wieder ihre frühere Größe oder Bedeutung. Laut Encyclopaedia Britannica hat Macas heute etwa 3000 Einwohner, eine Militärbasis mit Flugplatz und eine Salesianermission, die Schulen und Krankenhäuser im südöstlichen Ecuador unterhält.*

12 *Der Stechapfel Datura gehört zu den Nachtschattengewächsen, die seit alter Zeit als wirksames schmerzstillendes Heilmittel galten. Blätter und Samen werden gegen Krämpfe, Asthma und Rheuma verwendet. Von den Inkapriestern des Sonnentempels in Sogomossa wird berichtet, daß sie aus Datura sanguinea einen Rauschtrank bereiteten, um sich mit den Geistern der Verstorbenen in Verbindung zu setzen. Näheres über den Stechapfel und seine Verwendung in anderen Kulturen bringt die Brockhaus Enzyklopädie unter diesem Stichwort.*

13 Dieser Bericht enthält keine Empfehlung für den Leser, *ayahuasca* oder *maikua* einzunehmen. Stechapfelsorten sind tatsächlich sehr giftig; ihr Einnehmen kann ernste, schwer zu behandelnde Folgen hervorrufen, einschließlich den Tod.

14 Genauere Angaben über Jívaro-Schamanismus hat Harner in seinem Buch gemacht: The Jívaro: People of the Sacred Waterfalls, S. 116-124 und 152-166, ferner in seinem Artikel: The Sound of Rushing Water.

15 *Wir werden hier an die altägyptischen Tiermasken von Käfern (statt hier Schmetterlingen), Jaguaren, Schlangen, Vögeln und Affen erinnert. Auch hier wurden die eingeweihten Priester und Könige (= Pharaonen) gleichzeitig Heiler für ihr Volk.*

16 *Eine genaue Untersuchung des Ursprungs hat Mircea Eliade in seinem Buch: »Schamanismus und archaische Ekstasetechnik«, S. 457ff., durchgeführt, worin er sich der Meinung anschließt, daß das Wort »Schamane« mit dem buddhistischen »samana« zusammenhängt: Asket, ein nach Weisheit Strebender. Joan Halifax: »Die andere Wirklichkeit der Schamanen«, S. 11, weist auf den Zusammenhang mit dem vedischen sram hin: »sich aufheizen oder Entsa-*

gung üben«. Nach Halifax reicht das Schamanentum bis in die Zeit des Neandertalers zurück.

17 Harner fügt hier ein, daß er im weiteren Verlauf des Buches der Einfachheit halber nur die männliche pronominale Form verwendet, wenn er vom Schamanen oder seinem Patienten spricht, wobei aber eindeutig gesagt werden müsse, daß Schamanen wie auch Patienten beiderlei Geschlechts sein können.

18 Zitiert aus Mircea Eliade, S. 15.

19 So zitiert aus Robert H. Lowie: Primitive Religion, S. XVI-XVII. *Lowie hat 1950/51 vier Vorträge aus seinen völkerkundlichen Forschungsgebieten gehalten. Siehe Bibliographie.*

20 Zitiert aus Knud Rasmussen: Intellectual Culture of the Iglulik Eskimos, S. 112. *Von Knud Rasmussen gibt es in deutscher Übersetzung von F. Sieburg: »Rasmussens Thulefahrt«, Frankfurt/Main, 1926, und »Die große Schlittenreise«, Mainz 1958.*

21 Rasmussen: Intelectual Culture, S. 118f.

22 Zitiert nach Eliade, S. 142-143; Elkin (1945) S. 96-47; A.W. Howitt: The Native Tribes, S. 406 und 582-583.

23 Zitiert aus Harner: The Sound of Rushing Water (1968, S. 28 und (1973a) S. 15-16.

24 Zitiert nach Waldemar Bogoras: The Chukchee, S. 441.

25 Bogoras, S. 438. *Am 24.1.82 zeigte Adolf Holl im Zweiten Deutschen Fernsehen ein Experiment mit Trancen, ausgeführt durch Prof. Felicitas Goodman (Columbus, Ohio), beschrieben in seinem Buch: »Religionen«, ab S. 154. Eine der Versuchspersonen erlebte dabei eine außerkörperliche Reise.*

26 Rasmussen: Intelectual Culture, S. 124

27 Elkin (1945), S. 107, 108

28 Joan Halifax: Die andere Wirklichkeit der Schamanen, S. 80, nach Biesele.

29 Spencer/Gillen: The Arunta: A Study of a Stone Age People, S. 424, 266

30 Myron Eells: The Twana, S. 667

31 Rasmussen, S. 126

32 Ebenda, S. 127

33 A.A. Popov: How Sereptie Djaruoskin of the Nganasans became a Shaman, S. 138

34 Persönliche Mitteilung von Essie Parrish der Kashia Pomo an Harner 1965

35 Franz Boas: The Mythology of the Bella Coola Indian, Band 2, S. 37; *von Franz Boas sind 1895 in Berlin erschienen: »Indianische Sagen von der Nord-Pazifischen Küste Amerikas«.*

36 John C. Mc Gregor: Southwestern Archaeology, S. 304-305

37 Ruth L. Bunzel: Introduction to Zuni Ceremonialism, S. 528-534; ferner persönliche Mitteilung an Harner von 1980. *Über die »Geheimen Medizinbünde« schreibt auch Wolfgang Lindig: »Geheimbünde und Män-*

nerbünde der Prärie- und der Waldlandindianer Nordamerikas«, S. 168-204. Er berichtet von helfenden Tieren, die bestimmte Medizinen aus Kräutern zubereiten und ein Medizinlied singen (S. 171). Den schamanistischen »Geheimbruderschaften« hat auch Eliade, S. 301-309 ein Kapitel gewidmet.

38 McGregor, S. 259-260

39 So berichtet z.B. McGregor, S. 301-302. *Das »Buch der Hopi« von Frank Waters ist 1980 bei Eugen Diederichs herausgekommen. Auch bei den hopi bedeutet kiva »unterirdische Zeremonienkammer« (S. 364) und sipápuni, »kleines Loch im Boden der kiva, stellt den Ort des Aufstiegs dar« (S. 368). Ausführlich berichtete über kiva und sipapu auch die Kachina Ausstellung aus der Studiensammlung Horst Antes, Katalog S. 25.*

40 Joan M Vastokas: The Shamanic Tree of Life, S. 137

41 *Nach C.G. Jung ist das Mandala (Sanskrit = Kreis) das älteste Symbol des Menschen. Er schreibt darüber: »Die ersten Mandala-Darstellungen stammen aus der Alt-Steinzeit, lange vor der Erfindung des Rades: es sind kreisförmige Felsritzungen, die meist als Sonnenräder gedeutet werden. Ihr Alter wird bis zu 25000 oder 30000 geschätzt.« (Aus C.G. Jung: Bild und Wort, S. 77). Wir verweisen auch auf Manfred Lurker: »Der Kreis als Symbol im Denken, Glauben und künstlerischen Gestalten«. Solche Felsbilder aus Nordamerika bringt Wellmann: Muzzinabikon, S. 21, 25, 31, 46, 61 und 65.*

42 Zum Beispiel Joan Halifax, S. 11-12

43 Peter T. Furst: Flesh of the Gods, S. IX. *Vom gleichen Autor gibt es einen deutschen Bildband: »Mexiko, die Kunst der Olmeken, Mayas und Azteken«.*

44 Johannes Wilbert: Tobacco and Shamanistic Ecstasy, S. 81-82

45 Ruth F. Benedict: The Concept of the Guadian Spirit, S. 67

46 *Über diese Schutzgeister oder Hauptgeister in Sibirien berichten Adolf Friedrich und Georg Buddruss: »Schamanengeschichten aus Sibirien«, unter diesen Stichwörtern. (Siehe Bibliographie). Über das »Nagual« als Zaubergestalt schreibt Eduard Seler unter diesem Stichwort, im Wort- und Sachregister (Bd. 6) zu finden. Siehe auch Hans Peter Duerr: »Traumzeit«, S. 83-89, und Register. Und Castaneda nennt Don Juan den Nagual, auf dessen Aufgaben er insbesondere im dritten Teil seines 6. Bandes eingeht: »Die Gabe des Adlers«.*

47 *Über dieses »alter ego« bei den Schamanen in Sibirien berichten A. Friedrich und G. Buddruss ebenfalls unter diesem Stichwort. Castaneda nennt es im 6. Band auch den »Doppelgänger« oder »der Andere« (S. 27), »Parallel-Wesen« (S. 301). Villasenor spricht vom »Zwillingsich« auf Geistreise in »Mandalas im Sand«, S. 85f. Paulson/Hultkrantz: »Die Religionen Nordeurasiens und der amerikanischen Arktis«, sprechen von der Doppelgängerseele, S. 113, 257, 373.*

48 Harner: Hallucinogens and Shamanism, 1973

49 George Devereux: Dream Learning and Individual Ritual Differences in Mohave Shamanism, S. 1036

50 Harner: The Jívaro People of the Sacred Waterfalls, S. 134-169, oder: The Sound of Rushing Water.

51 Ake Hultkrantz: A Definition of Shamanism, S. 31. Harner geht im Anschluß an das Gedicht »Schamanentrommeln« (siehe Inhaltsverzeichnis) auf die unterschiedlichen Frequenzen bei leichter und tiefer Trance ein. *Ausführlich kann man sich über diese Gehirnfrequenzen in: Josef Schurz, »Unser Gehirn« schematische Darstellung dieser Wellen« informieren, S. 33*

52 W.E.H. Stanner: The Dreaming (1956), S. 161

53 Hultkrantz 1973, S. 28 und 31

54 Eliade, S. 215

55 Hultkrantz 1973, S. 28

56 Johan Reinhard: Shamanism and Spirit Possession, S. 20. *Hierher gehört aber auch das in deutscher Übersetzung erschienene Werk von Charles T. Tart: »Transpersonale Psychologie«, darin 1. Kap.: Wissenschaft, Bewußtseinszustände und spirituelle Erfahrungen: Die Notwendigkeit bewußtseinszustands-orientierter Wissenschaften, S. 21-98.*

57 Elkin (1945), S. 59

58 Ebenda, S. 74-75

59 Darüber berichtet zum Beispiel e.D. Wittkower: Trance and Possession States, S. 156-157

60 Nach Vilmos Diószegi: Tuva Shamanism, S. 162-163. *Ähnliche Beispiele bringen Friedrich/Buddruss, S. 303ff.: Die Belebung der Trommel. Eliade geht ab S. 431 auf das Pferd in Mythologie und Ritual der Schamanen ein. Peter Michael Hamel: »Durch Musik zum Selbst«, widmet der Trommel zwei Abschnitte.*

61 Andrew Neher (1962): A Physiological Explanation of Unusual Behaviour in Ceremonies Involving Drums, S. 152. Harner verweist auch auf das Buch von Neher von 1961: »Auditory Driving Observed with Scalp Electrodes in Normal Subjects«.

62 Neher 1962: S. 152-153

63 Wolfgang G. Jilek: Salish Indian Mental Health and Culture Change, S. 74-75

64 S.M. Shirokogoroff: Psychomental Complex of the Tungus, S. 326-327 und 329.

65 *Restak: »Geist, Gehirn, Psyche«, berichtet S. 292 über Laboruntersuchungen an dem YOGY RAMANAND, der seinen Herzschlag nach Belieben verlangsamen oder zum Stillstand bringen kann.*

66 Edmund Nequatewa: Truth of a Hopi, S. 133-134; *wir verweisen auch auf Frank Waters: Das Buch der Hopi, S. 371: Das Hopi-Modell des Universums.*

67 *Der Rorschach-Test wurde 1921 von Hermann Rorschach (1884-1922) entwickelt und gelangte in den dreißiger und vierziger Jahren besonders in den USA zu hoher Blüte. Er ist ein projektives, psychodiagnostisches Verfahren, das der Erfassung der Gesamtpersönlichkeit dienen soll. Er ist auch als Klecksographie bekannt geworden. Näheres siehe Brockhaus Enzyklopädie, wo auch ausführliche Literatur angegeben ist.*

68 David Cloutier: Spirit, Spirit: Shaman Songs, Incantations, S. 32-33; frei bearbeitet durch Bogoras: The Chukchee, S. 281. *Nach Hamel, S. 96 war der ausgehöhlte Baumstamm die Urform der Trommel.*
69 Zum Beispiel berichtet von Richard A. Gould: Yiwara: Foragers of the Australian Desert, S. 106; W.E.H. Stanner: The Dreaming (1965); W. Lloyd Warner: A Black Civilation: A Social Study of an Australian Tribe, S. 511.
70 Wolfgang G. Jilek, S. 71; Walter Cline: Religion and World View, S. 144
71 Jilek, S. 71
72 Willard Z. Park: Shamanism in Western North America, S. 83
73 Harner: The Jívaro: People of the Sacred Waterfalls, S. 138-139
74 Elkin (1945), S. 114; *wir erinnern aber auch an Franz von Assisi (1182-1226), der mit den Tieren sprach. Siehe Walter Nigg: Große Heilige, S. 84-91, und Mario von Galli: »Gelebte Zukunft: Franz von Assisi«, bringt die Vogelpredigt, Fresko von Benozzo Gozzoli, S. 102-103. Beide Biographien bringen auch seinen »Sonnengesang«, Nigg S. 86-87 und Galli S. 212ff.*
75 Castaneda: Reise nach Indien - die Lehre des Don Juan, S. 237-242
76 Lame Deer/Erdoes: Tahca ushte - Medizinmann der Sioux, S. 155
77 Spencer/Gillen, S. 400
78 Elkin, S. 97
79 Eliade, S. 101
80 Edwin M. Loeb: Pomo Folkways, S. 337
81 A.L. Kroeber: Handbook of the Indians of California, S. 200
82 Harner: The Role of Hallucinogenic Plants in European Witchcraft, S. 140-145.
82 Giovanni Battista Porta: »Natürliche Magie«, 1. deutsche Ausgabe 1562 zu vier Büchern, die er 1589 auf 20 Bücher erweiterte. Er verfaßte auch Schriften über den Dampfdruck, das Fernrohr, die Quadratur des Kreises, Metereologie und Handlesekunst und schrieb außerdem Komödien und Tragödien. Seine »Magia naturalis« erlebte bis ins 18 Jh. zahlreiche Neuauflagen und Übersetzungen.
84 Zitiert von Harner in seinem Buch: Hallucinogens and Shamanism, S. 125-150, ferner in dem Kapitel: The Role of Hallucinogenic Plants in European Witchcraft, S. 142.
85 Castaneda: Die Lehren des Don Juan - ein Yaqui-Weg des Wissens, S. 134-144; Castaneda: Eine andere Wirklichkeit - neue Gespräche mit Don Juan, s. 86.
86 Eliade, S. 132-133; insbesondere nach Friedrich Andres: Die Himmelsreise der karibischen Medizinmänner, S. 331-342
87 Jilek, S. 25-26
88 Jilek, S. 92
89 Franz Boa: Tsimshian Mythology, S. 563; *weitere Tsimshian-Sagen hat Franz Boas in seinem Buch : »Indianische Sagen«, S. 272-305 gebracht.*
90 David Cloutier, S. 57; frei bearbeitet nach John R. Swanton: Tlingit Myths and Texts, S. 392

91 Kenneth M. Stewart: Spirit Possession in Native America, S. 331-332
92 Bunzel, S. 531-532
93 La Flesche: The Osage Tribe: The Rite of Vigil, S. 209. Im ursprünglichen Lied wird jede Strophe einmal wiederholt.
94 Kenneth M. Stewart, S. 331, der R. Beals zitiert. *Solche Kachina-Masken wurden 1981/82 in Deutschland und in der Schweiz gezeigt, der Katalog dazu von Horst Antes zusammengestellt. (Siehe Bibliographie)*
95 Joyce a. Wike: Modern Spirit Dancing of Northers Puget Sound, S. 13
96 Eliade, S. 104
97 Lame Deer/Erdoes, S. 144
98 Castaneda: Eine andere Wirklichkeit, S. 178-181
99 Eliade, S. 105-106
100 George M. Foster: Nagualism in Mexico and Guatemala, S. 88-89
101 Castaneda: Der Ring der Kraft, S. 206; Harner verweist auch auf Foster, S. 89
102 Castaneda: Der Ring der Kraft, 2. Teil: Das Tonal und das Nagual, S. 115-230
103 Beispielsweise Castaneda: Der Ring der Kraft, S. 119-124, 129, 136-137; ferner Jacques Soustelle: So lebten die Azteken am Vorabend der spanischen Eroberung, S. 140: Schicksal und Zeichen. Siehe auch Seler, Registerband, Stichwort: Tonalli. *Jacques Soustelle: »Die Olmeken«, geht auf die Ursprünge der mexikanischen Hochkulturen ein und bringt Mensch-Tier-Gott-Verwandlungen, insbesondere in Kap. IX: Die Zeit und die Götter: Symbolik und Schrift. Über den Unterschied zwischen Tonal und Nagual berichtet Peter Balin: Der Flug der gefiederten Schlange, ab S. 30.*
104 Foster, S. 85-86 und 95
105 James Teit: The Thompson Indians of British Columbia, S. 354; Eells, S. 672-673
106 Harner: The Jívaro, S. 136
107 Siehe Ruth F. Benedict: The Concept of the Guardian Spirit
108 Walter Cline: Religion and World View, S. 141
109 von Walter Cline berichtet
110 Cline, S. 142
111 *Hier wird uns die ganze Bedeutung des Sonnengesangs von Franz von Assisi (Anm. 74) klar; wir werden aber auch an den Sonnenhymnus Echnatons aus dem 14. Jh. vor unserer Zeit erinnert, der wie folgt beginnt:*

Schön erhebst du dich
Lebender Aton (= Sonne),
Mit dem alles Leben beginnt.
Bei deinem Aufgang im Osten
Erfüllest jedes Land du
Mit Schönheit
Auf einer frühen Darstellung dieser Sonnenanbetung bringen Echnaton und seine Gemahlin Nofretete Opfergaben dar, während ihre drei Töchter die Rasseln schütteln. Diese Szene erhält durch den Bezug zum Schamanismus

eine wesentlich tiefere Bedeutung. Die Rassel, auch Sitrum genannt, war das Attribut der Göttin Hathor, später Isis genannt. (Sonnengesang siehe Cyril Aldred: Echnaton, s. 203, und Abbildung dazu Tafel 105)

112 *Wie Biologen festgestellt haben, macht der aus Samenfaden und Ei entstehende Mensch sämtliche Entwicklungsstufen der Materie durch, anlagemäßig gespeichert in unserem noch immer dreigeteilten Gehirn, dessen innerster sog. R-Komplex (R von Reptil) vom limbischen Gefühlshirn umschlossen wird, welches wiederum das menschliche Großhirn umhüllt. Über deren Funktionen schreibt Restak: (S. 43) »Die drei Hirne entsprechen drei zusammengeschalteten biologischen Computern, von denen jeder seine eigene Intelligenz, seine eigene Subjektivität, seinen eigenen Sinn für Zeit und Raum, sein eigenes Gedächtnis und noch andere Funktionen besitzt.« Hier im R-Hirn liegt wohl der Grund dafür, daß wir uns im schamanischen Bewußtseinszustand auch als Tiere fühlen können. Noch unentwickelt sind bei den meisten Menschen die beiden Stirnlappen (nach Hoimar von Ditfurth: Der Geist fiel nicht vom Himmel, S. 252), die der Geistmensch der Zukunft ausbilden wird als 4. Hirnteil, welche Vierteilung des Gehirns Harner in Kap. I beschreibt.*

113 Herman K. Haeberlein: »SBeTeTDA'Q, a Shamanistic Performance, S. 249; George A. Dorsey: The Dwamish Indian Spirit Boat, S. 234-236

114 Haeberlin, S. 250

115 Jilek, S. 71

116 Dorsey; Leo J. Frachtenberg: Eschatology of the Quileute Indians; Haeberlin; T.T. Waterman: The Paraphernalia of the Duwamish »Spirit Canoe« Ceremony.

117 Haeberlin und Waterman

118 Waterman, S. 137, 543

119 Haeberlin

120 Ebenda

121 Eliade, S. 339-345

122 John Cawte: Medicine is the Law etc., S. 64; Gerardo Reichel-Dolmatoff: Amazonian Cosmos, s. 172-174

123 Charles Wagley: Welcome of Tears, S. 181, 185-186

124 Eliade, S. 71

126 So berichtet von Elkin, S. 96, 143n; ferner Cline, S. 133

127 Rasmussen, S. 114

128 Cloutier, S. 67-68, frei ausgearbeitet nach Marius Barbeau: Medicine-Men on the North Pacific Coast, S. 53

129 Robert L. Oswalt: Kashaya Texts, S. 219-221

130 Eliade, S. 245

131 Cloutier, S. 59, ausgearbeitet nach Marius Barbeau: Tsimshyan Songs, S. 122

132 Popov, S. 138-139

133 Cline, S. 136

134 Beispielsweise Willard Z. Park: Paviotso Shamanism, S. 104

135 Harner: The Jívaro, S. 140; Cline, S. 145

136 Toivo V. Lehtisalo: Entwurf einer Mythologie der Jurak-Samonjeden, S. 161
137 Kenneth M. Kensinger: Baninsteriopsis Usage Among the Peruvian Cashinahua, S. 12n
138 Walter Cline, S. 145
139 Warner, S. 511; Wilbert, S. 63
140 Warner, S. 511
141 Wahrscheinlich die geschickteste Ausführung dieser Technik gab es bei den Irokesen. Siehe F.C. Wallace: »Dreams and Wishes of the Soul: A Type of Psychoanalytic Theory Among the Seventeenth Century Iroquois«
142 *Es gibt einen klassischen Fall aus der Antike, nämlich Sokrates, dessen Schutzgeist nach seiner Verurteilung zum Giftbecher nicht mehr zu ihm sprach, woraus Sokrates schloß, daß er sich dem Giftbecher nicht durch Flucht entziehen dürfe. (Platon, Apologie 40b). Bis dahin hatte sein Schutzgeist ihn immer beraten. (Plutarch: Über den Schutzgeist des Sokrates)*
143 *Wie eine Fernsehsendung des Südfunks Stuttgart am 23.11.81 zeigte, gibt es in England bereits ein traditionelles Heiler-Programm unter Leitung von Diana Craig von der Nationalen Heilervereingung England und auch ein Krankenhaus in Plymouth unter Dr. med. Alec Forbes, wo sog. Heiler auf Wunsch der Patienten zur Behandlung zugelassen sind. Am 30.11.81 brachte derselbe Sender um 20.30 Uhr: Heiler in Deutschland - Veranstalter beider Sendungen Michael Pakleppa -, wo solche Heiler, ohne einen Heilberuf auszuüben, nicht »geistig« heilen dürfen, noch nicht. Wir verweisen auch auf den Bericht über diese beiden Sendungen im Magazin STERN Nr. 2/82, S. 14-22. Siehe auch Anmerkung 195.*
144 Elkin, S. 52-53
145 Jilek, S. 64-65
146 Park, S. 103
147 Siehe z.B. Stewart Culin: Games of the North American Indians; ferner Alexander Lesser: The Pawnee Ghost Dance Hand Game: Ghost Dance Revival and Ethnic Identy.
148 Elkin, S. 44, 103, 120
149 Elkin, S. 44; Jerome Meyer Levi: Wii'ipay: The Living Rocks, S. 43, 46
150 Levi, S. 42; *an vier Sonntagabenden im Januar 1982 zeigte das Westdeutsche Fernsehen »Höhlenabenteuer« von Michel Siffre und Gerald Favre, darunter auch die berühmten Kristallhöhlen im Süden der USA und Guatemala wie auch Mexiko.*
151 Elkin, S. 42, 48
152 Levi, S. 49
153 Elkin, S. 97
154 Elkin, S. 29-30, 32-33, 47-48, 92, 94, 103, 122-125, 140
155 Elkin, S. 94
156 Wilbert (1972), S. 65
157 Wilbert (1973/1974): The Calabash of the Ruffled Feathers, S. 93

158 Peter T. Furst: The Roots and Continuities of Shamanismn, S. 55; Prem Das: persönliche Mitteilungen an Harner, 1980
159 Ebenda
160 Elkin, S. 44
161 Elkin, S. 107-108
162 Zum Beispiel Levi, S. 50
163 *Über das Kristallsehen von der Antike bis in die Jetztzeit berichtet Bonin in seinem »Lexikon der Parapsychologie«, S. 288-289*
164 Elkin, S. 103
165 Barbeau: Medicine-Menon the North Pacific Coast, S. 73
166 Elkin, S. 108
167 Ebenda. S. 110
168 Barbeau, S. 71
169 Levi, S. 50
170 Ebenda, S. 47
171 Castaneda: Reise nach Ixtlan, S. 196
172 Dabei wurde der große Quarzkristall benutzt, den Isabel Kelly: Coast Miwok, Figur 5, zeigt. Ich verdanke David Peri die Einzelheiten über Praxis und Glauben der Küsten-Miwok und dessen Quarzkristalle.
173 Castaneda: Reise nach Ixtlan, S. 233-242
174 Persönliche Mitteilung von David Finkelstein, 1980. Ich möchte an dieser Stelle Joan Halifax für ihre Unterstützung danken, da sie mir bei der Erlangung dieser Auskunft geholfen hat.
175 *Fust: Mexiko, bringt in der Einführung S. 9 die Erklärung, daß Pflanzen und Tiere als dem Menschen gleichwertig angesehen wurden. Alle Naturerscheinungen dachte man sich im Besitz einer Lebenskraft oder »Seele«.*
176 Popov, S. 144
177 Eliade, S. 221; *ein solcher Fall wird unter dem Begriff der Absorption auch von Dion Fortune beschrieben: Selbstverteidigung mit PSI, S. 213ff*
178 Dieser Film steht zur Verfügung bei den University Extension Films, University of California, Berkeley, CA 94720. *Er ist laut Auskunft des Film-Eigentümers William R. Heick vom 12.2.82 hauptsächlich in der Pomo-Sprache abgefaßt und enthält nur wenige englische Erklärungen.*
179 V.M. Mikhailowskii: Shamanism in Siberia and European Russia, S. 141
180 Lame Deer/Erdoes, S. 152
181 Cloutier, S. 64-65, frei nachgedichtet nach Barbeau (1958), S. 51-52
182 *Die Geschichte des Apollonpriesters Laokoon, der von Schlangen getötet wurde, steht mit Abbildung der berühmten Marmorgruppe, auf die hier angespielt wird, im Löwe/Stoll: Die Antike in Stichworten, S. 200-201*
183 Peri/Wharton: Sucking Doctor - unveröffentlichtes Manuskript
184 Wie Spott und Kroeber beim Schamanismus der Yurok von Nordkalifornien herausgefunden haben, ist es oft schwierig, in Berichten von Eingeborenen zwischen Traum und Trance-Erfahrungen zu unterscheiden. (Spott und Kroeber: Yurek Narratives, Seite 155). Oft neigen

Schamanen und andere Visionäre der Naturvölker dazu, diese beiden Bewußtseinszustände zusammen dem normalen Wachbewußtsein gegenüberzustellen.

185 Essie Parrish war sowohl Seherin (= Prophetin) als auch Schamanin.

186 Essie Parrish war einige Zeit Leiterin der örtlichen Kirche der Mormonen und brachte als Meisterschamanin einige christliche Vorstellungen in ihren Schamanismus ein.

187 Oswalt, S. 223, 225, 227, 229, 231. Parrish gab an, daß »einige andere Medizinmänner die Krankheit mit den noch lebenden Mikroben ausspuckten« (Ebenda, S. 231f.)

188 Pamela Amoss: Coast Salish Spirit Dancing: The Survival of an Ancestral Religion

189 Richard Katz: The Painful Ecstasy of Healing, S. 82

190 Ebenda, S. 86

191 Norman Cousins: Der Arzt in uns selbst, S. 71-72

192 *Biofeedback ist nach der Brockhaus Enzyklopädie Bd. 25 mit »Rückkoppelung« zu übersetzen. Bonin: »Lexikon der Parapsychologie«, erklärt dieses Stichwort als Verfahren, bislang als unkontrollierbar geltende Körperfunktionen bewußt zu steuern, was bereits durch schnelleres oder langsameres Mitzählen des Pulsschlages möglich ist. Dadurch erklärt sich die Verringerung der Frequenzen des Bewußtseins durch Rasseln und Trommeln beim Schamanen. Auf die Bedeutung des Biofeedback bei der »Selbstverwirklichung« geht Stangl in seinem Buch: Lebenskraft, S. 248-254, ein. Beispiele bringt auch Restak, S. 284-304*

193 *Laut Duden 1977 ist der Hypothalamus der außerhalb des Thalamus (= Sehhügel) liegende Teil des Zwischenhirns.*

194 *Mit dieser »Visualisierung« als der »aktiven Imagination« (Buchtitel von A.N. Ammann) hat sich seit 1916 C.G. Jung auseinandergesetzt. Ammann bringt in diesem Buch diese Methode auch in Abgrenzung gegenüber anderen Mediationspraktiken.*

195 *Nach Rotraut von Karnap, Leiterin des Vereins zur Förderung und Erforschung geistiger Heilweisen e.V., 8058 Erding, »gibt es auch in Deutschland Heiler, aber sie arbeiten im Verborgenen, im privaten Bereich und selbstverständlich kostenlos« (Sendung Südfunk vom 30.11.81, siehe Anm. 143). Denn nach § 5 des Deutschen Heilpraktikergesetzes von 1939 (!) ist die unerlaubte Heilbehandlung strafbar: Jeder, der geistig heilt und keinen Heilberuf ausübt, riskiert eine Geld- und Gefängnisstrafe, selbst wenn er es gratis und aus Nächstenliebe tut. In § 1 dieses Gesetzes ist der Begriff »Heilkunde« genau definiert. Gezeigt wurde in der genannten Sendung aber auch die höchst interessante Arbeitsweise von Marie-Luise und Dr. Anton Stangl, welch letzterer das Buch geschrieben hat: Heilen aus geistiger Kraft.*

196 Barbeau 1958: S. 48

197 Persönliche Mitteilung an Harner von Carl Simonton 1980. *ESOTERA Nr. 9/81 brachte ein Interview mit Dr. med. Carl Simonton, S. 794-801*

198 Simonton, O. Carl: Stephanie Matthews-Simonton und James

Creighton: Getting Well Again: A Step-by-Step-Help-Guide, S. 194-197
199 Persönliche Mitteilung von Carl Simonton an Harner 1980
200 Simonton u.a. wie Anm. 198, S. 204
201 A.H. Gayton: The Orpheus Myth in North America; Friedrich Andres: Die Himmelsreise der caraibischen Medizinmänner. *Mit Orpheus als Schamanen setzt sich auseinander Robert Böhme: Orpheus, der Sänger und seine Zeit (Stichwort). Andres zitiert in seinem Artikel auch Wilhelm Bossuet: »Die Himmelreise der Seele«. Die Himmelsreise des karibischen Schamanen bespricht auch Eliade, S. 131-135, wo er auch den o.a. Aufsatz von Friedrich Andres erwähnt.*
202 Waldemar Jochelson: Religion und Myths of the Koryak, S. 47-54
203 Abgedruckt mit der freundlichen Genehmigung der Autorin Josie Tamarin.
204 Popov, S. 143
205 *Auf die in diesem Lied verwandte Sonnensymbolik des Adlers bei den Indianern wird im »Lexikon der Symbole« eingegangen (Bauer): Indianische Symbole: Vogel - Schlange - Federschlange, S. 104-100, mit Abbildungen und Literaturangaben. Speziell auf die Schlange als Sonnensymbol - auch bei den Indianern - geht Rudolf Engler ein: »Die Sonne als Symbol«: Die Schlange, S. 135-149, ebenfalls mit Abbildungen. Der »Gabe des Adlers« hat Castaneda seinen tiefschürfendsten sechsten Band gewidmet: Die Kunst des Pirschens.*
206 Alan P. Merriam: The Hand Game of the Flathead Indians, S. 315-319
207 Raymond Boley: Schallplattenaufnahme eines Stockspiels während des Arlee Pow Wow im Flathead-Indianer-Reservat Montana im Juli 1972. Vertrieb Canyon Records, Phoenix, Arizona (s. Literatur).

Literatur

Aldred, Cyril: *Echnaton - Gott und Pharao Ägyptens.* Bergisch Gladbach 1968.

Ammann, A.N.: *Aktive Imagination - Darstellung einer Methode.* Olten/Freiburg im Breisgau 1978.

Amoss, Pamela: *Coast Salish Spirit Dancing. The Survival of an Ancestral Religion.* Seattle 1978.

Andres, Friedrich: Die Himmelsreise der caraïbischen Medizinmänner. In: *Zeitschrift für Ethnologie* 70 (1939), Heft 3/5, S. 331-342.

Antes, Horst: *Kachina-Figuren der Pueblo-Indianer Nordamerikas.* Katalog und Ausstellung Badisches Landesmuseum Karlsruhe. Karlsruhe 1982.

Ashaninga, Kecizate: »The Chain of the Worlds.« As told to Fernando Llosa Porras. In: 2(3) 1977. S. 58-62.

Balin, Peter: *Der Flug der gefiederten Schlange. Maya Tarot und Schamanismus.* Basel 1981.

Ballard, Arthur C.: Mythology of Southern Puget Sound. In: *Publications in Anthropology* 3 (1929), Heft 2, S. 31-150.

Barbeau, Marius: Tsimshian Songs. In: Garfield, Viola E. et al.: *The Tsimshian: Their Arts and Music* (Publications of the American Ethnological Society 18). New York 1950.

Barbeau, Marius: *Medicine-Men on the North Pacific Coast* (National Museum of Canada Bulletin No. 152, Anthropological Series No. 42). Ottawa 1958.

Bauer, Wolfgang: *Lexikon der Symbole.* Wiesbaden 1980.

Benedict, Ruth F.: *The Concept of the Guardian Spirit in North America* (Memoirs of the American Anthropological Association 29). Menasha (Wisconsin) 1923.

Biesele, Marguerite Anne: *Folklore and Ritual of !Kung Hunter-Gatherers.* Phil. Diss. Cambridge (Massachusetts) 1975.

Boas, Franz: *Indianische Sagen von der Nord-Pacifischen Küste Amerikas.* Berlin 1895.

Boas, Franz: The Mythology of the Bella Coola Indians. In: *Memoirs of the American Museum of Natural History* 2 (1900), S. 25-127.

Boas, Franz: *Tsimshian Mythology* (Bureau of American Ethnology, 31st Annual Report 1909-1910). Reprint der Ausgabe Washington 1916, New York 1970.

Böhme, Robert: *Orpheus. Der Sänger und seine Zeit.* Bern/München 1970.

Bogoras, Waldemar: The Chukchee (Memoirs of the American Museum of Natural History 11; Publications of the Jesup North Pacific Expedition 7). Reprint der Ausgabe Leiden 1909, New York 1965.

Boley, Raymond: *Stick Game Songs. A Live Recording of a Stick Game in Pro-*

gress during the Arlee Pow Wow, Flathead Indian Reservation, Montana, July 1972. Phoenix (Arizona), Canyon Records 1973.
Bonin, Werner F.: *Lexikon der Parapschologie und ihrer Grenzgebiete.* Darmstadt 1976.
Bousset, Wilhelm: *Die Himmelsreise der Seele.* Darmstadt 1971.
Bunzel, Ruth L.: Introduction to Zuni Ceremonialism. In: *Bureau of American Ethnology, 47th Annual Report 1929-1930.* Washington 1932. S. 467-544.
Castaneda, Carlos: *Die Lehren des Don Juan. Ein Yaqui-Weg des Wissens.* Frankfurt am Main 1973.
Castaneda, Carlos: *Eine andere Wirklichkeit. Neue Gespräche mit Don Juan.* Frankfurt am Main 1998.
Castaneda, Carlos: *Reise nach Ixtlan. Die Lehre des Don Juan.* Frankfurt am Main 1998.
Castaneda, Carlos: *Der Ring der Kraft. Don Juan in den Städten.* Frankfurt am Main 1998.
Castaneda, Carlos: *Der zweite Ring der Kraft.* Frankfurt am Main 1980.
Castaneda, Carlos: *Die Kunst des Pirschens.* Frankfurt am Main 1981.
Cawte, John: *Medicine is the Law. Studies in Psychiatric Anthropology of Australian Tribal Societies.* Honolulu 1974.
Cline, Walter: Religion and World View. In: Spier, Leslie (Hg.): *The Sinkaietk or Southern Okanagon of Washington* (General Series in Anthropology 6, Contributions from the Laboratory of Anthropology 2). Menasha (Wisconsin) 1938.
Cloutier, David: *Spirit, Spirit. Shaman Songs, Incantations. Versions based on texts recorded by anthropologists.* Providence (Rhode Island) 1973.
Cousins, Norman: *Der Arzt in uns selbst. Anatomie einer Krankheit aus der Sicht des Betroffenen.* Reinbek bei Hamburg 1981.
Cowan, Tom: *Schamanismus. Eine Einführung in die tägliche Praxis.* Kreuzlingen/München 1997.
Cowan, Tom: *Die Schamanen von Avalon. Reisen in die Anderswelt der Kelten.* Kreuzlingen/München 1998.
Culin, Stewart: Games of the North American Indians. In: *Bureau of American Ethnology, 24th Annual Report.* Washington 1907. S. 29-809.
David-Neel, Alexandra: *Heilige und Hexer. Glaube und Aberglaube im Lande des Lamaismus.* Wiesbaden 1981.
De Mille, Richard: *Die Reisen des Carlos Castaneda.* Bern 1980.
Devereux, George: Dream Learning and Individual Ritual Differences in Mohave Shamanism. In: *American Anthropologist* 59 (1957), S. 1036-1045.
Diószegi, Vilmos: Tuva Shamanism. Intraethnic Differences and Interethnic Analogies. In: *Acta Etnographica* 11 (1962), S. 143-190.
Dodds, Eric Robertson: *Die Griechen und das Irrationale.* Darmstadt 1970.
Dorsey, George A.: The Dwamish Indian Spirit Boat and Its Use. In: *Free Museum of Science and Art Bulletin* 3 (1902), Heft 4, S. 227-238.

Duerr, Hans Peter: *Traumzeit - über die Grenze zwischen Wildnis und Zivilisation.* Frankfurt am Main 1978.
Duerr, Hans Peter: *Der Wissenschaftler und das Irrationale. Band 1: Beiträge aus Ethnologie und Anthropologie. Band 2: Beiträge aus Philosophie und Psychologie.* Frankfurt am Main 1981.
Eells, Myron: The Twana, Chemakum, and Klallam Indians, of Washington Territory. In: *Annual Report of the Smithsonian Institution for Year Ending 1887.* Part I Washington 1889, S. 605-681.
Eliade, Mircea: *Schamanismus und archaische Ekstasetechnik.* Zürich/Stuttgart 1954.
Elkin, Adolphus Peter: *Aboriginal Men of High Degree.* The John Murtagh Macrossan Memorial Lectures for 1944. Sydney 1945 (2. Auflage New York 1977).
Engler, H. Rudolf: *Die Sonne als Symbol - der Schlüssel zu den Mysterien.* Küsnacht/Zürich 1962.
Fortune, Dion: *Selbstverteidigung mit PSI. Methoden der Verteidigung gegen PSI-Angriffe.* Schwarzenberg 1979.
Foster, George M.: Nagualism in Mexico and Guatemala. In: *Acta Americana* 2 (1944), S. 85-103.
Frachtenberg, Leo J.: Eschatology of the Quileute Indians. In: *American Anthropologist* 22 (1920), S. 330-340.
Friedrich, Adolf/Buddruss, Georg: *Schamanengeschichten aus Sibirien.* München-Planegg 1955.
Furst, Peter T.: The Roots of Continuities of Shamanism. In: *Artscanada. 30th Anniversary Issue, Stones, Bones and Skin. Ritual and Shamanic Art.* Nr. 184-187 (1973/74), S. 33-60.
Furst, Peter T. (Hg.): *Flesh of the Gods. The Ritual Use of Hallucinogens.* New York 1972.
Furst, Jill Leslie/Furst, Peter T.: *Mexiko. Die Kunst der Olmeken, Mayas and Azteken.* München 1981.
Gayton, A. H.: The Orpheus Myth in North America. In: *Journal of American Folklore* 48 (1935), S. 263-293.
Gould, Richard A.: *Yiwara. Foragers of the Australian Desert.* New York 1969.
Haeberlin, Hermann K.: SBeTeTDA'Q, a Shamanistic Performance of the Coast Salish. In: *American Antropologist* 20 (1918), Heft 3, S. 249-257.
Halifax, Joan: *Die andere Wirklichkeit der Schamanen. Erfahrungsberichte von Magiern, Medizinmännern und Visionären.* Bern/München 1981.
Hamel, Peter Michael: *Durch Musik zum Selbst. Wie man Musik neu erleben und erfahren kann.* Bern/München/Wien 1976.
Harner, Michael J.: The Sound of Rushing Water. In: *Natural History* 77 (1968), Heft 6, S. 28-33 u. 60f. (Wieder in: ders. (Hg.): *Hallucinogens and Shamanism.* New York 1973. S. 15-27).
Harner, Michael J.: *The Jívaro: People of the Sacred Waterfalls.* Garden City 1972.
Harner, Michael J.: The Role of Hallucinogenic Plants in European Witch-

craft. In: ders. (Hg.): *Hallucinogens and Shamanism.* New York 1973. S. 125-150.
Harner, Michael J./Meyer, Alfred: *Kannibalen.* München 1981.
Holl, Adolf: *Religionen.* Stuttgart 1981.
Howitt, A.W.: *The Native Tribes of South-East Australia.* London 1904.
Hultkrantz, Ake: A Definition of Shamanism. In: *Tenemos* 9 (1973), S. 25-37.
Hultkrantz, Ake: *The Religions of the American Indians* (Hermeneutics 7). Revised Edition Berkeley/Los Angeles 1979.
Hultkrantz, Ake/Paulson, Ivar/Jettmar, Karl: *Die Religionen Nordeurasiens und der amerikanischen Arktis.* Stuttgart/Berlin/Köln 1962.
Ingerman, Sandra: *Die Heimkehr der Seele. Schamanische Selbstheilung.* Kreuzlingen/München 1999.
Ingerman, Sandra: *Auf der Suche nach der verlorenen Seele. Der schamanische Weg zur inneren Ganzheit.* Kreuzlingen/München 1998.
Jilek, Wolfgang G.: *Salish Indian Mental Health and Culture Change. Psychohygienic and Therapeutic Aspects of the Guardian Spirit Ceremonial.* Toronto/Montreal 1974.
Jochelson, Waldemar: *Religionos and Myths of the Koryak* (Memoirs of the American Museum of Natural History 10). Leiden/New York 1905.
Jung, Carl Gustav: *Bild und Wort.* Olten/Freiburg im Breisgau 1977.
Katz, Richard: Education for Transcedence: !Kia-Healing with the Kalahari !Kung. In: Lee, Richard B./DeVore, Irven (Hg.): *Kalahari Hunter-Gatherers. Studies of the !Kung Sang and their Neighbors.* Cambridge 1976. S. 281-301.
Kath, Richard: The Painful Ecstasy of Healing. In: *Psychology Today* 12 (1976), S. 81-86.
Kelly, Isabel: Coast Miwok. In: Heizer, Robert F. (Hg.): *Handbook of North American Indians,* Band 8. Washington 1978. S. 414-425.
Kensinger, Kenneth M.: Banisteriopsis Usage Among the Peruvian Cashinahua. In: Harner, Michael J. (Hg.): *Hallucinogens and Shamanism.* New York 1973. S. 9-14.
Kettler, Walter: *Narren, Drachentöter und andere Heilige. Legenden und neue Einsichten.* München 1976.
Kroeber, Alfred L.: *Handbook of the Indians of California* (Bureau of American Ethnology Bulletin 78). Washington 1925.
La Flesche, Francis: The Osage Tribe: The Rite of Vigi. In: *Bureau of American Ethnology, 39th Annual Report 1917-1918.* Washington 1925. S. 31-630.
Lame Derr, John Fire/Erdoes, Richard: *Tahca Ushte, Medizinmann der Sioux.* München 1979.
Las Casas, Bartolomé de: *Kurzgefaßter Bericht von der Verwüstung der westindischen Länder.* Frankfurt am Main 1981.
Leary, Timothy/Metzner, Ralph/Alpert, Richard: *Psychedelische Erfahrungen. Ein Handbuch nach Weisungen des Tibetanischen Totenbuches.* Weilheim (Oberbayern) 1971.

Lehtisalo, Toivo V.: Entwurf einer Mythologie der Jurak-Samojeden. In: *Mémoires de la Société Finno-Ougrienne* 53 (1924).
Lesser, Alexander: *The Pawnee Ghost Dance Hand Game. Ghost Dance Revival and Ethnic Identity.* Reprint von 1933, Madison 1978.
Levi, Jerome Meyer: Wii'ipay: The Living Rocks. Ethnographic Notes on Crystal Magic Among some Californa Yumans. In: *Journal of California Anthropology* 5 (1978), Heft 1, S. 42-52.
Lewis, I.M.: *Ecstatic Religion.* Harmondsworth 1971.
Lindig, Wolfgang: *Geheimbünde und Männerbünde der Prärie- und der Waldlandindianer Nordamerikas, untersucht am Beispiel der Omaha und Irokesen.* Wiesbaden 1970.
Loeb, Edwin M.: Pomo Folkways. In: *University of California Publications in American Archaeology and Ethnology* 19 (1926), S. 149-405.
Löwe, Gerhard/Stoll, Heinrich Alexander: *Die Antike in Stichworten.* Wiesbaden 1970.
Lowie, Robert H.: *Primitive Religion.* Reprint von 1924, New York 1952.
Lowie, Robert H.: *Beiträge zur Völkerkunde Nordamerikas.* Hamburg 1951.
Ludwig, Arnold M.: Altered States of Consciousness. In: Tart, Charles T. (Hg.): *Altered States of Consciousness.* 2. Auflage New York 1972. S. 11-24.
Lurker, Manfred: *Der Kreis als Symbol - im Denken, Glauben und künstlerischen Gestalten der Menschheit.* Tübingen 1981.
Mandell, Arnold J.: The Neurochemistry of Religious Insight and Ecstasy. In: Berrin, Kathleen (Hg.): *Art of the Huichol Indians.* New York 1978. S. 71-81.
Mason, Bernard S.: *Drums, Tomtoms and Rattles. Primitive Percussion Instruments for Modern Use.* Reprint der Ausgabe New York 1938, New York 1974.
McGregor, John C.: *Southwestern Archaeology.* New York 1941.
Merriam, Alan P.: The Hand Game of the Flathead Indians. In: *Journal of American Folklore* 68 (1955), S. 313-324. (siehe auch Anhang B!)
Mikhailowskii, V.M.: Shamanism in Siberia and European Russia. In: *Journal of the Royal Antrhopological Institute of Great Britain and Ireland* 24 (1894), S. 62-100 u. 126-158.
Neher, Andrew: Auditory Driving Observed with Scalp Electrodes in Normal Subjects. In: *Electroencephalography and Clinical Neurophysiology* 13 (1961), Heft 3, S. 449-451.
Neher, Andrew: A Physiological Explanation of Unusual Behaviour in Ceremonies Involving Drums. In: *Human Biology* 34 (1962), Heft 2, S. 151-160.
Nequatewa, Edmund: *Truth of a Hopi.* Reprint von 1936, Flagstaff (Arizona) 1967.
Nigg, Walter: *Große Heilige.* Zürich 1986.
Oswalt, Robert L.: *Kashaya Texts* (University of California Publications in Linguistics 36). Berkeley/Los Angeles 1964.
Park, Willard Z.: Vaviotso Shamanism. In: *American Anthropologist* 36

(1934), S. 98-113.
Park, Willard Z.: *Shamanism in Western North America. A study of Cultural Relationships* (Northwestern University Studies in the Social Sciences 2). Evanston/Chicago 1938.
Peri, David/Wharton, Robert: *Sucking Doctor - Second Night. Comments by Doctor, Patient, and Singers.* Unveröffentlichtes Manuskript.
Plutarch: Über den Schutzgeist des Sokrates. In: ders.: *Über Gott und Vorsehung. Dämonen und Weissagung.* Zürich/Stuttgart 1952.
Popov, A. A.: How Sereptie Djaruoskin of the Nganasans (Tavgi Samoyeds) Became a Shaman. In: Diószegi V. (Hg.): *Popular Beliefs and Folklore Tradition in Siberia* (Indiana University Publications. Uralic and Altaic Series 57). Bloomington 1968. S. 137-145.
Porta, Giovanni Battista: *Natural Magick.* Reproduktion der englischen Ausgabe von 1658, New York 1957.
Rasmussen, Knud: *Intellectual Culture of the Iglulik Eskimos.* Kopenhagen 1929
Rasmussen, Knud: *Die große Schlittenreise.* Mainz 1958.
Ray, Verne F.: *Primitive Pragmatists. The Modoc Indians of Northern California.* Seattle 1963.
Reichel-Domatoff, Gerardo: *Amazonian Cosmos. The Sexual and Religious Symbolism of the Tukano Indians.* Chicago 1971.
Reinhard, Johan: Shamanism and Spirit Possession. In: Hitchcock, John/Jones, Rex (Hg.): *Spirit Possession in the Nepal Himalayas.* Warminster 1975. S. 12-18.
Restak, Richard M.: *Geist, Gehirn und Psyche. Psychobiologie: Die letzte Herausforderung.* Frankfurt am Main 1981.
Schurz, Josef: *Unser Gehirn - Bewußtsein und Unbewußtes.* Stuttgart 1975.
Schwarzer Hirsch/Neihardt, John G.: *Ich rufe mein Volk.* Olten/Freiburg im Breisgau 1956.
Seler, Eduard: *Gesammelte Abhandlungen zur Amerikanischen Sprach- und Altertumskunde.* 6 Bände, Graz 1960.
Shirokogoroff, S. M.: *Psychomental Complex of the Tungus.* London 1935.
Simonton, O. Carl/Matthews-Simonton, Stephanie/Creighton, James: *Getting Well Again. A Step-by-Step Help Guide to Overcoming Cancer for Patients and Their Families.* Los Angeles/New York 1978.
Soustelle, Jacques: *So lebten die Azteken am Vorabend der spanischen Eroberung.* 2. Auflage Stuttgart 1957.
Soustelle, Jacques: *Die Olmeken. Ursprünge der mexikanischen Hochkulturen.* Zürich 1980.
Spencer, Walter Baldwin/Gillen, F. J.: *The Arunta. A Study of a Stone Age People.* 2 Bände, London 1927.
Spott, Robert/Kroeber, Alfred L.: Yurok Narratives. In: *University of California Publications in American Archaelogy and Ethnology* 35 (1942), S. 143-256.
Stangl, Anton/Stangl, Marie-Luise: *Lebenskraft. Selbstverwirklichung durch Eutonie und Zen.* München/Wien 1978.

Stangl, Anton: *Heilen aus geistiger Kraft. Ein Econ-Ratgeber zur Aktivierung innerer Energien.* München/Wien 1980.
Stanner, W. E. H.: The Dreaming. In: Lessa, William Armand/Vogt, Evon Zartman (Hg.): *Reader in Comparative Religion. An Anthropological Approach.* 2. Auflage New York 1965. S. 158-167.
Stewart, Kenneth M.: Spirit Possession in Native America. In: *Southwestern Journal of Anthropology* 2 (1946), S. 323-339.
Sverdrup, Harald U.: *With the People of the Tundra.* Oslo 1938.
Swanton, John R.: *Tlingit Myths and Texts* (Bureau of American Ethnology Bulletin 39). Washington 1909.
Tart, Charles T.: *Transpersonale Psychologie.* Olten/Freiburg im Breisgau 1978.
Teit, James: The Thompson Indians of British Columbia. In: *Memoirs of the American Museum of Natural History* 2 (1900), Heft 4.
Uccusic, Paul: Der Schamane in uns. Schamanismus als neue Selbsterfahrung, Hilfe und Heilung. Kreuzlingen/München 1991.
Vastokas, Joan M.: The Shamanic Tree of Life. In: *Artscanada. 30th Anniversary Issue, Stones, Bones and Skin. Ritual and Shamanic Art* Nr. 184-187 (1973/74), S. 125-149.
Villasenor, David V.: *Mandalas im Sand. Vom Wesen indianischer Sandmalerei.* München 1974.
Wagley, Charles: *Welcome of Tears. The Tapirapé Indians of Central Brazil.* New York 1977.
Wallace, Anthony F. C.: Dreams and Wishes of the Soul. A Type of Psychoanalytic Theory Among the Seventeenth Century Iroquois. In: *American Anthropologist* 60 (1958), Heft 2, S. 234-248.
Warner, W. Lloyd: *A Black Civilization. A Social Study of an Australian Tribe.* Revised edition New York 1958.
Waterman, Thomas T.: The Paraphernalia of the Duwamish »Spirit-Canoe« Ceremony. In: *Indian Notes. Museum of the American Indian* 7 (1930.)
Waters, Frank: *Das Buch der Hopi. Nach den Berichten der Stammesältesten aufgezeichnet von Kacha Hónaw (Weißer Bär).* Düsseldorf/Köln 1980.
Wellmann, Klaus F.: *Muzzinabikon. Indianische Felsbilder Nordamerikas aus fünf Jahrtausenden.* Graz 1976
Wike, Joyce A.: *Modern Spirit Dancing of Northern Puget Sound.* M.A. Thesis in Anthropology Seattle 1941.
Wilbert, Johannes: Tobacco and Shamanistic Ecstasy Among the Warao Indians of Venezuela. In: Furst, Peter T. (Hg.): *Flesh of the Gods. The Ritual Use of Hallucinogens.* New York 1972. S. 55-83.
Wilbert, Johannes: The Calabash of the Ruffled Feathers. In: *Artscanada. 30th Anniversary Issue, Stones, Bones and Skin. Ritual and Shamanic Art.* Nr. 184-187 (1973/74, S. 90-93.
Wittkower, E. D.: Trance and Possession States. In: *International Journal of Social Psychiatry* 16 (1969/70), Heft 2, S. 153-160.
Zumstein, Carlo: *Reise hinter die Finsternis. Aus der Depression zur eigenen Schamanenkraft.* Kreuzlingen/München 1999.

Namensregister

einschließlich Namen der Indianerstämme

Akachu 40f., 44ff.
Ammann Anm. 194
Amoss Anm. 188
Andres Anm. 86, 201
Antes Anm. 39, 94
Arunta 59, 106; Anm. 29
Azteken 110f.; Anm. 43, 103

Balin Anm. 103
Barbeau Anm. 128, 131, 165, 168, 181, 196
Bauer Anm. 205
Beals Anm. 94
Bellacoola 62; Anm. 35
Benedict 81; Anm. 45
Biesele Anm. 28
Boas Anm. 35, 89
Böhme Anm. 201
Bogoras Anm. 24, 68
Boley Anm. 207
Bonin Anm. 4, 163, 192
Bossuet Anm. 201
Bunzel Anm. 37, 92

Cashinahua 151; Anm. 137
Castaneda 20f., 26f., 54, 83, 89, 105, 107, 110, 117, 170f.; Anm. 1, 6, 46, 47, 75, 85, 98, 101–103, 171, 173, 205
Cawte Anm. 122
Chepara 59
Cline 112; Anm. 70, 108–110, 126, 133, 135, 138
Cloutier 100, 108, 125, 136, 180; Anm. 68, 90, 128, 131, 181
Coast Salish 51, 95, 104, 107, 109, 120ff., 143, 160, 195, 197, 211; Anm. 63, 188
Cocopa 104
Conibo 19, 29, 37, 47, 51, 59, 85, 87, 91, 121f., 140, 151
Cousins Anm. 191
Craig Anm. 143
Culin Anm. 147

Darwin 103
David-Neel Anm. 3
Desana 122
Devereux Anm. 49
Diószegi Anm. 60
von Ditfurth Anm. 112
Don Juan 26, 110, 117; Anm. 1, 46, 75, 85
Dorsea Anm. 113, 116
Duerr Anm. 6, 7, 46
Duwamish Anm. 116

Echnaton Anm. 111
Eells Anm. 30, 105
Eliade 53, 56, 80, 90, 110, 176; Anm. 16, 18, 22, 37, 54, 60, 79, 86, 96, 99, 121, 124, 130, 177, 201
Elkin 92; Anm. 3, 22, 27, 57, 58, 74, 78, 126, 144, 148, 149, 151, 153–155, 160, 161, 164, 166, 167
Eskimo 58–60, 64, 65, 75f., 123

Finkelstein 171; Anm. 174
Flathead 211; Anm. 206, 207
Forbes Anm. 143
Fortúne Anm. 177
Foster Anm. 100, 104
Frachtenberg Anm. 116
Franz von Assisi Anm. 74, 111
Friedrich/Buddruss Anm. 46, 47, 60
Furst Anm. 43, 158, 159, 175

Galilei 86
von Galli Anm. 74
Gayton Anm. 201
Georg, St. Anm. 9
Goodman Anm. 25
Gould Anm. 69

Haeberlin Anm. 113, 116, 117, 119, 120
Halifax Anm. 16, 28, 42, 175
Hamel Anm. 60, 68
Harner Anm. 8, 14, 17, 23, 34, 37, 48, 50, 51, 61, 73, 82, 101, 106, 135, 158, 174, 197, 199
Hathor Anm. 111
Heick Anm. 178
Holl Anm. 25
Hopi 62f., 98; Anm. 39, 66
Howitt Anm. 22
Huichol 168
Hultkrantz 88, 90; Anm. 47, 51, 53, 55

Iglulik Eskimo 56, 60
Irokesen Anm. 141
Isis Anm. 111

Jílek 95; Anm. 63, 70, 71, 87, 88, 115, 145
Jívaro 10, 25, 29, 37–41, 47, 51f., 57, 82, 87–90, 104f., 111–113, 123, 128, 149, 153f., 157, 167–170, 179, 201f.; Anm. 5, 11, 14
Jochelson Anm. 202
Jung Anm. 41, 194
Jurak-Samojeden Anm. 136

Kabi 168
Kachina 109; Anm. 39, 94
von Karnap Anm. 195
Kashaya Anm. 129
Katz 91; Anm. 189, 190
Kelly Anm. 172
Kensinger 151; Anm. 137
Kettler Anm. 9
Koryak 204; Anm. 202
Kroeber Anm. 81, 184
!Kung 59, 197f.

La Flesche Anm. 93
Lakota Sioux 16, 51, 98, 105, 192
Lame Deer 105, 110, 179; Anm. 76, 97, 180
Laokoon Anm. 182
Lappe 90, 106
Las Casas Anm. 11
Leary/Metzner/Alpert Anm. 4
Lehtisalo Anm. 136
Lesser Anm. 147
Levi Anm. 149, 150, 152, 162, 169, 170
Lindig Anm. 37
Loeb Anm. 80
Löwe/Stoll Anm. 182
Lowie 54; Anm. 19
Ludwig 91
Lurker Anm. 41

Mandell Anm. 2
McGregor Anm. 36, 38, 39
Merriam 211; Anm. 206
Michael, St. 36; Anm. 9
Mikhailowskii Anm. 179
de Mille Anm. 6
Miwok 171; Anm. 172
Murngin 153
Mohawe 86; Anm. 49

Navaho Reservat 157
Neher 94f.; Anm. 61, 62
Nequatewa Anm. 66
Nigg Anm. 74
Nitlakapamuk 111
Nofretete Anm. 111

Okanagon 104, 112
Ormestad 95
Orpheus/Orphische Reise 203; Anm. 201
Osage 109; Anm. 93
Oswalt 187; Anm. 129, 187

Paipai 170
Pakleppa Anm. 143
Park Anm. 72, 134, 146
Parrish 126, 177, 187; Anm. 34, 185–187
Paulson/Hultkrantz Anm. 47
Paviotso 160; Anm. 134
Pawnee Anm. 147
Peri Anm. 172, 183
Platon Anm. 142
Plutarch Anm. 142
Pomq 51, 61, 126; Anm. 34, 80, 178
Popov Anm. 33, 132, 176, 204
Porta 160; Anm. 83
Prärie-Indianer 111, 149; Anm. 37
Prem Das Anm. 158
Pueblo 62

Quileute Anm. 116

Rasmussen 60, 123; Anm. 20, 21, 26, 31, 32, 127
Reichel-Domatoff Anm. 122
Reinhard 91; Anm. 56
Restak Anm. 65, 112, 192
Rorschach 100; Anm. 67

Salish, siehe Coast-Salish
Salish-Sinkaietk 149, 152
Samojeden 61, 178, 204
Seler Anm. 5, 46, 103
Shirokogoroff 96; Anm. 64
Siffre Anm. 150
Simonton 201f.; Anm. 197–200
Sokrates 30; Anm. 142
Soustelle Anm. 103
Soyot 93
Spencer/Gillen Anm. 29, 77
Spott/Kroeber Anm. 184
Stange Anm. 192, 195
Stanner 89; Anm. 52, 69
Stewart Anm. 91, 94
Swanton Anm. 90
Schurz Anm. 51
Schweitzer 199

Tamarin 204; Anm. 203
Tapirapé 122
Tart Anm. 56
Tavgi Samojeden 61, 146, 175
Teit Anm. 105
Tlingitstamm 108
Tschuktschen 58, 100; Anm. 24, 68
Tsimshian 107, 125, 136, 169f., 185,

200; Anm. 89, 131
Tungusen 53; Anm. 64
Twana 60, 111; Anm. 30

Ugrier 90

Vastokas 64; Anm. 40
Villasenor Anm. 47

Wagley Anm. 123
Wakka 168
Wallace Anm. 141
Warao 80, 153, 168
Warner Anm. 69, 139, 140
Waterman Anm. 116–118
Waters Anm. 39, 66
Watson/Crick Anm. 8
Wellmann Anm. 41
Wharton Anm. 183
Wike Anm. 95
Wilbert 80; Anm. 44, 139, 156, 157
Wintun 51
Wiradjeri 56, 80, 106, 168
Wittkower Anm. 59

Yaqui Anm. 1, 85
Yaralde 123
Yualai 169
Yuki 106
Yuman 167, 170
Yurak Samojeden 151
Yurok Anm. 184

Zuni 62, 108f.; Anm. 37

Sachregister

einschließlich geographischer Bezeichnungen

Ahnen 42
Alkohol 67, 128
Alphawellen 95; Anm. 51
alter ego (= zweites Ich) 82, 106f., 116; Anm. 47
Angst 190
Astrologie 110
Auge (mächtiges oder drittes) 92, 168
Aura 57
Australien 56, 59, 105f., 167–169, 202; Anm. 69
ayahuasca 9, 29f., 36f., 49–52, 123, 151f., 181; Anm. 13

Baum 19, 59, 140, 174, 193f.
Beschwören 115
Bibel 36f.; Anm. 10
Biofeedback 199; Anm. 192
Blasen (= Hauchen) 123, 135
British Columbia Anm. 105
Buddhismus 64, 66; Anm. 16

Conquistadores 38; Anm. 11

Datura 46, 118; Anm. 12
Demut 86, 97
Drogen 14, 25, 32, 52, 84, 107, 128

Ecuador Anm. 11
Einsamkeit 56, 124
Einweihung 84, 106f.
Ekstase 17, 25, 53, 80, 88, 90; Anm. 44, 189
Empirist 86
Epidemie 157
Erinnerung 92, 116
Erleuchtung 55f. 168

Fasten 30, 42, 67, 124, 128
Fels-Sehen 98f.; Anm. 149
Fliegen 75, 106
Fontanelle 123, 135
Frösteln 130

Ganzheitsmedizin 200
Gegen-Übertragung 197
Gehirn 23, 32, 94f.; Anm. 51, 65, 112, 193
Geistboot (= Geistkanu) 120–122, 143–145, 181; Anm. 116
Geistsuche 82
Guatemala 82, 110f.; Anm. 100, 150
guayusa 39f.

Halluzination 92
Halluzinogene 106f., 111
Handspiel 160, 211; Anm. 147, 206
Hauchen, siehe Blasen
Haustiere 138, 173
Heiler 28, 25–27, 49f., 157, 187–192, 200; Anm. 15, 143, 189, 195
Hexe 83
Himmelsreise Anm. 86, 201
Hüter 104, 117, 119, 123, 145, 159
Hypothalamus 199; Anm. 193, 194

Imagination Anm. 194
Infektion 119, 176
Inquisition 25, 79, 83, 106
Inspiration 90

Kalifornien 59, 61, 126, 177
Kanu 93, 120, 125, 132, 145
Karibik Anm. 86, 201
Kausalität 25f.
kiva 62; Anm. 39
Kafteindringlinge 176–179, 182, 187, 192f., 202
Kraftkreis 197
Kraftlied 96, 123–127, 130, 144f.,

158, 163, 178, 181, 183, 194–196
Krafttier 104, 115, 123, 127f., 132, 134, 136, 138–142, 145, 149–151, 186, 197, s.a. Schutztier
Kraftträger 166–172
Krebskrankheit 201f.
Kristallsehen 169; Anm. 163
Krone s. Aura

Liane des Todes s. ayahuasca

Macas 38; Anm. 11
maikua 46f., 112; Anm. 13
Mandala 63f., 66; Anm. 41, 47
Maske 64f., 107–109
Medizinbündel (= Medizintasche) 166f., 170f., 174
Medizinmann 36, 98, 160, 168, 199; Anm. 76, 86, 128, 165
Meisterschamane 85f.; Anm. 186
Metamorphose 106
Mexiko 82, 110f.; Anm. 43, 100, 150, 175
Mittler 83
Montana Anm. 207
Mythos 21, 103f., 116, 135

Nagual 82, 110f.; Anm. 46, 100, 102, 103
Neueingeweihter 56, 107

Orphische Reise s. Orpheus

Phantasie 21, 85, 97, 100
Piripiri-Pflanze 50
Psychedelisch 14, 25, 51, 67, 91; Anm. 4
Psychoanalyse 100, 195, 197, 200; Anm. 141

Quarzkristall 56, 166–172; Anm. 173
Quelle 59, 67, 72, 75, 77

Raserei 108
Ritual 108, 199
Rußland Anm. 179

Saugen 49–51, 177–179, 181–192
Seele 83, 98, 154, 168; Anm. 175, 201
Seher 24, 55, 83, 160–165, 187; Anm. 185
Selbstopfer 18, 115
Sevilla del Oro 38; Anm. 11
Sibirien 53, 58, 93, 100, 151, 175, 178, 204; Anm. 46, 47, 179
Sipapu 62f.; Anm. 39
Sonne 114, 167–171, 173; Anm. 111, 205
Spiritismus 92
Stechapfel, siehe Datura
Stockspiel 160, 211; Anm. 207
Sucking Doctor (Film) 177, 187; Anm. 178, 183
Synchronizität 141f., 151, 158, 169

Schlaf 71
Schutzgeist (= Schutztier) 81f., 104–107, 110–117, 119–123, 128, 132, 135–138, 141, 143f., 146, 149f., 152–154, 157–159, 173; Anm. 142

Tabakwasser 50f., 192
Tanzen 96, 107–110, 114–117, 119, 129, 136, 143–145, 152, 158, 196f.; Anm. 147, 188
Thetawellen 10, 95; Anm. 51
Tibet 63f., 66; Anm. 3, 4
Tierkreiszeichen s. Astrologie
Tod Anm. 13
Tonal 110f.; Anm. 102, 103
Trance 25, 53f., 88, 90–95, 130; Anm. 4, 51, 59, 184
Transformation 106
Transzendenz 204
Traum 85, 126f., 154–156, 158; Anm. 184
tsentsak 40, 49–51, 58, 192
Tunnel 60–66, 68–71, 74f., 131–133, 135, 145, 149f., 178–181

Universum 64, 103, 114; Anm. 66
Un(ter)bewußtsein 20, 91, 200

Unterwelt 53f., 58–64, 72, 93, 120–122, 130, 133, 150

Verwandlung 106f., 110, 117
Vision 32–34, 39, 85, 91, 103f., 158, 187; Anm. 184
Visualisierung 15, 62, 92, 200; Anm. 194
Vitalseele 110, 122, 154
Vorfahren, siehe Ahnen

Wahrsagen (= Weissagen) 83, 149
Wasserfall 41, 44–46, 82, 111f.
Wecken 153
Wildnis 82, 111, 123, 174, 195–197
Wille 21, 25, 200
Wissenschaft 54, 85f., 172, 200

Yoga 199; Anm. 65

Zauberer 26f., 51, 86, 106

Zahlen:
Drei Anm. 112
Vier 32, 99, 114, 129, 132, 134f., 138–140, 142f., 183; Anm. 8
Sechs 129
Sieben 146f.

Register der Schamanentiere

Adler 104–109, 116, 139f., 205–207; Anm. 46, 205
Affe 49; Anm. 15
Anakonda 58
Antilope 138

Bär 104, 106–108, 116
Biene 175, 180
Bison 109

Drache 20, 34–36, 116; Anm. 9

Eidechse 107

Fische 106f., 132, 179
Fledermaus 58
Flugsaurier 76
Fuchs 116

Gans 107
Grizzlybär 108

Hirsch 116
Hornisse 175

Insekten 49, 132, 145, 173, 175, 179, 187

Jaguar 49; Anm. 15

Käfer Anm. 15
Kojote 103f.
Krähe 107
Kranich 116

Löwe 142

Mikroben Anm. 187

Otter 136f.

Pferd 93f., 138f.

Puma 117

Rabe 103f.
Rentier 106
Reptil 35, 48, 132, 145, 179; Anm. 112

Schlange 35, 49, 105, 107, 132, 175, 179, 184, 202; Anm. 15, 182, 205
Schmetterling 49, 58, 173; Anm. 15
Spinne 132, 175, 179, 184

Tiger 116, 140
Tümmler 116

Vogel 58, 105, 124, 132, 175; Anm. 15, 74, 204

Wal 107
Wespe 175
Wolf 106

Ziege 142f.

Sandra Ingerman

Auf der Suche nach der verlorenen Seele

Der schamanische Weg zur inneren Ganzheit

Traumatische Erlebnisse führen aus schamanischer Sicht zum Verlust von Teilen der Seele. Der ›zurückgelassene‹ Mensch fühlt sich unvollständig und vom Leben abgeschnitten. Sandra Ingerman hat die alte schamanische Heiltechnik der Seelenrückholung wiederentdeckt und durch moderne psychologische Erkenntnisse bereichert.

256 Seiten, gebunden,
ISBN 3-7205-2019-6

Sandra Ingerman

Welcome Home – Die Heimkehr der Seele

Schamanische Selbsthilfe

Traumatische Erlebnisse – vom Trennungsschmerz bis hin zu sexuellem Missbrauch – führen aus schamanischer Sicht zum Verlust von Teilen der Seele. Wir leiden, fühlen uns unvollständig und vom Leben abgeschnitten. Sandra Ingerman hat die alte schamanische Heiltechnik der Seelenrückholung wiederentdeckt und durch moderne psychologische Erkenntnisse bereichert.

176 Seiten, gebunden mit Schutzumschlag,
ISBN 3-7205-2069-2

ARISTON

Traumatische Erlebnisse führen aus schamanischer Sicht zum Verlust von Teilen der Seele. Ob es sich um Trennungsschmerz handelt oder um sexuellen Mißbrauch – ein Stück des Menschen entfernt sich, als könne es den Schock nur so überstehen. Der Zurückbleibende aber leidet, er fühlt sich seltsam unvollständig.

Einfühlsam berichtet Sandra Ingerman aus ihrer schamanisch-therapeutischen Praxis. Sie schildert, wie sie mit der Seele des Patienten kommuniziert und sie dazu bewegt, zurückzukehren.

»Ich kann keine bessere Hilfe auf dem Weg zu innerer Ganzheit empfehlen.«
Professor Michael Harrer

Sandra Ingerman

Auf der Suche nach der verlorenen Seele

Der schamanische Weg zur inneren Ganzheit

Mit zahlreichen Abbildungen

Lotos

Econ | Ullstein | List

L13

Schamanen mit ihren ganz besonderen spirituellen Kr ften gab es auch im Kreise unserer keltischen Vorfahren. Druiden, Hexen und Feen, Narren und Geister - zwischen Realit t und Anderswelt tummelten sich faszinierende Gestalten. Tom Cowan vermittelt einen atemberaubenden Einblick in die verborgenen Welten, in die nur Schamanen schauen konnten. Auf ihrer Suche nach dem Geheimnis des Lebens, dem Heiligen Gral, standen sie in Verbindung mit geheimnisvollen M chten.

Das Grundlagenwerk zum Schamanismus unserer keltischen Urahnen.

Tom Cowan

Die Schamanen von Avalon
Reisen in die Anderswelt der Kelten

Lotos

Econ | ULLSTEIN | List